錢穆作品精華

先秦諸子繫年（上）

錢穆

三民書局

錢穆作品精萃序

錢穆先生身處中國近代的動盪時局，於西風東漸之際，毅然承擔起宣揚中華文化的重任，冀望喚醒民族之靈魂。他以史為軸，廣涉群經子學，開闢以史入經的嶄新思路，其學術成就直接反映了中國近代學術史之變遷，展現出中華傳統文化的輝煌與不朽，並撐起了中華學術與思想文化的一方天地，成就斐然。

三民書局與先生以書結緣，不遺餘力地保存先生珍貴的學術思想，希冀能為傳揚先生著作，以及承續傳統文化略盡綿薄。

自一九六九年十一月迄於一九九一年十二月，二十多年間，三民書局總共出版了錢穆先生長達六十餘年（一九二三～一九八九）之經典著作——三十九種四十冊。茲序列書目及本局初版日期如下：

中國文化叢談……（一九六九年十一月）

中國史學名著……（一九七三年二月）

中國學術思想史論叢(八)……（一九八〇年三月）
湖上閒思錄……（一九八〇年九月）
人生十論……（一九八二年七月）
古史地理論叢……（一九八二年七月）
八十憶雙親・師友雜憶（合刊）……（一九八三年一月）
宋代理學三書隨劄……（一九八三年十月）
中國文學論叢……（一九八三年十月）
現代中國學術論衡……（一九八四年十二月）
秦漢史……（一九八五年一月）
中華文化十二講……（一九八五年十一月）
莊子纂箋……（一九八五年十一月）
朱子學提綱……（一九八六年一月）
先秦諸子繫年……（一九八六年二月）
孔子傳……（一九八七年七月）
晚學盲言（上）（下）……（一九八七年八月）

中國歷史研究法……（一九八八年一月）
論語新解……（一九八八年四月）
中國史學發微……（一九八九年三月）
新亞遺鐸……（一九八九年九月）
民族與文化……（一九八九年十二月）
中國思想通俗講話……（一九九〇年一月）
莊老通辨……（一九九一年十二月）

二〇二二年，三民書局以全新設計，將先生作品以高品質裝幀，隆重推出珍藏精裝版，沉穩厚實的木質色調書封，搭配燙金書名，彰顯國學大家的學術風範，並附贈精美藏書票，期能帶領讀者重回復古藏書年代，品味大師思想精髓。

謹以此篇略記出版錢穆先生作品緣由與梗概，是為序。

三民書局
東大圖書　謹識

FOREWORD

The present edition of Professor Ch'ien Mu's well-known *Chronological Studies of the Pre-Ts'in Philosophers* is the climax of more than twenty years' work. Soon after its first appearance from the Press in 1935, the author reminds us in his Preface to the second edition, the war in the Far East broke out. Since that time to the present day Dr. Ch'ien Mu has been continually in exile—in West China, in Formosa, in Hong Kong; but with the strong instincts of the true scholar he has never ceased to revise, correct and amplify his text,"annotating like eyebrows the upper margins of the book in writing as small as the head of a fly", with the result that today the first edition being long out of print, it is possible to bring out this second and revised edition.

Soon after the publication of the first edition, I purchased a copy by chance, and took it with me into Concentration Camp in Shanghai. There between the years 1942 and 1945 it became one of the chief source books of my study. Wholly unacquainted with Dr. Ch'ien, as I was, I formed a very high opinion of, not to say reverence for, his scholarship. Working systematically through the early philosophers during the long hours of camp life, I formed the opinion that Dr. Ch'ien was one of the most thorough and most balanced of modern Chinese historical scholars, and I often tried to picture his likeness, little thinking that one day I should have the honour of being associated with him.

The book was originally planned as two separate works: a series of one hundred and sixty-three Chronological Studies （考

辨）, and a series of comparative Chronological Tables （通表） for the confusing Warring States period, but in the first edition the title that was proper to the first part 先秦諸子繫年考辨 was applied to the whole book. In the second edition, in which the two parts have been more closely integrated, the titles of each have been clearly distinguished 先秦諸子繫年考辨 and 先秦諸子繫年通表, while the title for the combined work has been shortened to 先秦諸子繫年. A considerable amount of new material has been incorporated in the second edition, but the sections into which the book is divided have remained the same.

There is no need for me to enlarge upon the importance of the work. Every student is well aware of the many contradictions and inconsistencies that inevitably occur in the dating of events in current accounts of the Pre-Ts'in philosophers. Dr. Ch'ien has examined these in turn in the light of all available evidence from Confucius to the Legalists of Ts'in dynasty times, and has established a reliable chronological scheme. Only when such a scheme is authenticated is it possible to arrange with confidence the sequence of the philosophers and to trace the development of their thought. Dr. Ch'ien's work therefore is an indispensable handbook for the student of ancient Chinese history, as well as for the student of ancient Chinese philosophy. We are grateful to him for his labour, and also to the Harvard-Yenching Institute, Cambridge, Massachusetts, for providing the grant by means of which this second edition has been published.

F. S. DRAKE

University of Hong Kong
1st May, 1956

新版增訂本識語

本書初版付印，在民國二十四年之冬。未兩載，中日戰事起，余自北平避難南下，遵海繞道香港，北至長沙，移住南嶽。又經衡陽入廣西，經桂林柳州南寧，出鎮南關，借道越南，去昆明，輾轉蒙自宜良。又離滇經港，變姓名，省親蘇滬，閉門奉養一歲。又脫身自香港航空飛重慶，卜居成都，先後及六年。並以其間至樂山，至貴州遵義。戰事平息，重返蘇滬，又去昆明。歸居無錫太湖之濱。不及三年，重避赤禍，隻身來香港。先後迄今，計二十有一載矣。奔竄流亡，飢餓窮窘，而此書每攜行篋中。偶有所覩記，可以補訂原書缺失者，輒以蠅頭細字，寫列書眉，積久得兩百五十條左右。約計首卷得五十條，二卷八十條，三卷七十五條，四卷四十五條。其篇幅較大者，為補入

〈蘇代蘇厲考〉一篇，又補〈晏嬰卒年考〉、〈項橐考〉、〈鴟夷子皮及陶朱公非范蠡化名辨〉、〈南郭子綦考〉凡四篇，改定〈越徙琅邪考〉一篇。其他皆零文短札，散入各篇。計有增訂改動者，卷一有考辨三，四，五，七，一一，一二，一三，一四，一五，一六，二〇，二一，二七，二八，二九，三〇，共十六篇。卷二有三一，三二，三四，三五，三九，四〇，四一，四二，四三，四四，四五，四六，四七，五〇，五三，五四，五八，五九，六〇，六二，六三，六六，六七，六九，七二，共二十五篇。卷三有七三，八〇，八二，八三，八五，八七，八八，九〇，九二，九四，九五，九六，九九，一〇三，一〇五，一〇八，一一八，一一九，一二〇，一二一，一二二，一二三，一二四，一二六，一二七，亦共二十五篇。卷四有一二八，一二九，一三〇，一三一，一三二，一三四，一三九，一四〇，一四四，一四五，一四六，一四七，一五〇，一五二，一五六，一五九，一六一，一六三，共十八篇。〈考辨〉四卷凡一百六十三篇，而增損所及，計共八十四篇，已逾其半。然計其字數，則僅三萬餘言，占原書分量十之一。而於原書結論大體，則殊無改變，蓋僅止於添列例證，補增細節而已。

自來香港，獲交英國友人林仰山教授。日軍陷大陸，彼適僑寓山東，任教齊魯大學，入集中營，披誦是書不輟。在港，主持港大東方文化研究院。談次，知余積年有增訂稿。而此書在大陸已絕版，海外亦少流布。乃商由哈佛燕京社斥資為鑄新版。二十年來叢碎所得，遂獲匯入原書，勒為定本。爰述緣起，兼誌謝意，並備詳增訂篇目，以告讀者。書末並增附本書引用書目索引一種，便尋檢焉。

中華民國四十五年四月八日錢穆識於香港九龍之新亞書院

自序

余草《諸子繫年》，始自民國十二年秋，積四五載，得〈考辨〉百六十篇，垂三十萬言。一篇之成，或歷旬月，或經寒暑。少者三四易，多者十餘易，而後稿定。自以創闢之言，非有十分之見，則不敢輕於示人也。藏之篋笥者又有年，雖時有增訂，而見聞之陋，亦無以大勝乎其前。茲當刊布，因加序說，粗見凡例。

蓋昔人考論諸子年世，率不免於三病：各治一家，未能通貫，一也。詳其著顯，略其晦沉，二也。依據史籍，不加細勘，三也。惟其各治一家，未能通貫，故治墨者不能通於孟，治孟者不能通於荀。自為起訖，差若可據，比而觀之，乖戾自見。余之此書，上溯孔子生年，下逮李斯卒歲，前後二百年，排比聯絡，一以貫之。如常山之蛇，擊其首則尾應，擊其尾則首應，擊其中則首尾皆應。以諸子之年證成一子，一子有錯，諸子皆搖。用力較勤，所得較實。此差勝於昔人者一也。惟其詳於著顯，略於晦沉，故於孔墨孟荀則考論不厭其密，於其他諸子則推求每嫌其疏。不悟疏者不實，則實者皆虛。余之此書，一反其弊。凡先秦學人，無不一一詳考。若魏文之諸賢，稷下之學士，一時風會之所聚，與夫隱淪假托，其名姓在若存若亡之間者，無不為之緝逸證墜，辨偽發覆。參伍錯綜，曲暢旁達，而後其生平出處師友淵源學術流變之跡，無不粲然條貫，秩然就緒。著眼較廣，用智較真。此差勝於昔人者二也。而其精力所注，尤在最後一事。前人為諸子論年，每多依據《史記》、〈六國表〉，而即以諸子年世事實繫之。如據〈魏世家〉、〈六國表〉魏文稱侯之年推子夏年壽，據〈宋世家〉及〈六國表〉宋偃稱王之年定孟子遊宋，是也。然《史記》實多錯誤，未可盡據。余之此書，於先秦列國世系，多所考核。別為《通表》，明其先後。前史之誤，頗有糾正。而後諸子年世，亦若網在綱，條貫秩如矣。尋源探本，自無踵誤襲繆之弊。此差勝於昔人者三也。

太史公序〈六國表〉，曰：「秦既得意，燒天下《詩》《書》，諸侯史記尤甚，為其有所刺譏也。

其後《詩》《書》復見，而史記獨藏周室，以故滅。獨有《秦記》，又不載日月，其文略不具，然亦有可頗采者。余因《秦記》，踵《春秋》之後，起周元王，表六國時事。」此史公自著其為〈六國表〉之所本也。《秦記》既略，又自孝公以前，僻在雍州，不與中國諸侯之會盟，中國諸侯以夷翟遇之，故其時《秦記》載諸侯事當尤忽。今〈六國表〉自秦孝公以前最疏脫不具者以此。幸其時諸侯史記，猶得有遺留後世者，厥為《魏冢紀年》。晉太康時，汲縣人發古冢，得竹書七十五車，中有《紀年》十三篇。自杜預諸儒，皆定其為魏襄王時魏國之史記。然今世所行，復非原書之真。而唐司馬貞為《史記索隱》，時采其文以著異同，可資比準。惟貞自謂：「《紀年》之書，多是譌謬，聊記異耳。」又曰：「辭即難憑，時參異說。」因亦未能悉心參校，以救《史記》之失，良可惜也。

原昔人多不信《紀年》者亦有故。一則魏冢原書，久逸於兩宋之際。今本為後人蒐輯，多有改亂，外誤缺略，面目全非。學者不深辨，遂謂《汲冢紀年》不可信，一也。再則其書言三代事，多與相傳儒家舊說違異。如益為啟誅，太甲殺伊尹之類。儒者斥其荒誕，遂不依引，二也。又謂其書記春秋時事，如魯隱公及邾莊公盟於姑蔑，晉獻公會虞師伐虢，滅下陽，周襄王會諸侯於河陽，明係春秋後人，約《左傳》之文，倣往例而為之，與身為國史承告據實書者不同。因遂忽視，三也。夫《紀年》乃戰國魏史，其於春秋前事，容采他書以成。至言戰國事，則端可信據。如〈魏世家〉《索隱》引《紀年》曰：「二十九年五月，齊田肦伐我東鄙。九月，秦衛鞅伐我西鄙。十月，邯鄲伐我北鄙。王攻衛鞅，我師敗績。」此非當時史官據實書事之例乎？至益為啟誅，太甲殺伊尹，則戰國雜說，其與儒家異者多矣，《紀年》亦本當時傳說書之，孰信孰否，今且未能遽斷，要足為考古者備一說，不當姝姝於一先生之言而深斥之也。自清以來三百年，學者治其書，不下十數家。至於最近，海寧王國維本嘉定朱右曾書，為古本輯校，又為今本疏證，然後《紀年》之真偽，始劃然明判。而猶惜其考證未詳，古本《紀年》可信之價值，終亦未為大顯於世也。

《史記》載春秋後事最疏失者，在三家分晉，田氏篡齊之際。其記諸國世系錯誤最甚者，為田齊魏宋三國。《莊子》曰：「田成子弒齊君，而十二世有齊國。」《鬼谷子》亦云然。今《史記》自成子至王建之滅祇十代。《紀年》則多悼子及侯剡兩世，凡十二代，與《莊子》、《鬼谷》說合。又齊伐燕，據《孟子》及《國策》為宣王，非湣王。而《史記》於齊系前缺兩世，威宣之年誤移而上，遂以伐燕為湣王，與《孟子》、《國策》皆背。昔人譜孟子者，於宣湣年世，爭不能決。若依《紀年》增悼子及侯剡，排比而下，威宣之年，均當移後，乃與《孟子》、《國策》冥符。此《紀年》勝《史記》，明證一也。《史記》梁惠王三十六年卒，子襄王立，十六年卒，并惠襄為五十二年。魏齊會徐州相王，在襄王元年。是惠王在世未稱王，《孟子》書何乃預稱惠王為王？又《史記》梁予秦河西地在襄王五年，盡入上郡於秦在襄王七年，楚敗魏襄陵在襄王十二年，皆惠王身後事。而惠王告孟子，乃云「西喪地於秦七百里，南辱於楚」，何能預知而預言之？若依《紀年》，惠王三十六年改元，後元十六年而卒，則魏齊會徐州相王，正惠王改元稱王之年也。然後《孟子》書皆可通。又與《呂覽》諸書所載盡合。此《紀年》勝《史記》，明證二也。《史記》魏文侯三十八年，魏武侯十六年，而《紀年》文侯五十年，武侯二十六年，相錯二十二年。昔人疑子夏為文侯師，已逾百歲。今依《紀年》，則文侯元當移前二十二年，子夏之年初無可疑。而李克吳起之徒，其年輩行事，皆可確指。此《紀年》勝《史記》，明證三也。《史記》魏惠王三十一年，徙都大梁，而《紀年》在惠成王九年。閻若璩本此論《紀年》不可信。然細覈之，惠王十八年，魏圍邯鄲，齊師救趙，直走大梁，三十年魏伐韓，齊田忌救韓，亦直走大梁。又秦孝公十年，即魏惠王十九年，衛鞅圍魏，安邑降之。此皆魏都自惠王九年已自安邑徙大梁之證。據《紀年》則《史記》之說皆可通。專據《史記》，則自相乖違，不得其解。此《紀年》勝《史記》，明證四也。三家分晉，田氏篡齊，為春秋至戰國一大變。其後魏齊會徐州相王，秦亦稱王，宋亦稱王，趙燕中山韓魏五國又相約稱王，為戰國中局一大變。《史記》於此，年事多誤，未能條貫。今據《紀年》，證以先秦他書，為之發明，而當時情實，猶可推見。此《紀年》勝《史記》，明證五也。其他不勝縷舉。要之《紀年》乃魏史，魏在戰國初年，為東方霸主，握中國樞紐，其載秦孝公前東方史實，自當遠勝《史記・六國表》。徒以存十一於千百，不明不備，不為學者所重。霾塞千年，未覩豁闢之期。余粗為比論，而積古疑晦，頗資發蒙，則其書之非不信可知也。

《史記》之誤不一端，而有可以類比件附，以例說之者。如誤以一王改元之年為後王之元年，一也。梁襄王元年，實梁惠王稱王改元之年。魏文侯元年，實魏文稱侯之年。宋王偃元年，亦宋偃稱王之元年。齊威王卒年，實齊威稱王之年。此其例一也。有一王兩謚，而誤分以為兩人者。如梁襄哀王一人兩謚，《史記》誤分為襄王哀王。趙烈侯又謚武侯，《史》亦分為兩侯。楚頃襄王又稱莊王，史公不知，遂誤以莊嶠為春秋時莊王之苗裔。此其例二也。有一君之年，誤移而之於他君者。如魏文伐秦，在周威烈王十七年，《史》誤以為即魏文之十七年。齊宣王五年，與騶忌田忌謀救韓伐燕，《史》誤以為齊桓公五年。逢澤之會，在梁惠王二十七年，《史》誤以為周顯王之二十七年。齊魏戰馬陵，本梁惠王二十八年，《史》誤以為乃周顯王之二十八年。又如齊康公二十一年，乃田侯剡立，《史》誤以為桓公午立。皆其例，三也。亦有一君之事，誤移而之於他君者。如梁惠王會諸侯於逢澤，《史》誤以為秦孝公。宋剔成逐桓侯自立，《史》誤以為宋王偃逐剔成自立。此其例，四也。有誤於一君之年，而未誤其並世之時者。如魏文滅中山，《史》稱在文侯十七年，實誤。而繫之周威烈王十八年癸酉，則不誤。齊魏相王於徐州，《史》以為齊宣王梁襄王，皆誤。而繫之周顯王二十五年丁亥，實不誤。又如齊封田嬰於薛，應在威王時，《史•表》在湣王三年，誤。而繫之周顯王四十八年庚子，較《紀年》僅後一年，亦不為誤。此由史公自據《秦記》，於周秦之年即得之，於東方諸侯世次，則略而未能盡明，此誤其年未誤其世之例，五也。有其事本不誤，以誤於彼而遂若其誤於此者。如〈楚世家〉簡王八年，魏文侯韓武子趙桓子始列為諸侯，與〈年表〉、〈周本紀〉、魏韓趙〈世家〉均不合。且既稱韓武子趙桓子，其非稱侯，顯矣。即其自語亦不合。今據《紀年》，魏文移前二十二年，是歲實魏文始侯之年，則〈楚世家〉此語雖誤，而實有其不誤者在也。又如〈魏世家〉魏武侯九年，使吳起伐齊至靈丘，而〈年表〉是時，楚悼王已死三年。吳起與楚悼王同死，豈能重為魏將？據《紀年》，魏武年代移前，則魏武九年，吳起尚在魏。〈魏世家〉此語固非誤。此由史公博採傳記，未加考定，雖有錯互，而轉得證成史實之真。其誤在彼而不在此之例，六也。亦有似有據而實無據者。如〈年表〉魏文侯十八年，受經子夏，特以前年滅中山，有子擊下車避田子方事，遂連類書其事於此。〈春申君列傳〉春申君為相八年，以荀卿為蘭陵令，特以蘭陵魯地，是年楚取魯，故姑推以為說。本無確據，而後人輕信，轉滋惑誤，其例七也。有《史》本有據，而輕率致誤者。如《左傳》昭公七年，記及孟釐子卒，《史》遂誤為釐子卒在是年。〈孔子世家〉因云孔子年十七，孟釐子卒。戰國雜說有淳于髡說齊威王以隱，威王感悟，國乃大治，威行三十六年，史公採之，因謂威王在位三十六年。其實威王前後三十九年，威行三十六年者，除其不飛不鳴之三年言之也。此《史》自有據，而輕率致誤之例，八也。亦有《史》本無據，而勉強為說以致誤者。如魏文侯本魏桓子之子，《史記》移文侯之年於後，遂謂文侯乃桓子孫，然亦不能說桓子子為何人。〈年表〉文侯二十五年，太子罃生，本為太子擊生。史公既誤移魏文滅中山之年在前，因疑子擊不應轉生在後，率改子擊為子罃。不悟罃在文侯時不得稱太子。又〈田齊世家〉齊桓公五年，聽鄒忌田臣思謀，起兵擊燕。田臣思即田忌也。此本齊宣王事，史公既誤以伐燕歸之湣王，桓宣字相近，乃以意移此於桓公。遂至鄒忌田忌皆已預列桓公之朝，史公亦無以自解。此皆勉強彌縫，而不能自掩其誤之例，九也。亦有史公博採，所據異本，未能論定以歸一是者。如上舉〈楚世家〉簡王八年三晉始列為諸侯，與〈年表〉、〈周本紀〉、魏韓趙〈世家〉定在楚聲王五年者不同；〈秦紀〉與〈秦始皇本紀〉列秦諸君年數不同之類，皆史公各據異本，自造矛盾之誤之例，十也。亦有《史》本不誤，由後人率改妄竄以致誤者。如〈孔子世家〉及〈十二諸侯年表〉載孔子往返衛宋陳蔡各節，及〈魯世家〉、〈六國表〉載魯哀公以下諸君年數，牴牾顯見，尤難理說。此必後人竄易致誤之例，又一也。復有《史》本非誤，由後人誤讀妄說以致誤者。如《史記・孔子世家》載孟僖子死在孔子十七年下，《水經注》因謂孔子十七適周之類，是也。斯二者，與前舉十例誤不同科。而要之凡《史》之誤，必有其所以誤。尋其所以誤者，而後其為誤之證益顯。而其所以誤之故，亦每每有例可括。粗舉數端，不能盡備。讀吾書者，循此意而求之，可自得也。

且不僅於《史記》之多誤也。今所資以相比勘而知《史記》之誤者，有《索隱》諸家所引《紀年》，而諸家之文正亦多誤。讀《史》者愛其文，往往忽其事。《史》雖多誤而莫辨。注文樸率，尤嬾循省。遂有傳鈔失真而致誤者。如魏文侯初立在晉敬公六年，而〈晉世家〉《索隱》引《紀年》誤為十八年，十八實六字之譌，此以形近而誤也。齊宣公四十五年田莊子卒，而〈田齊世家〉《索隱》引《紀年》誤為十五年，脫一「四」字，此以脫落而誤也。〈秦本紀〉《集解》徐廣曰：「《汲冢紀年》云：『魏哀王二十四年，改宜陽曰河雍，改向曰高平。』」考《紀年》終今王二十年，今王即哀王，烏得有哀王之二十四年？按之〈趙世家〉徐廣所引，知係四年之誤。〈蘇秦傳〉《正義》引《竹書紀年》：「梁惠王二十年，齊閔王築防以為長城。」今考《紀年》梁惠王十三年，當齊桓公十八年，後威王始見。豈得梁惠王二十年，遽有齊閔王？校以《水經・汶水》《注》，則無湣王字。此皆以增衍而誤也。〈周本紀〉《集解》：「裴駰案《汲冢紀年》，自武王滅殷，以至幽王，凡二百五十七年。」而按〈魯世家〉，考公以下至孝公十四年，宣王崩，幽王立，凡二百一十六年，無魯公伯禽年。《三統曆》成王元年，命伯禽侯魯，伯禽即位四十六年。上加周公攝政七年，武王克商後六年，凡五十九年。并下二百一十六年，統為二百七十五年。此作二百五十七，是七十五為五十七，以顛倒而誤也。如此，則《紀年》與〈魯世家〉年數本符。今《偽紀年》云：「武王滅殷後二十四年，定鼎洛邑，至幽王二百五十七年。」果如其說，自成王定鼎起算，裴駰何得云自武王滅殷乎？此條辨說，據朱右曾《汲冢紀年存真》。又有竄易妄改以增誤者。韓威侯與韓宣王為一人。今〈韓世家〉《索隱》引《紀年》鄭昭侯薨以下一節，支離錯亂，全不可解，此經後人改易而誤也。〈孔子世家〉《索隱》云：「按〈系家〉，湣公十六年孔子適陳，十三年亦在陳。」既云十六年適陳，不得十三年先在。若十三年在陳，適陳不待十六年。《索隱》語先後顛倒，乖誤可知。蓋《索隱》本云孔子以陳湣公十年適陳，而經後人妄竄一「六」字。此經後人竄亂而誤也。又〈田敬仲世家〉：「明年復會甄，魏惠王卒。」《索隱》曰：「按《紀年》：梁惠王乃是齊湣王為東帝，秦昭王為西帝時。此時梁惠王改元稱一年，未卒也。而〈系家〉及其後即為魏襄王之年，又以此文當齊宣王時，實所不能詳考。」今按《索隱》此條，「梁惠王乃是」云云，惠王下當脫一「卒」字。惟據《紀年》終今王二十年，其時乃周赧王十六年，秦昭襄八年，齊湣王始二年。〈年表〉齊秦為東西帝，尚在其後十一年。時惠王已死三十七年。且《紀年》亦不及載齊秦為東西帝事。《索隱》何從按《紀年》謂惠王卒乃是齊湣王為東帝，秦昭王為西帝時乎？此必有誤，而特不知其所以誤。後人專據此等處，疑《索隱》所引全不可信。不知此已為後人竄亂，定非《索隱》之真也。朱氏《存真》、王氏《輯校》此條均未錄。又諸家之文，短澀簡質，雖列異同，未加剖辨。後人間或依信，引為論據，復有失其義解而誤者。如王國維《古本竹書輯校》采錄《索隱》甚備，雖論校未密，然已多失原解。如〈魏世家〉《索隱》引《紀年》：「惠王二十八年，與齊田肦戰馬陵。又上二年，魏敗韓桂陵。十八年，趙又敗韓馬陵。」此以二年、十八年皆在二十八年前，故云「上」。上即前也。而王氏以為上二年，乃即二十八年之前二年，因謂即二十六年，是誤解《索隱》原文也。又《索隱》引《紀年》亦自有例。如〈晉世家〉《索隱》引《紀年》，自出公以下諸公年數，皆列其與《史》異者以相勘。則其不著幽公敬公烈公，正見其年數之同於《史》。梁氏《志疑》不明此例，又誤混於今本《偽紀年》，遂致錯淆。又《索隱》引《紀年》列國國君年數，自魏君外，或據其始立之年數之。古者君主以翌年改元，《紀年》魏史，惟魏君著年數，他國僅記君立，《索隱》循其立年數之，則與《史記》以改元計者相差一歲。後人不明此例，比論亦遂多歧。至其君卒歲，若以改元計，與始立計，亦每有一歲之差。此均由未得其例而致誤者。亦有《索隱》本無其例，而後人為之曲說，如王氏《古本竹書輯校》謂《索隱》引《紀年》皆改夏正為周正，而細覈實無之。此又致誤之一端也。

《史》文既多誤，首有賴於諸家之注，而注文復多誤，其事又可舉一例以為說者。史公記六國時事，多本《秦記》。固已苦其不載日月，文略不具矣。然其於秦事，固宜信也。乃自宣公以上，《史》皆失其名，不能詳。《索隱》按《世本》《古史》，考得繆公名任好，以為之補。其他可以想矣。今《史》文任好字，又係後人據《索隱》增入。而其記秦列君年數尤多歧。〈秦始皇本紀〉後序列秦之先君立年及葬處，《索隱》謂其「皆當據《秦記》為說」，又云：「其與正史小有不同，然亦未能定其是非。蓋史公亦自不能決，故取異說備列之也。」文云：「秦自襄公至二世，六百一十歲。」《正義》云：

「〈秦本紀〉自襄公至二世，五百七十六年矣，〈年表〉自襄公至二世，五百六十一年，三說並不同，未知孰是。」又〈秦本紀〉《索隱》引〈始皇本紀〉云：「秦自襄公至二世，凡六百一十七歲。」然則言秦年者，自襄公至二世，已有四說：

一、〈秦始皇本紀〉原文——六百一十歲。

二、《正義》計〈秦本紀〉年數——五百七十六歲。

三、《正義》計〈年表〉——五百六十一歲。

四、《索隱》引〈秦始皇本紀〉——六百一十七歲。

今為細覈，《史記》記秦襄公以下列君年數，本有三歧：

一、〈秦始皇本紀〉——實得五百七十二歲。

二、〈秦本紀〉——實得五百七十七歲。

三、〈年表〉——則為五百七十一歲。

合之以上四條，凡得七說之異。梁氏《史記志疑》云：「案〈年表〉自襄公元年至二世三年，實五百七十一歲。〈秦本紀〉原文實誤，《索隱》、《正義》所說年數亦誤。此記是秦史官所錄，史公采以作《史記》者，何以誤端疊見？蓋篆隸遞變，簡素屢更，傳寫乖譌，非《秦記》之舊矣。」此《史》文多誤之一例也。惟以余論之，其多誤之故，實有不僅梁氏所謂「篆隸遞變，簡素屢更，傳寫乖譌」而已者。請仍據〈秦始皇本紀〉為說。〈紀〉云：「九年乙酉，王冠。」

《集解》徐廣曰：「年二十二。」

《正義》：「按：年二十一也。」

《史記》載始皇年極明備，可以無歧，然《集解》、《正義》為說又自不同。且觀其相為校正，決非傳寫之乖譌也。《殿本考證》杭世駿釋之云：「徐廣云二十二者，以逾年改元計也。《正義》云二十一者，以當年改元計也。徐廣以是年為二十二，故三十七年崩時，注云年五十。如《正義》之說，則崩年止四十九。〈六國表〉周赧王五十九年，秦昭王五十一年，徐廣曰乙巳，則始皇生年，當是壬寅。十三歲時，當是甲寅。〈項羽本紀〉注徐廣曰項王以始皇十五年乙巳歲生，則始皇元年當是乙卯。此處自當以逾年改元計，作二十二歲為是。但〈秦本紀〉云獻公立二十四年卒，子孝公立。徐廣曰獻公元年丁酉，孝公元年庚申，則獻之末即孝之初，又不拘逾年改元之說矣。」今按：杭氏此辨，分別《集解》、《正義》得失甚是。蓋其所以為計者不同，而遂致相差，其事初非關於傳寫之乖譌也。而其論獻公年則又有說者。考〈秦始皇本紀〉：「獻公享國二十三年。」而〈秦本紀〉云：「獻公立二十四年卒。」兩說自不同。杭氏謂獻之末即孝之初，不拘逾年改元之例，其實非也。不逾年而改元，古人自有其事。然大率前君被弒，後君以篡逆得國，不自居於承前君之統緒，則往往即以前君見殺之年，改稱篡立者之元年，不復逾年而改元。此在春秋時不多見，而戰國屢有之。若孝公則非篡立，獻公亦非被弒，何為亦當年改元哉？據〈秦紀〉，獻公前承出子，出子二年，庶長改迎獻公於河西而立之，殺出子及其母，沉諸淵。其事亦見不韋《春秋．當賞篇》。出子，《春秋》作小主。庶長改，《春秋》作菌改。蓋獻公實弒君自立，故未逾年而改元。出子之末，即獻公之初。元丙申，卒己未，得二十四年。今〈年表〉於出公二年後始列獻公元年，則為元丁酉，當得二十三年。〈始皇本紀〉與〈年表〉同，徐廣亦本〈年表〉為說。杭氏不能詳辨，誤以徐廣本〈年表〉之說，推論〈秦紀〉二十四年之文，遂誤為孝公不逾年而改元也。

余又考〈秦始皇本紀〉載秦列君年數，與〈秦本紀〉異者凡五人：

一、悼公——〈秦始皇本紀〉十五年，〈秦本紀〉十四年，〈年表〉同〈秦紀〉。

二、靈公——〈秦始皇本紀〉十年，〈秦本紀〉十三年，〈年表〉同〈始皇本紀〉。

三、簡公——〈秦始皇本紀〉十五年，〈秦本紀〉十六年，〈年表〉同〈始皇本紀〉。

四、獻公——〈秦始皇本紀〉二十三年，〈秦本紀〉二十四年，〈年表〉同〈始皇本紀〉。

五、莊襄王——〈秦始皇本紀〉三年，〈秦本紀〉四年，〈年表〉同〈始皇本紀〉。

而〈年表〉與〈秦始皇本紀〉同者，自靈公以下凡四人。其事皆可本前例以為說。

一、靈公

〈秦始皇本紀〉「肅靈公享國十年」，《索隱》云：「《紀年》及《系本》無『肅』字。句立十年，讀〈表〉同。句〈紀〉十二年。句」然今〈秦紀〉作靈公十三年，三說相歧。余考〈秦紀〉靈公前懷公為諸臣所圍，自殺。靈公承之，蓋亦不逾年而改元，故前後共得十一年。〈年表〉則於懷公四年見殺之明年，再書靈公元年，故為十年。今〈秦紀〉作十三年，《索隱》引〈秦紀〉作十二年，皆為十一年之字訛。

二、簡公

〈秦始皇本紀〉「簡公享國十五年」，〈年表〉同。〈秦本紀〉簡公十六年。余考簡公前承靈公，靈公卒，子獻公不得立，簡公乃靈公季父，為懷公之子。靈公既承懷公之弒而自立，不逾年而改元。今簡公亦篡獻公之統，上溯其父懷公之緒，則亦不俟逾年而改元矣。〈年表〉〈始皇紀〉作十五年，仍依逾年改元之常例計之也。〈秦紀〉作十六年，本當時不逾年而改元之變例計之也。

三、獻公

已具前論。惟〈秦始皇本紀〉「獻公享國二十三年」下，《索隱》云：「《系本》稱元獻公。立二十二年，〈表〉同。〈紀〉二十四年。」今按：《索隱》此條，文義頗晦，而有誤字。其句讀當如前引肅靈公條之例。

肅靈公　《索隱》：「《紀年》及《系本》無『肅』字。句立十年，讀〈表〉同。句〈紀〉十二年。句」

獻公　《索隱》：「《系本》稱元獻公。句立二十二年，讀〈表〉同。句〈紀〉二十四年。句」

均謂〈秦始皇本紀〉立十年、立二十二年，與〈年表〉相同，而與〈秦紀〉則異也。至引《系本》及《紀年》，僅舉其無「肅」字、有「元」字之異，並不與下文立十年、立二十二年語相涉。句讀之例既明，知獻公條《索隱》立二十二年，實立二十三年之誤。以今〈年表〉明作二十三年，〈秦始皇本紀〉亦明作二十三年也。否則不辨句讀，不訂譌字，將又疑《世本》別有獻公二十三年一說矣。

四、莊襄王

〈秦始皇本紀〉「莊襄王享國三年」，〈年表〉亦同。〈秦本紀〉莊襄王得四年。余考〈秦紀〉莊襄王承孝文王後。孝文王除喪，十月己亥即位，三日辛丑卒，子莊襄王立。秦以十月為歲首，孝文王蓋以去年即位，以今年歲首除喪稱元，前後三日而卒。莊襄王處此變例，雖非弒君自立之比，而即以是年稱元，不復以先王三日之位，而虛一年之號，亦自在情理之中。〈秦本紀〉據當時變禮實況計之，故為四年。〈始皇紀〉及〈年表〉依常例，仍定孝文王在位一年，則莊襄王自祗三年也。孝文之事，閻若璩《尚書古文疏證》亦復論及，其言曰：「〈秦本紀〉昭襄王四十二年，先書十月宣太后薨，繼書九月穰侯出之陶。四十八年，先書十月韓獻垣雍，繼書正月兵罷。似已用十月為歲首。秦自昭襄以後，莊襄以前，既首十月，則孝文王之事，有可得而論者。〈秦本紀〉：『五十六年秋，昭襄王卒，子孝文王立，尊唐八子為唐太后，而合葬於先王。韓王衰絰來弔祠，諸侯皆使將相來視喪事。孝文王元年，赦罪人，修先王功臣，褒厚親戚，弛苑囿。孝文王除喪，十月己亥即位，三日辛丑卒。子莊襄王立。』蓋昭襄王五十六年庚戌秋，去孝文王元年辛亥冬月僅二三月，此二三月竣喪葬之事，明年新君改元，方大施恩禮，至秋期年之喪畢然後書孝文王除喪，猶勝既葬而除者多矣，猶為近古。然其失禮處，亦不可不知。秦既用建亥月為歲首，孝文王元年，應有十月，今于除喪後又書十月，分明是孝文王已逾二年矣。豈享國一年者乎？故予以莊襄王元年壬子，原孝文王之二年。但秦之臣子，以孝文甫即位三日，不仍之為二年，遂改為莊襄之元年。觀書『子莊襄王立』下無事，可知。崩年改元，厥由於此。一年二君，固已非終始之義。況又革先君餘年，以為己之元年乎？失禮莫大焉！惜千載讀《史》者，俱未推究及此。余特摘出，以正《通鑑》孝文王元年書十月己亥王即位三日薨之誤。」今按：閻氏此辨，精矣而未盡也。其謂秦自昭襄以下，莊襄以前，既首十月，則誠然矣。而定孝文在位已逾兩年，則又失之。孝文亦既葬而除喪耳。昭襄王以庚戌之秋卒，二三月間，竣喪葬之事，孝文以歲首十月正改元之位，三日而薨，前後不逾五月。若以歲首正月計，則尚在昭襄三十六年庚戌，烏得有二年之久？徒以孝文之立，年已五十有三，非孺子君比。又親莊襄之父，雖不幸即位三日而死，而秦之君臣，不忍沒其先君在位之年。又孝文固已逾年而改元，又不當上侵昭襄畢世之歲。故以孝文繼體嗣位之數月，仍屬之於昭襄之三十六年，而所謂孝文在位一年者，其實則自逾年改元，僅得三日之數。其子莊襄王若仍以逾年改元，則為王子。而辛亥一歲，實亦莊襄享國之日。戰國季世，何嘗有所謂三年之喪？更亦何嘗有所謂三年喪畢而正踐祚之位之禮？三月而喪畢，逾年而改元，此其常耳。至於秦者，尤不當以東方儒生所唱古禮律之。正惟孝文在位不出五月，故《史》乃無事可紀，特曰：「赦罪人，修先王功臣，褒厚親戚，弛苑囿。」為循例虛美之詞。而莊襄王享國之期，實有四年。今〈年表〉既上割其元以為孝文之歲，故〈秦紀〉莊襄四年事，〈年表〉僅得三年。蒙驁擊趙榆次、新城、狼孟，得三十七城，〈紀〉在三年，〈表〉在二年。王齮擊上黨，初置太原郡，及五國攻秦，〈紀〉在四年，〈表〉在三年。而蒙驁攻趙，定太原，〈紀〉在二年，〈表〉則無之。依上例推校，此當書於莊襄之元年。而蒙驁取成皐，呂不韋取東周，〈紀〉在元年，〈表〉亦同在元年者，其實應上移孝文元年格中，乃始符耳。今閻氏又下奪莊襄之年，以上予孝文，則於〈秦始皇本紀〉及〈年表〉與〈秦本紀〉異同，皆無以通其說，此乃其考覈之未盡也。

又按：〈秦本紀〉：「昭襄王四十二年十月，宣太后薨。九月，穰侯出之陶。」乃秦人已以十月為歲首之證，既如上述。而「四十八年十月，韓獻垣雍，秦軍伐趙武安，正月兵罷，復守上黨。其十月，五大夫陵攻趙邯鄲」，張文虎謂：「自此年以後，復用夏正，故書其十月云云，遂不以為歲首。」今按：張說誤。此年先書十月，卒又書十月，以〈白起傳〉校之，秦使王陵攻邯鄲，乃九月，則〈秦紀〉此年「其十月」實「其九月」之譌文也。又，「四十九年正月，益發卒佐陵，其十月將軍張唐攻魏。五十年十月，武安君白起有罪，為士伍，遷陰密；十二月，武安君白起有罪死。」張文虎謂：「此年先書正月，後書其十月，文甚明白，為秦改復夏正之證。」然再校之〈白起傳〉：「四十九年正月，陵攻邯鄲少利，秦益發兵佐陵，又使王齕代陵將。八九月圍邯鄲不能拔，彊起武安君，武安君稱病篤。於是免武安君為士伍，遷之陰密。」自正月以下歷八九月而武安君以罪免，適為五十年之十月，則其時秦仍以十月為歲首甚明。正月後八九月，即九月，及明年之首十月也。〈白起傳〉又云：「居三月，諸侯攻秦軍急，秦王乃使人遣白起，不得留咸陽中，又使使者賜之劍，自裁。」十月罪免，居三月賜死，正合〈本紀〉「十二月武安君有罪死」之文。而〈起傳〉又云：以秦昭王五十年「十一月」死，知是「十二月」字譌。據此推之，〈秦紀〉「四十九年其十月將軍張唐攻魏」一語必亦字誤，而張氏遽謂秦以其年復用夏正，是亦考之未詳也。

綜上四君，〈秦本紀〉、〈秦始皇本紀〉及〈年表〉所記年數之差，皆可以不逾年而改元之一例為說。而《史》文及注，亦頗有譌字。至悼公一君，〈年表〉、〈秦紀〉皆作十四年，而〈秦始皇本紀〉作十五年，與下四例不符。下四例皆〈年表〉與〈秦始皇本紀〉同，與〈秦本紀〉異，此例獨反之，知不可以一例論矣。亦無說以處，則當為〈始皇本紀〉之字譌也。

凡上所論，足證史公博采，所據異本，未經論定，以歸一是，遂若相矛盾，而其實《史》固不誤。後來注家，未能為之發明，又間以傳鈔之誤，紛亂乃不可理。梁氏《志疑》僅以「篆隸遞變，簡素屢更，傳寫乖譌」之一事說之，固未嘗於情實也。

又按：〈秦本紀〉「始皇帝五十一年而崩」，杭世駿《考證》云：「始皇十三年而立，立三十七年而崩，當得四十九年。」夫杭氏既辨《集解》、《正義》得失，而云當以逾年改元計者為是，則始皇十三年而立，逾年十四歲改稱元年，至三十七年固得五十年，非四十九年也。同屬一人之考證，又考證同一之事，先後一卷書之隔耳，乃其是非相乖已如此。然則《史》文記載年數之多誤，又不盡於傳寫之乖誤，與夫所以為計之不同，而人之不能盡其心，以輕心掉之，忽而多誤，又其一因矣。輾轉之忽，誤乃益滋。如亡羊於歧途，歧之中又有其歧焉，而乃至於不反。此又後人考年之一難也。

古人云：「失之毫釐，差以千里。」此言夫毫釐之不可忽也。又云：「寸寸而量之，至丈必差；銖銖而較之，至兩必失。」此言夫銖寸之不可泥也。考年之事，將為毫釐之不可忽乎？抑將為寸寸之不可較乎？曰：善用之則皆是也，不善用之則皆非也。夫古人之年，運而往矣。後之論者，曰孔子生於魯襄公二十一年某月某日。曰非也，孔子生襄公二十二年某月某日。其爭歷二千年而不可解。甲曰孔子年七十二，乙曰孔子年七十三，其爭歷二千年不能決。此何為者？故謂孔子年七十二與年七十三，必有一失，否則俱失之，不能俱得也。然而今人之智力，無以大踰乎昔之人，則孔子之年，終不可定，將以後息者為勝。謂生魯襄公二十二年可也，謂生魯襄公二十一年亦無不可也。孔子或壽七十二，或壽七十三，孔子則既死矣，一歲之壽，於孔子何與？於後世亦何與？於考孔子之年者又無與也。何者？自一歲之爭以外，他無可以異同也。此丈量既得，不必較之以寸之說也。非固不可較，不能較而必為之較焉，非闕疑之道，又且自陷於愚誣之嫌也。史公曰：「墨子與孔子同時，或曰在其後。」同時之與在其後，相差則既遠矣。其傳老子，曰：「蓋老子百有六十餘歲，或言二百餘歲。」百六十之與二百，相異則既甚矣。今之學者，為古人考年，率好為辜較之辭，曰某生至早在某歲，某卒至晚在某年。然而有不可者。以某生至早之歲，上承某卒至晚之年，父子祖孫可以為友矣。今易其辭，曰某生至晚在某歲，某卒至早在某年，以某卒至早之年，下接某生至晚之歲，則友可以為父子祖孫矣。此又毫釐之辨之，不可以不謹也。其實非毫釐也。考年者不精審熟察，不能確據史實，約略以推之，強古人以就我，則宜其有千里之差矣。

或曰：古人之年，運而往矣，九原不可作，則凡所以考古人之生卒行事者，將惟書冊是徵。而先秦古籍，傳者亦尠矣。記事莫備於《史記》。《史記》既多誤，而所載尤以諸子為略，名姓不一見者多有之，詳者惟孔老孟荀，然而〈孔子世家〉之緟紕而疊繆，與夫老子之儻恍而難憑，孟荀之闊略而不備，則既盡人疑之矣。子將較毫釐，衡銖寸，重定古人之年，則何籍以考於古？又何術以信於後耶？曰：此難矣，而實非難也。無方術以處之則難，有方術以處之則易。君不知夫樹木之有年輪乎？橫截一樹，而數其輪，可以得其年，不必尋其樹之始植者而證之也。此毫釐可謹之說也。又不知夫地層之有化石乎？推而論之，可以識萬紀以前之地史，不必有文字之記載也。此丈石可量之說也。自孔子以往迄於秦，雖史文茫昧，地層之化石，樹木之年輪，尚多有之。有可以得其生卒之年壽者，有可以推其交游出處之情節者。片言隻字，冥心眇慮，曲證旁推，即地層之化石也，即樹木之年輪也。曰：何以信？曰：信於四達而無牾，一貫而可通。

夫人之用心，患其思慮之不精，又患其考證之不廣。先秦遺文，六國之際，於今可考者，可以縷指而計之，程年以盡之。考證之不廣，非難也。然後謹記其異同，推排其得失，次其先後，定其從違，必有當者，可以確指，則用心之不精，又非患也。然而自古迄今，六國之年既多誤，諸子事跡尤不備。塵晦而不彰，霾翳而莫明，猶有待於今日之推尋者，則何歟？曰：此非古人之知不及此，亦其時則不至此也。古人不知考年之可重，則亦無怪於其用心之不精，求證之不廣矣。夫《史記》之誤易見，捨《史記》而求是則難尋。《紀年》之佚文，散見於《集解》、《索隱》諸家之注，以及《水經注》諸書者，其與《史記》異同，一一可按。然碎文單辭，知其異於《史》者，無以定其是。而《史》之異於《紀年》者，亦無以定其非。今〈六國表〉及諸〈世家〉，記事明備，一按可得。《紀年》遺佚散亂，荒晦難尋。學者既不以考年為重，好易惡難，習常疑怪，則亦誰為考覈詳定其是非者耶？夫判兩家之異同，貴乎參伍以為驗。求定《紀年》、《史記》之得失，不得不參伍以驗之於諸子。而昔人治史，往往不信諸子。掩目捕雀，宜其無得。是用心之不精，考證之不廣，所以為論年之難，而其端在夫不知論年考世之重。此乃時緣之未至，非聰明智力之不逮也。

且有非考年之事，而為考年之所待以成者二端焉：曰捃逸，曰辨偽。夫事之不詳，何論其年？故考年者必先尋實事。實事有證，而其年自定，此易知之說也。為諸子考年者，當先定〈六國表〉，而後有所依據，固也。其次莫大於為諸子捃逸。何言乎為諸子捃逸也？《史記》惟孔子有世家，孔子弟子及老莊申韓孫吳孟荀有列傳，其他則闕。墨子則曰「宋之大夫，善守禦，為節用，或曰並孔子時，或曰在其後」，得二十許字。許行陳仲惠施魏牟之徒無其名者不可勝計。其略既如此，而略之中復有其不可信者焉。然而其旁見於他書者，雖片鱗一爪，可以推尋而得其大體者至多也。昔人治史，率不信諸子。夫諸子托古，其言黃帝羲農，則信可疑矣。至於管仲晏嬰相問答，莊周魯哀相唯諾，寓言無實，亦有然者。至其述當世之事，記近古之變，目所覩，身所歷，無意於托古，無取於寓言。率口而出，隨心而道，片言隻語，轉多可珍。故吳起有涇水之戰，此韓非劉向之文也，而《史記》無其事。余拾其墜，以定吳起仕魏之年。公孫龍有空雄之對，此不韋《春秋》之說也，而戰國無其地。余訂其譌，以證公孫來趙之歲。荀卿之見燕噲，韓非言之；兒說之事宋王，《呂覽》記之。余循之為推，可以說名家之傳，可以次孟荀之世。考《莊》、《列》魏牟公孫龍，發中山之祕史；據《荀》、《韓》楚莊王莊蹻，定巴滇之逸乘。其他如以《呂覽》許犯證《孟子》許行之師承，采《韓非》田仲補《孟子》陳仲之論議。推季梁以定楊朱之生卒，傳匡章以闡孟軻之遊蹤。本《呂覽》白圭惠施應對，定兩人在梁之先後；據《鹽鐵論・論儒》，證稷下諸賢之聚散。即以諸子之書，還考諸子之事。為之羅往跡，推年歲，參伍以求，錯綜以觀，萬縷千緒，絲絲入扣，朗若列眉，斠可尋指。夫而後滯者決而散者綜，紛者理而闇者覩。先秦學人往事，猶可考見，無病乎史文之逸失也。

何言乎為諸子辨偽也？夫諸子往跡行事，雖散見於諸子之書，然而多有其誤者焉，又多有其偽者焉。偽誤之不辨，而捃摭諸子之遺聞佚記以騁博而馳說，是治亂絲而益棼也。蓋嘗論之：有偽其人者，有偽其世者，有偽其年者，有偽其事者，有偽其地者，有偽其書者，有偽其說者，有偽之於多方者。偽之途不一端，非一一而辨之，則不足以考其年。將一一而辨之，則辨偽之事無竟，而考年之書不可作。此固考年之事之所待以成也。何言乎偽其人？吳有孫武子，偽其人也。何言乎偽其世？尉繚見梁惠王，偽其世也。何言乎偽其年？孟子遊梁，當惠王之三十五年，此偽其年也。何言乎偽其事？孔子與南宮敬叔適周問禮於老子，此偽其事也。何言乎偽其地？孔子畏匡，公孫龍對空雄，此偽其地也。何言乎偽其書？列禦寇有《列子》，子思有《中庸》，此偽其書也。何言乎偽其說？孔子老而繫《易》，孔門六經有傳統，此偽其說也。何言乎偽之於多方？凡偽其人者，必偽其事焉，偽其時焉，偽其書焉，偽其說焉，而後可以掩其人之偽。偽其事，偽其時，偽其書，偽其說者，亦然。非偽之於多方，則其偽不立。諸子之偽不勝辨，其不能盡著於篇者，將別為書以發之，此不能備也。

夫言有定於此而後可以見於彼者，亦有定於彼而後可以見於此者，此相與為功，有待而成之說也。為諸子考年者，有待於捃逸；為諸子捃逸者，又有待於辨偽。然而辨偽捃逸之功，亦有待於考年焉。夫必《易・繫》決非孔子作，而後孔子無繫《易》之年之辨可定。夫必孔子無繫《易》之年，而後無商瞿傳《易》之人之辨可定。夫必無商瞿傳《易》之人，而後孔門無六經傳統之說之辨可定。反而言之，以六經傳統之可疑，而疑及於商瞿之傳《易》。以商瞿傳《易》之可疑，而疑及於孔子之繫《易》焉。其事如循環之無端也。夫孔子繫《易》之年，與夫商瞿之年，以及夫經師先後授受之年，則信可疑矣。然則商瞿梁鱣年長無子之逸記可以滅，〈繫辭〉、〈十傳〉之為偽書可以定。此又考年之功之有裨於捃逸辨偽者也。

且捃逸辨僞考年之相待以有成，其事有不盡於此者。蓋事有非逸，而無異於已逸。語有不僞，而有甚於本僞。則以考年之未精，遂相率以俱譌。及其既譌，遂轉以為考年之障者有之矣。請據《孟子》以為說。夫《孟子》七篇，盡人所誦，歷二千年，至精至熟也。其事則非逸也，其語亦非僞也。考孟子之年者，非不之及也。然而為孟子考年者，類以《史記》繩《孟子》，而不知《史》年之有誤。即有本《孟子》疑《史》年者，亦不能定《史》年之真是也。然後《孟》書之非逸者，無異於逸。《孟》書之不僞者，轉致於僞。人異其說，而皆無當於是焉。余以《紀年》校《史記》，知齊梁世系之誤，重定齊威宣、梁惠襄之先後。而後知孟子初遊齊，當齊威王時；遊梁，見惠王襄王；返齊，見宣王。以此求之，則匡章不孝、孟子與遊之事，情節復顯。余又以《史記．魯世家》與〈六國表〉互覈，知魯〈表〉之誤，而〈世家〉之可信，重定魯平之元。以此求之，然後樂克進辭、臧倉沮見之事，理勢乃符。凡此皆學人之所研慮，先儒之所極論，縱橫反覆，紛紜莫定，一朝發難，雲破天朗。其事則同，而所以說其事者不同。此非捃逸也，而有似於捃逸。非辨僞也，而有類乎辨僞。蓋亦與考年之功相待以有成者也。

且夫後世之積譌襲非，有足為考年繫世之障者，又豈僅於時君世系之錯亂、諸子往跡之晦沉而已耶？蓋自劉班著錄，判為九流，平章學術，分別淵源，其說相沿，亦幾二千載於玆矣。習非成是，積信為主，則亦莫之疑而難以辨也。曰百家原於道，則老聃之年無以破。曰申韓本於老，則吳起李克之統無以立。不知農之原於墨，則我許行即許犯之說不足信。不知法之導於儒，則我商鞅本魏學，李韓乃荀術之論不能成。非破碎陳說，融會以求，則我魏文西河、齊威宣稷下諸賢之考皆無以通其意。吾嘗沉沉以思，昧昧以求，潛精於諸子之故籍，遊神於百家之散記，而深疑夫舊說之有誤，而習見之不可以為定也。積疑有年，一朝開豁，而後知先秦學術，惟儒墨兩派。墨啟於儒，儒原於故史。其他諸家，皆從儒墨生。要而言之，法原於儒，而道啟於墨。農家為墨道作介，陰陽為儒道通囿。名家乃墨之支裔，小說又名之別派。而諸家之學，交互融洽，又莫不有其旁通，有其曲達。分家而尋，不如別世而觀。尋宗為說，不如分區為論。反覆顛倒，縱橫雜出，皆有以通其源流，得其旨趣，萬變紛紜而不失其宗。然後反以求之先秦之史實，並世學者師友交游之淵源，與夫帝王賢豪號召羅致之盛衰興替，而風會之變，潮流之趨，如合符節，如對契印。證之實者有以融之虛，丈而量者重以寸而比，乃然後自信吾說而確乎其不自惑也。夫為辨有破有立，破人有餘，立己不足，此非能破之勝也。夫為學有積有統，積說多端，整統未建，此非能積之優也。余之此書，定列國之世系，考諸子之生卒，事有甚碎，辨有甚僻，蓋考據之幽微，為學者之畏途，有使人讀而生厭，不終卷而廢者。然而陳說未破，則己旨不立，積緒無多，則整統不富，傍徨瞻顧，雖曰未能，竊有志於是焉。

嘗試論之，晚周先秦之際，三家分晉，田氏篡齊，為一變。徐州相王，五國繼之，為再變。齊秦分帝，逮乎一統，為三變。此言夫其世局也。學術之盛衰，不能不歸於時君世主之提抑。魏文西河為一起，轉而之於齊威宣稷下為再起，散而之於秦趙，平原養賢，不韋招客為三起。此言夫其學風也。書分四卷，首卷盡於孔門，相宰之祿，懸為士志，故史之記，流為儒業，則先秦學術之萌茁期也。次卷當三家分晉，田氏篡齊，起墨子，終吳起。儒墨已分，九流未判，養士之風初開，游談之習日起，魏文一朝主其樞紐，此先秦學術之醞釀期也。三卷起商君入秦，迄屈子沉湘。大梁之霸燄方熄，海濱之文運踵起。學者盛於齊魏，祿勢握於游仕。於是有白圭惠施之相業，有淳于田駢之優遊，有孟軻宋鈃之歷駕，有張儀犀首之縱橫，有許陳之抗節，有莊周之高隱，風發雲湧，得時而駕，乃先秦學術之磅礴期也。四卷始春申平原，迄不韋韓李。稷下既散，公子養客，時君之祿，入於卿相之手，中原之化，遍於遠裔之邦。趙秦崛起，楚燕扶翼。然而爛漫之餘，漸歸老謝，紛披已甚，主於斬伐。荀卿為之倡，韓非為之應。在野有老聃之書，在朝有李斯之政。而鄒衍之頡頏，呂韋之收攬，皆有汗漫兼容之勢，森羅並蓄之象，然猶不敵夫老荀非斯之嚴毅而肅殺。此亦時運之為之，則先秦學術之歸宿期也。四卷之書，因事名題，因題成篇，自為起訖，各明一意。遂若破人多，而立己少，積緒繁，而統綜絀。此則體勢所限，有不獲已。至於發揮引申，極論學術，將有俟於《通論》，非此之得詳矣。

且著書成學，不徒有其外緣，而又不能不自止於限極焉。吾書之成，其為之緣者則既論之矣；至於其限極，亦有可得而略陳者。蓋首卷考訂孔子行事，前賢論者已詳，折衷取捨，擇善而從，其為己說者最尠。至於次卷，墨子吳起之世，史文荒失。於此不理，則荊棘未斬，取途無從。而欲加闢治，又徒手空指，利斧難覓。蓽路藍縷，艱苦惟倍。凡所論列，雖已疏闊，而史料既滅，文獻不足，則亦無以為增。至於三卷，如理亂絲，異說紛呈，諸端並列，條貫則難，尋證則富。四卷諸篇，以當時諸子著書，往跡頗詳，親歷轉略。秦廷焚坑，學術中絕。而《汲冢紀年》亦盡於魏襄王，以下惟有《史記》，無可互勘。如春申不韋之死、荀卿之老、鄒衍之遊，皆有可疑，無以詳說。其他亦幽晦。較之墨翟吳起之世則顯，較之惠施孟軻之世則略。此亦史料所限，無可為力者也。若夫見聞之未周，思慮之未詳，智慧之所不至，功力之所未盡，進而教之，期乎方聞君子。

目次

下冊

卷三

通表

考辨

卷一

一　孔子生年考

孔子生年，聚訟二千年矣。《春秋》《公羊》《穀梁》二傳，皆謂魯襄公二十一年孔子生，司馬遷《史記》，謂襄公二十二年孔子生。依前說者，賈逵《左氏解詁》服虔《左氏傳解誼》邊韶《老子銘》何休《公羊解詁》楊士勳《穀梁疏》王欽若《冊府元龜》劉恕《通鑑外紀》胡安國《春秋傳》洪興祖《闕里系譜》黃震《黃氏日鈔》馬端臨《文獻通考》宋濂《宋學士集》胡廣《四書大全》王圻《續文獻通考》崔述《洙泗考信錄》錢曾《讀書敏求記》江永《鄉黨圖考》、《孔子年譜》及《群經補義》李鍇《尚史》

孔繼汾《闕里文獻考》錢大昕《養新錄》及《三史拾遺》李惇《群經識小》孫志祖《讀書脞錄》蔡孔炘《孔子年譜》狄子奇《孔子編年》諸人；依後說者，杜預《左傳注》陸德明《左氏音義》蘇轍《古史》劉安世《元城語錄》袁樞《通鑑紀事本末》孔傳《東家雜記》鄭樵《通志》朱熹《論語序說》呂祖謙《大事記》葉大慶《考古質疑》羅泌《路史餘論》孔元措《祖庭廣記》金履祥《通鑑前編》薛應旂《四書人物考》鄧元錫《函史》彭大翼《山堂肆考》夏洪基《孔子年譜》呂元善《聖門志》黃宗羲《南雷文約》萬斯大《禮記偶箋》馬驌《繹史．孔子年譜》閻若璩《困學紀聞箋》、《潛邱劄記》齊召南《帝王表》梁玉繩《古今人表考》、《史記志疑》陳宏謀《四書考輯要》鄭環《孔子年譜》、《孔子世家考》成蓉鏡《經義駢枝》孔廣牧《先聖生卒年月考》諸人。詳見孔廣牧《先聖生卒年月考》韓非有言：「鄭人有相與爭年者，一人曰：『吾與堯同年。』其一人曰：『吾與黃帝之兄同年。』訟此而不決，以後息者為勝耳。」〈外儲說左上〉若孔子生年，殆亦將以後息者為勝。余茲姑取後說，近人俞樾、劉師培從前說，最近崔適《史記探源》從後說。至於詳考確論，不徒不可能，抑且無所用。今謂孔子生前一年或後一年，此僅屬孔子私人之年壽，與世運之升降，史跡之轉換，人物之進退，學術之流變，無足重輕如毫髮。而後人於此，月之日之，考論不厭其詳。而他學者，如老莊，如楊墨，則人之有無，世之先後，年之夭壽，茫不加察，晦淪終古，是烏足當知人論世之實哉？**今所考論**，**一以確有援據而有關大體者為斷**。至於細節，則略勿致辨，以避勞而且拙之譏。

二　孔子為委吏乘田考

孟子曰：「孔子嘗為委吏矣，曰會計當而已矣；嘗為乘田矣，曰牛羊茁壯長而已矣。」《史記・孔子世家》作：「嘗為季氏史，料量平；嘗為司職吏，畜息蕃。」司職者，毛大可《四書改錯》云：「《周禮》牛人有職人，主芻豢者。職通作『樴』，杙也，所以繫牛。又名乘田者，以公牛芻豢，皆甸田中事也。」古「乘」與「甸」通。季氏史，《索隱》云：「有本作『委吏』。」趙岐曰：「委吏，主委積倉庫之吏。」崔述《洙泗考信錄》云：「委、季、吏、史四字相似故誤，後人又妄加『氏』字耳。《闕里志・年譜》云：二十歲為委吏，二十一歲為乘田吏，殊無明據。大抵在郯子來魯之先，否則不能自通於國君也。」今按：舊說定孔子始仕年二十者，由《索隱》引《家語》孔子年十九娶於宋之幵官氏，一歲而生伯魚。伯魚之生，魯昭公以鯉魚賜。始仕通贄，君賜及之，故疑在是年。若以非此則不能自通於國君為說，而賜魚之說非虛，則崔意。與舊說，其可信之程度正相類耳。《左傳》昭公十七年郯子來，時孔子年二十七。孔子仕定在此前，則似可信。

三　孟懿子南宮敬叔學禮孔子考

附　南宮敬叔南容非一人辨

〈世家〉：「孔子年十七，孟釐子卒，懿子及南宮敬叔往學禮焉。」崔述云：「《春秋傳》此文在昭公七年，（按：今《史記》魯楚兩〈世家〉及〈年表〉，並誤在昭公八年。）由襄公二十二年遞推之，則孔子至是當年十七。然孟僖子之卒，實在昭公二十四年。《傳》但因七年孟僖子至自楚，病不能相禮，而終言其事。〈世家〉以為本年之事，誤矣。懿子、敬叔生於昭公之十一年，（杜《注》云：「似雙生。」）當七年時，二子固猶未生，安得有學禮之事？《闕里志・年譜》亦載此事於十七歲，則作《年譜》者，但採《史記》諸子之文，綴輯成書，而初非有所傳也明矣。學者乃以《年譜》為據，何其不思之甚也？」梁玉繩《史記志疑》亦云：「此是史公疏處。《索隱》、《古史》竝糾其誤。」今按：是年孔子實三十四歲也。又考《左傳》昭公二十年：「衛齊豹殺孟縶，宗魯死之。琴張將往弔，仲尼曰：『齊豹之盜，而孟縶之賊，女何弔焉？』」時孔子年三十，琴張蓋已從遊。孔子自稱三十而立，其收徒設教，或者亦始於是時耶？

又按：王世懋曰：「《史記・孔子弟子傳》，南宮适字子容，而述《論語》兩條以實之，初未言孟僖子之子，孟懿子之兄也。而《索隱》《注》遽云：『是孟僖子之子仲孫閱。』《論語》《注》遽云：『謚敬叔，孟懿子之兄。』适見《家語》，一名縚，已有二名，《左傳》必屬說與何忌於夫子，《索隱》又云仲孫閱，是又二名，豈有一人而四名者乎？孔子在魯，族姓頗微，敬叔公族元士，從孔子時定已娶矣，孔子豈得以兄子妻之？《禮記》，敬叔載寶而朝，孔子曰：『喪不如速貧之為愈也。』若而人，豈能抑權力而伸有德，謹言語而不廢於有道之邦耶？」閻百詩曰：「南容名适，一名縚，與敬叔名說，載竇而朝者，當是二人。」

四　孔子與南宮敬叔適周問禮老子辨

閻若璩《四書釋地續》云：「〈孔子世家〉載適周問禮於老子，在昭公之二十年，而孔子年三十。《莊子》云：『孔子年五十一，南見老聃。』是為定公九年。《水經注》云：『孔子年十七適周。』是為昭公七年。《索隱》謂：孟僖子卒，南宮敬叔始事孔子，實敬叔言於魯君，而得適周，則又為昭公之二十四年。是四說者宜何從？余曰：其昭公二十四年乎？蓋《曾子問》孔子曰：『昔者吾從老聃助葬於巷黨，及堩，日有食之。』惟昭公二十四年夏五月乙未朔，日有食之，恰入食限，此即孔子從老聃問禮時也。他若昭二十年、定九年，皆不日食。昭七年，雖日食，亦恰入食限，而敬叔尚未從孔子遊，何由適周？」馮景《解舂集》駁之曰：「《春秋》昭公世凡七日食，不止二十四年。且二十四年二月，僖子卒，五月日食，則此時僖子甫葬，敬叔方在虞祭卒哭之時，焉能與孔子適周？」毛奇齡《毛氏經問》十二駁閻說同。梁氏《志疑》云：「敬叔生於昭十一年。當昭七年，孔子年十七時，不但敬叔未從遊，且未生也。若昭二十四年，孔子三十四時，不但僖子方卒，敬叔未能出門從師。且生才十四歲，恐亦未見於君，未能至周。而明年昭公即孫於齊，安所得魯君請之？此皆當缺疑之事。必欲求其年，則《莊子》五十一之說，庶幾近之。」今按：孔子適周問禮於老聃，其事不見於《論語》、《孟子》。《史記》所載，蓋襲自《莊子》。而《莊子》寓言十九，固不可信。後人必信為真者，徒以有〈曾子問〉「從老聃助葬」、「日食」諸語為之旁證故也。然其事若斷為在定公之九年，其年既無日食，則〈曾子問〉所載為虛。而孔子適周之事，益見其不足信矣。閻氏所舉四說，云《史記》載適周在昭公之二十年者。《史記》特敘孔子適周事於昭七年後，二十年前，含混其辭，未嘗實指為在昭之二十年也。此自是閻說之誤。《水經注》按：此引皇甫謐《高士傳》。十七適周之語，特以史載孟僖子之死在孔子十七年下，遂從而為之說，錯謬益不可信。昭公二十四年之說，既具如諸家之駁。且《索隱》但解僖子之死與使其子學禮在二十四年，亦何曾謂二十四年適周問禮？此皆由誤讀古書而來。毛氏《經問》辨此頗詳。至《莊子》五十一之說，則又與《禮記》相舛。何說而必以《莊子》之寓言十九者為可信？鄭環《孔子世家考》謂：「定公九年，孔子為中都宰，無籍敬叔之請車，而亦無暇適周矣。」是五十一之說，又難憑也。即諸說之自相矛盾，亦足見其事之非信史矣。孔廣森《經學卮言》又定孔子適周在定公之三年，其說曰：「孔子在周時，《家語》有劉文公論聖人之語。定公四年，文公即卒。元、二兩年，未沒昭公之喪，訪樂萇宏，又非攸宜。前後推校，則適周其在定之三年歟？」然《家語》為王肅偽書，其言非可徵信。則定公三年之說，亦復非也。林春溥《孔子世家補訂》亦疑劉文公以定四年卒，則適周當在定二、三年。然又以與《莊子》衝突，疑《孔叢》偽託非實。良以《孔叢》、《家語》，其可信之價值，尤在《莊子》下也。

且孔子適周見老聃問禮一事，又不徒其年歲之無考而已也。汪中〈老子考異〉曾列舉三疑，謂：「老子言行，今見於〈曾子問〉者凡四，是孔子之所從學者可信也。夫助葬而遇日食，然且以見星為嫌，止柩以聽變，其謹於禮也如是。至其書，則曰禮者忠信之薄而亂之首也。下殤之葬，稱引周召史佚，其尊信前哲也如是。而其書，則曰聖人不死，大盜不止。彼此乖違甚矣。故鄭玄注謂古壽考之稱，黃東發《日鈔》亦疑之，而皆無以輔其說。其疑一也。本傳云：『老子楚苦縣厲鄉曲仁里人也。』又云：『周守藏室之史也。』按：周室既東，辛有人晉，《左傳》昭二十年司馬適秦，〈太史公自序〉史角在魯。《呂氏春秋．當染篇》王官之族，或流播於四方。列國之產，惟晉悼嘗仕於周，其他固無聞焉。況楚之於周，聲教中阻，又非魯鄭之比。且古之典籍舊聞，惟在瞽史，其人並世官宿業，羈旅無所置其身。其疑二也。本傳又云：老子隱君子也。身為王官，不可謂隱。其疑三也。」今按：汪氏疑楚人隱者不為周史，是也。顧余謂《戴記》出於晚世，其語亦何可信？《論語》孔子言禮，皆關君臣名分，國政大體，絕不拘牽小節。曾子亦云：「俎豆之事，則有司存。」與〈曾子問〉所記四事皆不類。則不徒史傳可疑，即《戴記》亦虛造。蓋出後世小儒，轉襲孔子問禮老聃之語而假托其事。汪氏必謂孔子之所從學可信，亦非也。《論語．述而篇》「竊比於我老彭」，包《注》：「老彭，殷大夫，好述古事。」《集注》本之。王弼則云：「老，老聃；彭，彭祖。」何義門曰：「老聃之生在彭後，不應反居其上。」翟晴江曰：「《大戴禮》孔子云：昔商老彭及仲傀，政之教大夫，官之教士，技之教庶人，此最足明聖人竊比之意。孫奕讀彭為旁，旁側也，謂欲自比於老子之側，蓋謙也。強生異端，穿鑿無理。」崔東壁亦云：「《論語》不載老子。」（互見〈考辨〉第七二。）推此言之，則《戴記》之不可信益顯。

抑余猶有辨者：《莊子》云：「孔子南之沛，見老聃。」則固非適周。後人混而論之，亦非也。南榮趎見老子，亦南行七日七夜而至。則《莊子》書中之老子，固一南方之隱者。

惟〈天道篇〉謂：「孔子西藏書於周室，見老聃，繙十二經以說。」此則漢人之語。何者？藏書乃秦人焚書以後乃有此想。姚鼐云：「謂聖人知有秦火而預藏之，所謂藏之名山。」十二經乃六經六緯，皆非戰國時所有。則明非莊子時書。《莊子》書中捨此固不見老聃居周為守藏室之史也。且本篇又云老聃免而歸居，則孔子雖欲西至周，而仍見老聃於沛耳。〈寓言篇〉云：「陽子居南之沛，老聃西遊於秦，邀於郊，至於梁而遇老子。」此已言老聃適秦。然謂逕自沛往，非以周史官隱也。〈養生主〉云：「老聃死，秦佚弔之。」則亦未嘗謂其出關而隱，莫知所終矣。史公〈老子傳〉雖本《莊子》，已遠非《莊子》原書之本相。此必史公旁採他書，混為一談，竊恐老子為周守藏史之說或猶出《莊子》之後也。凡言孔子師老聃，似皆出《莊子》後。《墨子．所染》與《呂覽．當染》大體相襲。然《呂覽》有「孔子學於老聃」語，《墨子．所染》無之。疑〈所染〉較先出，故尚未知有孔子師老聃。《荀子》、《韓非》則亦屢言及老聃矣。

又按：《春秋左氏傳．序》《正義》引沈氏云：「《嚴氏春秋》引《家語．觀周篇》云：『孔子將修《春秋》，與左丘明乘，如周，觀書於周史，歸而修《春秋》之經，丘明為之傳，共相表裏。』」所引與今《家語．觀周篇》文不同。臧琳《經義雜記》謂此乃真《家語》文。劉逢祿《左氏春秋考證》辨之云：「嚴彭祖《公羊》經師，妄語，何也？（或章帝令賈逵自選嚴顏高才生二十人，教以《左氏》，祿利之途使然。」賈逵亦在王肅偽造《家語》前。劉氏必謂此說尚出肅後，則無證。是漢時《家語》自有此說。）然則初本謂孔子適周，乃為修《春秋》而觀書，與左邱明偕。其信否且勿論，而一事兩傳，遂謂孔子與南宮敬叔往見老子也。（此猶如莊周本謂孔子問道於老聃，而後人又以為問禮矣。）《韓詩外傳》三、《說苑・敬慎》皆謂孔子適周，於太廟見欹器，而《荀子・宥坐》及《淮南子》均謂在魯桓公之廟。足徵傳說遞變，初不謂其適周者，寖假而遂以為適周。初不謂其見老子，寖假亦遂以為見老子也。

《史記・十二諸侯年表序》：「孔子明王道，干七十餘君，莫能用，故西觀周室，論史記舊聞，興於魯而次《春秋》。」此亦謂孔子如周為修《春秋》，然未言在何年。林春溥〈孔子世家補訂〉乃謂：「《春秋》哀公十四年五月庚申朔，日有食之，蓋孔子是年復適周。〈曾子問〉『從老聃助葬』，應在此時。」不悟魯哀十四年，西狩獲麟，乃孔子《春秋》絕筆之歲，未必孔子是年始有志作《春秋》，乃往觀書於周室。且是年六月，陳恆弒其君，孔子三日齋而請伐齊。時孔子已年老，豈四月五月至周，六月返魯，為此道路之僕僕耶？（《春秋說》：「哀十四年春，西狩獲麟，得端門之命，作《春秋》。使子夏等十四人求周史記，得百二十國寶書，九月經立。」此謂孔子使子夏等求得百二十國寶書，乃至成《春秋》，先後不逾六月，說固難信。然亦不謂孔子身至周。）且縱謂孔子適周，彼其時已德尊道成，豈猶瑣瑣問日食小節於老聃。林氏強為比附，何也？

〈世家〉又云：「南宮敬叔言於魯君，請與孔子適周，魯君與之一車兩馬一豎子。」崔述云：「敬叔豈無車馬豎子者，而必待魯君之與之？」今按：《說苑・雜言篇》：「孔子曰：『自季孫之賜我千鍾而友益親，自南宮敬叔之乘我車也而道加行。』」此亦傳說，（敬叔少孔子二十餘歲，未必前卒，孔子何乃稱其謚？此即可疑。）而較近理。蓋孔門弟子多出微賤，惟敬叔最為貴族。故有乘我車而道加行之說。及其傳而益遠，遂謂敬叔請於君，與之車馬而適周矣。凡此皆足以見孔子適周見老子之為傳說，非信史。

故孔子見老聃問禮，不徒其年難定，抑且其地無據，其人無徵，其事不信。至其書五千言，亦斷非春秋時書。此當別詳，茲不具。

五　孔子適齊考

《左傳》昭公二十五年，公伐季氏，不克，奔齊，魯亂。〈世家〉繫孔子適齊於是年亂後，是也。時孔子年三十五。〈世家〉又記昭公二十年，齊景公與晏嬰適魯，與孔子問答。〈齊世家〉云：「獵魯郊，因入魯，與晏嬰俱問魯禮。」〈年表〉亦同。江永《鄉黨圖考》辨之云：「《左傳》昭二十年，齊侯疥，遂痁，期而不瘳。十二月，疾瘳，而田沛。何嘗有適魯之事？豈齊侯來而《春秋》不書乎？」崔述《洙泗考信錄》亦同此說。梁玉繩《史記志疑》謂為六國時人偽造，史公妄取入《史》，而所以為此說者，因是年齊侯田於沛也。今按：〈世家〉載孔子秦繆之對，以王霸分說，誠為戰國時人語。春秋時無言王天下者。江氏諸人之辨良是。殆以孔子奔齊，臆想其預與景公晏子相識，遂誤會於田沛之事而為此說耳。章太炎《春秋左傳讀》卷四云：「知獵後入魯問禮者，案下文云『齊侯至自田』，《傳》采拾列國之史而成，凡行於國內，史不書『至』，惟入魯故書『至』。《傳》即承舊史而書之可知也。觀虞人之對，歷陳田禮，蓋景公感此而問禮矣。史公說當得之《鈔撮》、《虞氏春秋》等書。」今按：謂「《傳》采拾列國之史」，寧有記虞人之對，而略其入魯問禮之理？若曰「行國內不書至」，僖四年晉獻公田，六日，公至，定亦出國者耶？章說殊牽強。《左傳》自有虞人陳田禮，及仲尼曰守道不如守官之語，故後人誤以為景公入魯問禮遇孔子矣。

〈世家〉又稱孔子適齊，為高昭子家臣，欲以通乎景公。《志疑》引景吏部曰：「欲通齊景，不恥家臣，孔子而如是乎？且據《史》所說，孔子三十歲時，景公與晏嬰適魯，既有秦繆之對，而景公悅矣，至此又何必自辱為家臣以求通也？」今按：孔子先見景公，自不必為家臣以求通，《史》說矛盾固矣。然梁氏既疑魯昭二十年景公未嘗入魯，又引此以駁孔子為家臣，則亦進退失據。崔述亦疑孔子無為家臣事。然孔子弟子為家臣者多矣，孔子不之禁，則孔子不恥為家臣也。且委吏、乘田，獨非家臣乎？此等俱難詳考，不得輒以「孔子而如是乎」之說為定。如晏子沮孔子，其語本《墨子．非儒》，固不足信。（參閱孫詒讓《墨子閒詁》。）然必謂晏子必不沮孔子，則同一無據，猶如謂孔子必不為家臣也。

附　晏嬰卒年考

《史記・齊世家》景公四十八年，晏子卒。今按：《左傳》記晏子言行，止於魯昭二十六年，即齊景之三十二年也。《晏子春秋・外篇》第八：「晏子沒十有七年，景公飲諸大夫酒。」其文又見於劉向之《說苑》。其說若可信，景公五十八年薨，晏子沒，至遲當在景公四十二年前。晏子曾歷事靈莊景三公，莊公被弒，晏子立於崔氏之門外，人謂崔子必殺之，崔子曰：「民之望也，舍之得民。」古人四十強而仕，其時晏子名德已高，當近四十，則其壽殆逾八十，故有相景公老而辭邑之說也。《左》襄十七年晏桓子卒，晏嬰麤縗斬，苴絰帶，杖菅屨，食粥，居倚廬，寢苫，枕草，其老曰：「非大夫之禮也。」曰：「唯卿為大夫。」是其時晏子已居大夫之位。自此下距崔杼弒君尚又八年，其時晏子當已過三十。以此推之，孔子適齊，晏子年逾七十矣。齊侯田於沛之年，晏子亦當六十五、六，而孔子正三十耳，此亦可證是年景公晏子適魯與孔子問答之不可信。至晏子言行，大率見於《左傳》者最為得實，今傳《晏子春秋》有明襲《左氏》者，亦有襲取之《孟子》者，如「吾欲觀於轉附朝舞」之一章是也。其書晚出，多不可據。如謂仲尼之齊，見景公而不見晏子，子貢曰云云，不知子貢是時尚未及孔門。又有晏子使魯，仲尼使子貢往觀，不知子貢之從孔子，晏子則已卒矣。至曰：「臣聞仲尼居處惰倦，廉隅不正，則季次原憲侍；氣鬱而疾，志意不通，則仲由卜商侍；德不盛，行不厚，則顏回騫雍侍。」更不足辨。又謂仲尼相魯，景公患之，晏子對以勿憂，則孔子相夾谷，晏子已先卒矣。若謂晏子即以是年卒，何以《左傳》於魯昭二十六以後，歷十六年之久，更不載晏子一言一事乎？證以《晏子春秋》「沒十七年」之明文，其為不可信明矣。至後人謂《晏子春秋》出於墨家，觀其多載孔門事，知亦非是矣。

六　孔子自齊返魯考

孔子居齊年數，〈世家〉不詳。後人或謂七年，或謂一年。七年之說，《歷聘紀年》主之，狄子奇《孔子編年》辨之，云：「《歷聘紀年》蓋誤讀《史記・世家》而云然。〈世家〉云：『孔子遂行，反乎魯。孔子年四十二，魯昭公卒於乾侯。』『年四十二』句，與下句連讀，非謂反魯時四十二歲也。」一年之說，江永《鄉黨圖考》主之，狄子奇和之。江氏之說曰：「昭二十七年，吳季札聘上國，反於齊，子死嬴博間，而夫子往觀葬，蓋自魯往觀，嬴博間近魯境也。然則在齊不過一年耳。」林春溥〈孔門師弟年表後說〉亦云：「嬴博在泰安縣境，距齊都遠，於曲阜為近。夫子觀葬，蓋亦自齊歸魯，途中偶遇，未必特為此行。則歸魯當在是年春可知。」又曰：「孔子於齊，接淅遂行，豈遲至八年之久？」此一年之說也。崔述則謂：「孔子歸魯，以理度之，當在定公既立之後。或至彼時去齊，或先去齊而復暫棲他國，迨定公立而後返魯，均未可知。」然考之〈世家〉云：「齊大夫欲害孔子。景公曰：『吾老矣，弗能用也。』孔子遂行，反乎魯。」則孔子之去齊，並不以定公立而欲歸魯也。亦不見去齊後有暫棲他國之事。且其時孔子未仕於魯，亦不必定公立而後可歸。崔氏之說，純出推想，未足信。今既他無可考，姑依江氏說。

七　孫武辨

《史記・孫吳列傳》有孫武為吳將兵。《漢書・藝文志》有《吳孫子兵法》八十二篇，而本傳則稱十三篇。然其人與書，蓋皆出後人偽托。葉水心《習學記言》辨之云：「自周之盛，至春秋，凡將兵者，必預聞國政，未有特將於外者。六國時此制始改。吳雖蠻夷，而孫武為大將，乃不為命卿，而《左氏》無傳焉，可乎？故凡謂穰苴、孫武者，皆辨士妄相標指，非事實。又書論將能而君不御，春秋時固無中御之患，戰國始有，而未甚。又云智將務食於敵，城濮之勝，晉人楚師，三日穀；邲之役，楚亦穀晉三日，然未有指敵以為食者。」全謝山《鮚埼亭集》又申其說云：「吳楚交兵，吳本勝，而用兵實無勝算。《左氏》內外傳紀吳事頗詳，絕不及孫武。即《越絕》諸書，出於漢世，亦不甚及孫子。水心疑吳原未嘗有此人，而其事其書，皆縱橫家之所偽為者，可以補《七略》之遺，破千古之惑。至若十三篇之言，自然出於知兵者之手。」姚姬傳《惜抱軒集．讀孫子》亦有發明，云：「春秋大國用兵，不過數百乘，未有興師十萬者也。況在闔廬乎？田齊三晉，既立為侯，臣乃稱君曰『主』。『主』在春秋時，大夫稱也。是書所言，皆戰國事耳。其用兵法，乃秦人以虜使民法也。」章實齋〈與孫淵如觀察論學十規〉亦謂：「《孫子》書言興師十萬，出征千里，日費千金，不得操事者七十萬家。春秋用兵，未有至十萬者。且闔閭用兵，前後得失，亦與孫武書大相剌謬。」余讀《孫子．五校》，首之以道，而後天地。此必自莊周後乃知有此。其曰：「鬪眾如鬪寡，形名是也。」形名之語，亦起戰國中晚。則《孫子》十三篇，洵非春秋時書。其人則自齊之孫臏而誤，詳〈考辨〉第八五。

八　陽虎名字考

《論語》：「陽貨欲見孔子。」《注》：「陽貨，陽虎也，季氏家臣。」邢《疏》：「蓋名虎字貨。」《孟子・滕文公篇》：「陽虎曰：『為富，不仁矣；為仁，不富矣。』」趙《注》：「陽虎，魯季氏家臣也。」又曰：「陽貨欲見孔子，而惡無禮，大夫有賜於士，不得受於其家，則往拜其門。」趙《注》：「陽貨，魯大夫也，孔子士也。」宋翔鳳《論語說義》云：「按趙意似以陽虎陽貨為兩人。虎既囚季孫，專魯政，則升為公臣，豈肯尚作季氏臣？故孟子有大夫士之說。《注》但望文生義，未必以為兩人也。」崔述《洙泗考信錄》則謂：「虎乃季氏家臣，雖專政，未嘗為大夫，孟子豈得稱虎曰大夫，孔子豈得遂以大夫之禮尊虎？」因疑陽貨陽虎之固非一人焉。今按：趙《注》「陽貨，魯大夫也，孔子士也」，專明禮大夫有賜於士云云之意，故不稱季氏家臣，而變文曰「大夫」，並不以為兩人。至家臣稱大夫，亦多其證。《左》昭七年，孟僖子將死，「召其大夫曰」云云，即家臣稱大夫也。閻氏《四書釋地又續》、毛氏《四書賸言》論此頗詳。宋崔之說皆非。

宋氏又以陽虎謂即楊朱，其說尤怪。引《鹽鐵論・地廣篇》：「楊子曰：『為仁不富，為富不仁。』」因謂：「西漢人稱陽虎為楊子，陽、楊古字通用，疑陽虎即楊朱。《韓非・外儲說左下篇》曰：『陽虎議曰：「主賢明則悉心以事之，不肖則飾姦以試之。」逐於魯，疑於齊，走而之趙，趙簡主迎而相之。左右曰：「虎善竊人國政，何故相也？」簡主曰：「陽虎務取之，我務守之。」遂執術而御之。陽虎不敢為非，以善事簡主。興主之強，幾至於霸。』又曰：『陽虎去齊走趙，簡主問曰：「吾聞子善樹人。」虎曰：「臣居魯，樹三人，皆為令尹。及虎抵罪於魯，皆搜索於虎也。臣居齊，薦三人，一人得近王，一人為縣令，一人為候吏。及臣得罪，近王者不見臣，縣令者迎臣執縛，候吏者追臣至境上，不及而止。虎不善樹人。」』」虎善取，不善樹人，即《孟子》楊子取為我之說也。言務取以為己，若樹人則且為己害。《孟子》、《韓非》之所言，正是一家之說。仁者治人，其言為富不仁，為仁不富，富者務取，為己者不為仁，亦取為我之說也。」宋氏之論如此，可謂荒誕不經之尤矣。「務取之」云者，即善竊人國之謂，與楊朱為我，風馬牛不相及。「不善樹人」者，《韓非》下文明明自言之，曰：「夫樹柤梨橘柚者，食之則甘；樹枳棘者，成而刺人。故君子慎所樹。」陽虎亦自悔其樹人之不善耳，豈謂凡樹人皆且為己害哉？為富之與為我，其間相去，尤不可以道里計。宋氏比而同之，甚矣其不知學也！乃謂：「子居合言為朱。《虞書》『化居』，『化』通『貨』。疑子居為陽貨字。其為虎，或為貨，或為朱，蓋變姓名如范蠡。」比附雖巧，彌縫雖密，要不足與議學術流變之大體矣。又以《列子．楊朱篇》記楊朱言孔子受屈於季氏，見逐於陽虎，因謂：「虎在春秋時，蒙惡聲，故為楊氏學者，諱言為一人，故有此語。」此尤強說。宋氏敢為奇論，無所忌憚，雖時有所得，而妄誕者特甚。其解〈述而〉一節，強附於老子，殆亦陽虎楊朱之類。要之不識學術之大體，而徒比附考論於小節，則尠有不失。宋氏特其顯者也。

九　孔子五十學易辨

《論語》：「子曰：『加我數年，五十以學《易》，可以無大過矣。』」此條解者，從來不一。《易・乾鑿度》云：「孔子占《易》，得〈旅〉，息志停讀，五十，究作《十翼》。」田藝蘅《留青日札》云：「此言五十，即〈乾鑿度〉之五十也。」是謂孔子以五十之年學《易》也。〈世家〉云：「孔子晚而喜《易》，序〈彖〉、〈繫〉、〈象〉、〈說卦〉、〈文言〉。讀《易》，韋編三絕，曰：『假我數年，若是，我於《易》則彬彬矣。』」或云：「古『五』字如『七』，孔子晚而好《易》，故有是語。」是謂孔子以七十之年學《易》也。俞樾《續論語駢枝》云：「此當以『加我數年』為一句，『五十』為一句，『以學《易》』為一句。『五十』二字，承『加我數年』而言，言或五或十也。」是亦取〈世家〉晚而喜《易》之說，而略變之也。今按：惠棟《論語古義》云：「《魯論》『易』為『亦』，君子愛日以學，及時而成。五十而學，斯為晚矣。然秉燭之明，尚可寡過，此聖人之謙辭也。」陳鱣《論語古義》云：「『五十以學』者，即蘧伯玉行年五十而知四十九年之非意也。『亦可以無大過矣』者，即欲寡其過意也。」毛奇齡《論語稽求篇》云：「古者四十強仕，五十服官政，六十則不親學矣。」通觀諸說，《魯論》為是。又《正義》曰：「此章孔子言其學《易》年也。加我數年，方至五十，謂四十七時也。」林春溥曰：「《正義》以為四十七時語，嘗疑其無據。及讀《史記》，孔子四十七歲以陽虎叛不仕，退修《詩》、《書》、《禮》、《樂》，弟子彌眾，乃知斯語之非妄。」（林說見《開卷偶得》卷六。）今按：孔子以五十一出宰中都，（說詳後。）其前皆不仕。《正義》四十七時語，蓋為近是。惟古者無六經之目，《易》不與《詩》、《書》、《禮》、《樂》同科，孔子實未嘗傳《易》，今〈十傳〉皆不出孔子。〈世家〉亦但言孔子四十七不仕而修《詩》、《書》、《禮》、《樂》，並不及《易》。而《正義》謂言其學《易》之年，明為誤矣。〈世家〉又謂：「孔子晚而喜《易》，序《易傳》。」蓋皆不足信。

一〇　公山弗擾以費畔召孔子考

《論語》：「公山弗擾以費畔召，子欲往。」此事疑者甚眾。趙翼《陔餘叢考》、崔述《洙泗考信錄》辨之尤力。大意謂：「公山弗擾即《左傳》公山不狃。據《左傳》，不狃以費畔，在定公十二年。是時孔子方為司寇，主墮費之議。弗擾不肯墮，至率費人以襲魯，豈有弗擾欲召孔子而孔子欲赴之理？」此據《左傳》謂弗擾以費畔在定公十二年也。然《偽孔注論語》謂：「弗擾為季氏宰，與陽虎共執季桓子而召孔子。」陽虎執季桓子在定公五年，此以弗擾召孔子亦在定公五年也。《朱子集注》，毛奇齡《四書稽求篇》從之。《世家》云：「定公九年，陽虎不勝，奔于齊。是時孔子年五十，按：定公九年，孔子已年五十一，此誤。公山不狃以費畔季氏，使人召孔子。」是謂其事在定公之九年也。江永《鄉黨圖考》從之。狄子奇《孔子編年》引鄭氏環曰：「不狃之召，當在定八年冬陽虎入讙陽關以叛之時。《史記》繫之九年陽虎奔齊之後，非是。」狄氏又云：「〈世家〉

雖繫之九年，然云此時孔子年五十，仍指八年言。」則又謂其事在八年也。蘇氏《古史》載《論語》以費畔，亦在八年。三說孰當且勿論，而趙崔專據十二年一說以疑《論語》，可知其未是。

趙氏又云：「《左傳》定公五年，季桓子行野，公山不狃為費宰，出勞之。桓子敬之，而家臣仲梁懷弗敬。不狃乃嗾陽虎，虎逐之。是時不狃僅怒懷，而未怨季氏也。定公八年，季寤公鉏極公山不狃皆不得志於季氏，叔孫輒無寵於叔孫氏，叔仲志又不得志於魯，故五人因陽虎，欲去三桓，將享桓子於蒲圃而殺之。桓子以計入於孟氏，孟氏之宰公斂處父率兵敗陽虎，陽虎遂逃於讙陽關以叛，季寤亦逃而出。是時不狃雖有異志，然但陰構陽虎發難，而己實坐觀成敗於旁。故事發之後，陽虎季寤皆逃，而不狃安然無恙，蓋反形未露也。」此敘不狃事甚晰。而曰：「不狃在未叛以前召孔子，容或有之，然不得謂以費叛召。」則又泥於《論語》「以費畔召」之語，而未得其解者。夫《論語》謂以費畔召者，此著其實耳。在當時不狃之召孔子，決不以叛亂為辭也。特以孔子有名德，為世所重，欲借以收人心。陽貨亦曾欲見孔子而勸之仕矣。是時不狃雖有不臣之實，而未著變叛之形，故孔子欲往而復止。蓋雖季氏未及討，而固不得謂《論語》於此不應下一「畔」字。毛大可云：「畔是謀逆，非稱兵。」此說極析。崔氏又云：「使費果以九年叛，魯何得不以兵討之？」是皆泥文拘字之害也。惟江永《鄉黨圖考》云：「不狃與陽虎共謀去三桓，故《論語》以謂畔，其實未嘗據邑興兵也。」斯為得之。若《論語》其為東周之語，或出孔子一時戲言，或由後人記者潤飾，尤不足深辨。要之不狃可以召孔子，而孔子實未往，其事當在定公八九年之間，則斯足矣。鄭環定不狃召在定八年冬，以九年春孔子為中都宰也。至其後子路主墮費，而季孫從之者，正由當時亦自知弗擾之有叛志，而憚於力征，因借墮都之名，以收削權之實，而弗擾遂終出於一叛也。翟灝《四書考異》、沈維城《論語古注集箋》，謂公山不狃以費畔，而季氏召孔子，則并句讀而失之。考古者不一本情實，而先以為古人必若是必不若彼，宜其愈出而愈謬也。

一一　鄧析考

《呂氏春秋·離謂篇》：「鄭國多相縣以書者，子產令無縣書，鄧析致之。子產令無致書，鄧析倚之。令無窮，則鄧析應之亦無窮。」又曰：「子產治鄭，鄧析務難之。與民之有獄者約，大獄一衣，小獄襦袴，民之獻衣襦袴而學訟者不可勝數。以非為是，以是為非，是非無度，而可與不可日變。所欲勝，因勝。所欲罪，因罪。鄭國大亂，民口讙嘩。子產患之，於是殺鄧析而戮之。民心乃服，是非乃定，法律乃行。」《列子．力命篇》亦云：「鄧析操兩可之說，設無窮之辭。當子產執政，作《竹刑》，鄭國用之，數難子產之治。子產執而戮之，俄而誅之。」《荀子．宥坐篇》云：「子產誅鄧析史付。」皆謂子產殺鄧析。據《左傳》昭公二十年，子產卒；定公九年，駟歂殺鄧析而用其《竹刑》。前後相去二十一年，是鄧析及與子產同時，而非子產所殺。杜預注《左傳》謂：「鄧析鄭大夫，欲改鄭所鑄舊制，不受君命，而私造刑法，書之於竹簡，故云《竹刑》。」《正義》：「昭六年，子產鑄《刑書》於鼎。今鄧析別造《竹刑》，明是改鄭所鑄舊制。若用君命遣造，則是國家法制，鄧析不得獨專其名。駟歂用其刑書，則其法可取，殺之不為作此書也。」今按：《左傳》子產鑄《刑書》，叔向諫曰：「民知爭端矣。錐刀之末，將盡爭之。亂獄滋豐，賄賂並行。終子之世，鄭其敗乎！」今鄧析之所為，即是叔向之所料。是駟歂之誅鄧析，正為其教訟亂制。然必子產《刑書》疏闊，故鄧析得變易是非，操兩可，設無窮，以取勝。亦必其《竹刑》較子產《刑書》為密，故駟歂雖誅其人，又不得不捨舊制而用其書也。俞正燮《癸巳存稿》有〈鄧析子跋〉，云：「《列子·楊朱篇》，子產以兄朝弟穆為慮，密造鄧析而謀之，鄧析使誘以禮義之尊，朝穆鄙之，鄧析曰：子產與真人朝穆居而不知也。疑子產所殺，當是鄭國有此人，鄧析收得其書，列其事指與刑鼎相難者，別條為《竹刑》，即荀子所謂『好治怪說』者。子產卒後二十年，駟歂以他罪殺之。初子產所殺者，人不得其名，以其術盡鄧析所輯書中，遂以書名其人耳。此亦臆測，聊備異見。」時晉亦有刑鼎，在魯昭二十九年，後鄭鑄《刑書》二十三年，前鄭用《竹刑》十二年。仲尼曰：「鼎在民矣，何以尊貴！」蓋自刑之有律，而後賤民之賞罰，得不全視夫貴族之喜怒，而有所徵以爭。鄧析之《竹刑》，殆即其所以教民為爭之具，而當時之貴者，乃不得不轉竊其所以為爭者以為治也。此亦當時世變之一大關鍵也。其後不百年，魏文侯用李克，著《法經》，下傳吳起商鞅，然後貴族庶民一統於法。而昔者「禮不下庶人，刑不上大夫」之制，始不可復。然鞅起皆以身殉。今鄧析，其為人賢否不可知，其《竹刑》之詳亦不可考。要之與鞅起異行同趣，亦當時貴族平民勢力消長中一才士也。

《漢·藝文志》名家有《鄧析》二篇，劉向敘：「臣所儲中《鄧析書》四篇，臣敘書一篇，凡中外書五篇，以相校除復重，為五篇，其論無厚者言之異同，與公孫龍同類。」今按：

《韓非子》云：「堅白無厚之詞章，而憲令之法息。」《淮南子》亦云：「鄧析巧辯而亂法。」則《鄧析書》乃戰國晚世桓團辨者之徒所偽托。鄧析實僅有《竹刑》，未嘗別自著書也。《荀子・不苟篇》：「山淵平，天地比，齊秦襲，入乎耳，出乎口，鉤有須，卵有毛，是說之難持者也，而惠施鄧析能之。」〈非十二子篇〉云：「不法先王，不是禮義，而好治怪說，玩琦辭，甚察而不惠，辯而無用，是惠施鄧析也。」此證鄧析之說起於晚世之辨者。云惠施鄧析，猶如云陳仲史鰌，大禹墨翟，神農許行，黃帝老子。其一人為並世所實有，別一人則托古以為影射。孟子言必稱堯舜，亦其例也。今傳《鄧析書》云：「天於人無厚也，君於民無厚也。」則更非堅白無厚之謂。《墨經上》：「厚，有所大也。」《說》云：「厚惟無所大。」《莊子・天下篇》云：「惠施曰：『無厚不可積也，其大千里。』」有厚無厚，自與堅白同異，同為當時名家辯說主題。後有妄人，并無厚之語而不識，乃妄襲老氏天地不仁之意冒為之，則今傳《鄧析子》，復非戰國晚世之真也。

一二　孔子仕魯考

〈世家〉：「昭公以孔子為中都宰，一年，四方皆則之，由中都宰為司空，由司空為大司寇。」馬驌《繹史》云：「諸侯三卿，曰司徒、司馬、司空，魯則三桓世為之。其司寇不在三卿之數，臧孫嘗為之矣。侯國司寇，亦不稱大。由司空為司寇，是由卿而大夫，進退無據。《左傳》昭公葬墓道南，孔子之為司寇也，溝而合之墓。〈世家〉云司空時事，亦誤。孔子為司空非實。」梁氏《志疑》釋之曰：「春秋之世，侯國多不遵三卿之制，魯三家之外，有東門氏臧氏子叔氏，宣成時同在卿列，則亦儼然六卿矣。臧宣叔武仲皆以世卿而為司寇，此豈猶是小司寇之職乎？《史》云大司寇者，別於小司寇之下大夫也。若司空卿則孟孫世居之，孔子必是小司空。吳英曰：魯司寇為上大夫為卿，《論語》與上大夫言，專指三桓之為三卿也。與下大夫言，即魯司寇以下也。孔子官爵，《春秋傳》、《孟子》皆稱司寇，〈世家〉之所謂大司寇，不當以古制論。〈魯語〉臧文仲言於莊公，曰：『國有饑饉，卿出告糴，古之制也，辰也備卿，請如齊。』然則魯司寇在古制為下大夫，而在當時則固為上大夫，同為卿也。西河《經問》曰：『夫子為魯君所命，歷有明據。《韓詩外傳》：孔子為魯司寇，其命辭曰：「宋公之子弗甫何孫孔某，命爾為司寇。」此是命卿辭，非命大夫辭也。』此說是矣。《春秋》書卿之例，最著者莫如書『卒』，《續經》哀十六年夏四月己丑孔某卒，則哀公於孔子既卒之後，猶以卿禮待之。哀十一年《傳》曰：『子為國老，待子而行。』哀公誄孔子亦曰：『不慭遺一老。』若下大夫致仕，安得稱國老、一老乎？魯司寇為卿而非下大夫可知。閻潛邱謂孔子為司寇，實上大夫而非卿，毋乃繆歟？」今按：〈檀弓〉有「夫子制於中都」之語，是孔子為中都宰之證。其為司空，他書無徵，蓋不久即升為司寇也。崔述云：「〈世家〉有為中都宰及司空事，皆在定公九年後。《家語》有事無年。〈年譜〉則云：『四十七歲定公以為中都宰，四十八歲遷司空。』按：〈年譜〉所云四十七歲者，為定公之五年。是年自六月以前，權在平子，六月以後，權在陽虎，定公安能自用孔子？孔子安能自行其意？魯之亂莫甚於陽虎時，孔子於此時猶為宰與司空，亦何時不可以仕？而《論語》乃有或人『不為政』之問？陽虎威制魯君三卿，多行不義，孔子身為卿貳，終不肯去，及桓子受女樂，乃不脫冕而行，不幾輕重顛倒乎？《春秋》陽虎以八年戰敗，孔子以十年相定公會於夾谷，為司寇當在虎敗之後，夾谷之前。」江永亦云：「定五年丙申，季平子卒，桓子立。陽虎將以璠璵斂平子，仲梁懷弗與，見《左傳》。而《家語》云：『孔子初為中都宰，聞之，歷階而救焉。』〈年譜〉遂敘宰中都于孔子四十七歲。是時陽貨方張，豈夫子仕時？且陽貨途中之語，又何謂耶？」因定宰中都在定公九年。其說殆是。

一三　孔子相夾谷墮三都考

孔子為魯司寇，其政績之大者，凡二。對外為相夾谷，對內為墮三都。夾谷之會，在定公十年。全祖望《經史問答》論之曰：「夾谷之相，正孔子為卿之證。春秋時所重莫如相，凡相其君而行者，非卿不出。魯十二公之中，自僖而下，其相君者皆三家，皆卿也。魯之卿非公族不得任。而是時以陽虎諸人之亂，孔子遂由庶姓當國，夾谷之會，三家拱手以聽，孔子儼然得充其使，是破格而用之者也。」江氏《鄉黨圖考》云：「夾谷事以《左氏》為信，《穀梁》、《史記》、《家語》皆有斬侏儒事，後儒偽造也。」梁氏《志疑》云：「夾谷之會，《左》、《穀》述之各異，《史》合采二傳又不同。蓋其事當世樂道之，後人侈論之，故其言殊。《家語》但竊二傳《史記》以成文。」崔氏《考信錄》辨此事尤詳密，要不外據《左氏》以駁《穀梁》、《史記》，以見傳說之遞衍而遞失其真也。惟宋葉夢得《春秋讞》則并《左氏》而不信，謂其先陽貨請齊師，齊不乘陽貨之亂，假之以求得志，何忽以一犁彌之言，遽求劫我而幸於倉卒乎？且雖謂孔子無勇，魯之兵尚彊，縱得魯侯，安能即求魯？《傳》又謂孔子以公退，曰士兵之。齊既方以強暴相淩，亦豈孔子能以一言而兵之？又謂孔子求反汶陽之田，蓋為下書齊人來歸鄆讙龜陰之田故耳。今《經》不書盟，而《傳》以為盟，可見其妄。蓋自陽貨敗，魯始用孔子，齊人知之，遂求與我平而歸其侵地。《公羊》曰：「孔子行乎季孫，三

月不違，齊人為是來歸鄆讙龜陰之田。」此言為近實。凡《左氏》、《穀梁》所載，皆不足據。《左氏讞》卷九

墮都之事，在定公十二年，〈世家〉誤在十三年。《志疑》論之云：「考《左傳》侯犯以郈叛，公山不狃以費叛，郈費之墮，叔季自墮之。郈費不叛，則二氏方欲資為保障，即欲墮之，其將能乎？觀圍成弗克可見已。乃《左傳》述此事，一若墮郈及費，皆出孔子仲由之謀。《左氏》作之，《公羊》附之，史公信之，而三言成實，豈情也哉？《家語》襲《左傳》、《史記》之文，謂孔子墮三都之城，并墮成邑，誤甚。宋章如愚《山堂考索》有〈三家墮都辨〉，以為其謀非出孔子。《濬南集．五經辨惑》云：『三山林少穎，近代名儒也。其於兵萊人、墮三都等，皆排之而不取。』可謂卓識。」今按：梁氏此論，可謂似而實非也。考古者貴能尋實證。實證之不足，乃揆之以情勢，度之以事理，而會之於虛。孔子之墮三都，《左氏》言之，《公羊》又言之，《史記》又言之，三家之言，如出一轍。其為信史也，有實證矣。即捨是而揆之以情勢，度之以事理，孔子非不能唱墮都之議者，季叔非決不能聽孔子之說者。夫

謂郈費，叔季自墮之，固也。然而圍成弗克，又誰實主之耶？今詳考事實，孔子墮都之議，實自郈費之叛而發。八年，陽虎作亂，費宰公山不狃隱贊之。九年，伐陽關，陽虎出奔齊，季氏猶未顯討不狃也。十年，侯犯以郈叛，亂既定，孔子乃唱墮都之議。《公羊》載其言曰：「家不藏甲，邑無百雉之城。」且《論語》亦言：「陪臣執國命，三世希不失。」此自是孔子平昔君君臣臣正名復禮之主張。孔子既以相夾谷見信，乘此時而言之於季孫。季孫懲於陽虎之叛，憾於不狃之詐，而聽之。叔孫亦自鑑於侯犯之事而先墮郈，季孫遂繼之墮費。而不狃自餒於往日之助陽虎，乃先叛以逃罪。獨成宰公斂處父能臣也，始終忠於孟孫，於陽虎之亂有力焉，故孟氏信之。而慚於孔子復禮之論，又二子皆先墮，乃偽不知而隱抗命。此皆事理之甚著，情勢之極顯者。故謂孔子鑑於魯之內亂而相機進言，可也。謂季孫叔孫亦鑑於私門之變，而遂信孔子之言以自墮其都，亦可也。

《公羊注》：「二大夫宰吏數叛，患之，以問孔子。孔子曰：『陪臣執國命，采長數叛者，坐邑有城池之固，家有甲兵之藏故也。』季孫悅其言而墮之。」此注為得當時情實矣。吳英曰：「《左氏》謂仲由為季氏宰，將墮三都，《疏》云：『當是仲由自立此謀。』是也。孔子時為司寇，國有墮都之事，則必孔子以為是可知也。《公羊》以為計出於孔子，然墮郈墮費，實出叔季兩家自患其都為叛夫之藪，孟孫亦與及焉，故皆有從墮之議。子路與之果決，孔子不過在其位謀其政，以為合於古者邑無百雉之制而可墮也。

故復古即所以靖亂，而非孔子創謀以為必不可緩之急務也。」

今按：吳氏此辨，蓋亦以三都不果墮，而為孔子作解脫也。

今尊孔子者，不詳考情實，昧於因利乘勢見可而動之理，若孔子憑空發此一段墮都大議論，叔季二氏皆感化於聖德，而孔子仲由遂能不藉實力，不湊機會、自有神妙作用，墮此二都，固屬遠於情理；而矯其謬者，因謂墮都之議，絕與孔子無涉，乃不惜蔑棄實證，視同市虎，則豈不兩失之哉？此如夾谷之會，〈世家〉謂齊懼，歸魯侵地而謝罪，其說若未免過侈；而矯誣者因遂并排其事而不取，亦不得謂識之卓者也。

即如崔述《考信錄》所辨，一若齊之歸地，與孔子之相，固可無涉，而全不足以為孔子功者，是亦矯枉過甚之說也。方夾谷之會，魯為齊下，而既會之後，齊人歸地。雖齊不為懼魯之用孔子而與魯會，而齊之歸地，要不可謂非孔子折衝壇坫之功。見於《左傳》者，如魯叔孫豹、鄭子產、宋向戌，即如孔子弟子子貢，皆以弱小知禮而抗強敵，以自樹其國體。應對朝聘，文采斐亹，照映一世。雖後世誦者，猶有餘慕。孔子相夾谷，夫亦猶之。即謂不足以盡孔子之能事，豈得抑而沒之，謂與孔子無涉乎？故《左氏》所記，縱如葉夢得氏之疑而不信，要之會夾谷而孔子相，必有一段外交情節，則無從而疑者。崔氏之論，未得為適當之見也。魏禧曰：「夾谷既會，齊侯謂其臣曰：『夫人率其君古人之道，二三子獨率我入夷狄之俗，使寡人得罪於魯侯，如之何？』晏子曰：『小人之謝過也以文，君子之謝過也以質，君已知過，則謝之以質。』景公於是歸魯田。可知此會孔子有平仲為內主。即因梁邱據，亦當由平仲得之，不得草草看過，謂聖人開口半言，齊人遽服也。」此亦可備一解。然若《左氏》所記根本不可信，則魏氏之言亦僅為一種猜測爾。

考古論世者，就事論事，不以己意抑揚乎其間，庶乎得古人之情實矣。

又按：姚際恆《春秋通論》世無傳本，余曾見其鈔本之殘者，亦論此事。大旨與後來《志疑》之說同。謂：「《春秋》孔子所修，《論語》孔子所作，此等事當參觀始得。《論語》云：『公山弗擾以費叛召，子欲往。』則孔子之不罪弗擾可知矣。蓋弗擾叛季氏，非叛魯也。墮費之議，實由於叔孫季孫，非孔子與子路之為此謀也。弗擾以費叛，而孔子欲往，孔子豈反謀墮費，使季氏得除叛臣而即安乎？故郈叛而叔孫仲孫墮郈，費叛而仲孫墮費，皆率師以往，憤疾家臣之叛己而欲自墮之也。其墮之之意，則將以為家臣無所恃以復叛而我以安。惟孟氏之邑則異是。其宰不叛也，故孟氏不欲墮。但二氏以己邑既墮，亦欲墮孟氏之邑，乃強公使圍之，此公之闇也。孟氏使其臣拒之，而成卒不得墮。」又謂：「墮費之於魯，無利而有害。三都者，固不特三家之保障，而實亦魯之保障也。使聖賢于魯得位行道，自必有正本澄源之計，次弟設施，豈在于紛紛毀裂其城池，以吾君相漫然嘗試于叛人哉？」今按：姚氏此論，其誤亦與前後諸家同，而為辨較深刻。然當知孔子欲赴弗擾之召，其意非在助弗擾以去季孫也。若謂定公圍成，乃定公之闇。而孔子在當時，似並不贊三都之墮者。則彼之所謂正本澄源之計，又將若何而為設施哉？虛辨無實，不足翻前古之成案也。又按：葉夢得《春秋讞》，亦辨此事，蓋自來疑此事之最早者。葉氏謂孔子欲正三家，必有其道矣，何致使仲由為之？此亦虛辨無實也。

一四　孔子行攝相事誅魯大夫亂政者少正卯辨

〈世家〉：「孔子行攝相事，誅魯大夫亂政者少正卯。」攝相者，江永云：「攝相乃是相禮，如夾谷相會，《論語》趨進翼如，賓退復命是也。若魯相自是三卿，執政自是季氏。孔子是時但言之而從，《公羊》所謂行乎季孫三月不違者耳，未嘗攝魯相也。」余觀《荀子・宥坐》云：「孔子為魯攝相。」《晏子春秋》云：「孔子聖相。」則戰國晚世，已有誤以孔子為魯相者。《史記》特承其誤。崔氏《考信錄》、梁氏《志疑》皆有辨。

誅少正卯，語本《荀子》，崔梁亦辨之。余謂《國策》趙威后問齊使，「於陵仲子尚存乎，何為至今不殺乎」，此為始有誅士之意。齊負郭之民有狐咺者正議，閔王斮之檀衢，《呂覽・貴直篇》作「狐援」，〈古今人表〉作「狐爰」。乃有誅士之行。下至荀卿，乃益盛唱誅士之論。其〈宥坐篇〉所載湯誅尹諧以下七事，周公誅管叔為不類，子產誅鄧析為誤傳，此外則為虛造。蓋猶非荀卿之言，而出於其徒韓非李斯輩之手。《韓非》書〈外儲說右上〉亦載太公誅華士狂矞，其所舉罪狀，為「不臣天子，不友諸侯，畊食掘飲，無求於人」，是即趙威后之所欲誅於仲子者也。〈宥坐〉之言少正卯曰：「心達而險，行僻而堅，信偽而辨，記醜而博，順非而澤。」而〈非十二子篇〉亦云：「行僻而堅，飾非而好，玩姦而澤，言辯而逆，古之大禁。」則知少正卯即十二子之化身矣。荀卿先倡非十二子之論於前，其徒乃造為孔子誅少正卯之事於後，戰國事如此例者甚多。至於李斯得志，乃有焚阬之禍。崔梁辨此事甚盡，顧未及於此，故為引申之。《家語》亦載此事，繼以子貢進曰云云。余考子貢從遊尚在後，（參讀〈考辨〉第二九。）則《家語》言復誤。又荀子稱「少正卯魯之聞人，聚徒成群，小人之傑雄」，殆猶僅為一在野之學士。然觀其氏少正，則又非在野之士也。至《史記》始以為大夫亂政者。崔述曰：「春秋之時，誅一大夫非易事，況以大夫而誅大夫乎？孔子得君不及子產遠甚，子產猶不能誅公孫黑，況孔子耶？」專據《史記》為辨，亦未是。《尹文子・聖人篇》亦載孔子誅少正卯事，宋鈃尹文接萬物以別宥為始，當無取於誅殺。蓋尹文在荀卿前，而書語出荀卿後矣。至首辨其事者，當為朱子。其言曰：「少正卯之事，《論語》所不載，子思孟子所不言，雖以《左氏》亦不道也。獨荀況言之，是必齊魯諸儒，憤聖人失職，故為此說，以誇其權耳。」稍次葉適《習學記言》亦辨之，亦以為出荀氏之傳。

又按：《左傳》駟歂殺鄧析而用其《竹刑》，正值魯定公九年，孔子為司寇之歲。豈少正卯乃由鄧析誤傳歟？

一五　孔子去魯適衛考

孔子去魯，〈世家〉在定公十四年，〈魯世家〉在十二年，〈衛世家〉在靈公三十八年，則當魯定公十三年。〈十二諸侯年表〉魯定公十二年孔子行，衛靈公三十八年孔子來。江永《鄉黨圖考》謂去魯實在十三年春，魯郊常在春，故經不書，當以〈衛世家〉為正。今考〈世家〉又謂孔子去魯，凡十四年而反乎魯，孔子反魯在哀公十一年，則去魯正定公之十三年也。且〈魯世家〉書孔子去於十二年毀三桓城，孟子不肯墮成之後，《左傳》圍成不克在冬十二月，知孔子去在十三年之春矣。臧庸《拜經日記》謂：「魯郊在周正首月，實夏正十一月，孔子於魯定公冬十一月郊後去魯，至十二月公圍成弗克，孔子已去魯矣。使十一月不去魯，十二月圍成有弗克乎？」不悟《春秋》固用周正，其說疏陋，殊無足辨。又〈世家〉載齊人歸女樂，崔述疑之，謂：「《孟子》但言不用，從而祭，膰肉不至，未嘗言歸女樂。且其事不書於《春秋經》，又不見於《傳》，惟《論語・微子篇》有之，疑出戰國策士偽撰。」翟灝《四書考異》謂：「《語》、《孟》俱不專於記事，各見一邊，理無嫌也。」余謂孔子去魯，亦不載於《春秋》，何論於歸女樂？且《韓非》書〈內儲說下〉亦載其事，其與《史記》所敘，雖誠有類戰國策士口吻者，然孔子在當時，主復古禮以折私家之奢僭，故內則權臣抗其政，外則敵國忌其事，讒間交作，決非一端，女樂之事，何必無之耶？林春溥〈孔門師弟年表後說〉謂：「武叔之毀仲尼，桓子之受女樂，亦當由墮都之故。蓋始患家臣之強而墮之，繼聞處父之言而疑之，物必先腐而後蟲入焉。使桓子不疑孔子，豈女樂所能間？」劉光蕡《煙霞草堂文集》卷一〈孔子周遊列國說〉則謂：「孔子周遊，為避禍，非為行道。陳氏於齊，猶季氏之於魯。孔子用於季氏，抑私家，強公室，齊魯近而相親，魯治，齊必效之，陳之謀篡齊急，故忌孔子之用魯，為女樂以饋之，所以間孔子。孔子用於魯，實季氏主之，故孟子見行可之仕，不曰魯定公，而曰季桓子。用女樂以餌季氏，與為密謀，謂孔子利魯不利季氏。季氏欲殺孔子，公不敢違。郊不致膰，即食不設箸之意。以孔子去之速，知季氏必欲殺孔子，而聖人已見其機也。孔子在外，屢發思歸之歎。其出也，師已送之，曰：「夫子為罪也。」當時不罪夫子，師已何為辨其無罪？而夫子亦曰：「彼婦之口，可以出走；彼婦之謁，可以死敗。」則出走為避死明矣。故其歸也，必待冉有用於季氏，季氏召之而後敢歸也。既信孔子而用之，不信去之可矣，曷為必欲殺之？曰：「所謂交不終兮怨長也。」且不殺孔子，無以對叔孟，更無以挾定公，三月之間使兩易其政也。謂女樂之饋出自陳氏。以昭公之出，陳氏援季，簡公之弒，三家庇陳知之也。」今按：兩家所論，雖非的證，而頗得當時情事，抑劉辨深刻矣。又〈王荊公行述〉謂古之人僕僕然其身以求行道於世而曰吾以學孔子，惑矣。孔子始食於魯，魯亂而適齊，齊大夫欲害己則反而食於魯，魯受女樂不朝者三日。義不可留則烏乎之，曰衛靈公之遇賢者，庶乎其猶有禮；於是之衛，衛不可與處，於是不暇擇而之曹，以適宋鄭陳蔡。其志猶去衛而之曹也。老矣，遂歸於魯以卒。孔子之行如此，烏在其求行道也。孔子曰：「沽之哉，沽之哉，我待價者也。」僕僕然勞其身以求行道於世，是沽也。王氏此論，頗若與劉說為近。然時人固曰知其不可而為之。孔子亦曰：「天下有道，丘不與易。」斯二義者，合而觀之其可也。

一六　蘧瑗史鰌考

襄公十四年衛獻公之出，蘧伯玉始見於《左傳》，時必名德已重，故孫甯思引以共事。最少亦當三十。後八年孔子生。〈世家〉哀公二年，孔子至衛，主蘧伯玉家，上距孫甯逐君，六十有七年，伯玉當在九齡外。全祖望《經史問答》本此，疑近關再出非伯玉事。崔述《洙泗考信錄》則力辨孔子再至衛主伯玉家之說為妄。謂：「伯玉已先卒，《論語》使人寡過之答，當在魯昭世。」今按：二說皆無據，殊未有以見其必然者。考《呂氏春秋・召類篇》：趙簡子將襲衛，使史默往覿焉，曰：「蘧伯玉為相，史鰌佐焉，孔子為客，子貢使令於君前，甚聽。」簡子按兵而不動。《淮南・主術訓》亦云：「蘧伯玉為相，子貢往觀之，曰：『何以治國？』曰：『以弗治治之。』」此兩事皆當在定哀世。毛奇齡《論語稽求篇》引蔡邕〈釋誨〉云「蘧瑗保生」，則伯玉固長年。若及靈公卒歲，伯玉僅亦望百之齡，豈遽不可信？其人既老壽，又以弗治治國，蓋道家之先聲也。

「蘧伯玉行年六十而六十化，未嘗不始於是之，而卒詘之以非也。未知今所謂是之非五十九非也。」此語見《莊子・則陽篇》。謂昔日之所謂是者，或今日之所謂非，又今日以為是者，或乃昔日之所謂非。不存成見，故曰「化」。此本非《論語》寡過意。《淮南・原道訓》：「蘧伯玉年五十而知四十九年非。」此則誤襲《莊子》。不惟誤其年，抑且誤其義。《莊子》

非謂伯玉自見己非，特謂伯玉不固執己是耳。朱子又錯憶《淮南》語為《莊子》語，引此二條，混而同之，以注《論語》之寡過。於是《莊子》書中之伯玉，逍遙時順者，一變而為南宋道學家之伯玉，日惟以內訟己過為能事，若拘拘然不獲一日之安矣。夫若是則烏能化？故《論語》之「欲寡其過而未能」，乃使人之謙辭，亦君子之虛心。至於《莊子》乘化，是非俱泯，則為隱几夢蝶之流。而《淮南》知非，是投老生悔，少壯全非也。此固孰為得伯玉之真乎？此層毛氏《四書改錯》亦有辨。乃崔氏重蹈朱子之誤，亦以《淮南》語歸《莊子》，因以證伯玉之非高壽，其言曰：「莊子曰：蘧伯玉行年五十而知四十九年之非，行年六十而六十化。莊子之言，固不足取信，然使伯玉固有期頤之壽，莊子必不僅以五十六十言之。」豈不疏哉？《寓言篇》亦云：「孔子行年六十而六十化。」乃又以伯玉為仲尼。且孔子年逾七十，何亦僅以六十言？以此知崔說之疏。

史魚孔子稱其直，其事跡屢見於諸子之傳記。據《左傳》定十三年，公叔文子與史鰌語，則二人乃同僚。襄公二十九年，季札至衛，已與蘧瑗史鰌公叔發相交。時孔子僅八歲，史鰌當已在強仕之年矣。其後四十八年，孔子至衛，得交蘧瑗史鰌，則鰌亦壽者也。崔適《史記探源》謂公叔文子卒於定十三年，此由誤讀《左傳》，非也。又謂季札歷聘之文，非當時語。以觀樂與適晉說趙文子韓宣子魏獻子云云，良非當時信史矣。然謂季札至衛交蘧瑗史鰌公叔發為不可信，則與疑孔子至衛不及交伯玉史魚相類，皆無證以見其必然也。

《說苑》記衛靈公問史鰌以子路子貢，是鰌固至今尚在。惟《大戴禮》、《韓詩外傳》有史魚尸諫蘧伯玉事，則史魚死在伯玉前，要之兩人皆及春秋之晚世，而史鰌之名，尤盛於伯玉。《莊子・胠篋篇》云：「削曾史之行，鉗楊墨之口。」《荀子・非十二子篇》以史鰌陳仲並列。〈不苟篇〉云：「田仲史鰌不如盜。」意史鰌在戰國世，必負盛譽，故莊荀之言有此。戰國學者，好為托古。有托之遠者，如墨翟言大禹、孟子言堯舜、許行言神農之類是也。有托之近者，如法家有管子、名家有鄧析、兵家有孫武、道家有老子、墨家有晏子之類是也。此外如太子晉萇宏師曠尾生高介之推之儔，為後世稱道者，何可勝數？而春秋晚世諸賢為尤盛，史魚亦其一矣。年往事湮，信否莫辨。亦惟以考古之當慎，與闕疑之不可免，而置之可也。

一七　孔子畏匡乃過蒲一事之誤傳與陽虎無涉辨

〈世家〉：「孔子適衛。居頃之，或譖孔子，孔子恐獲罪焉，居十月，去衛，過匡。匡人拘孔子。孔子去匡，即過蒲。月餘，反乎衛。」又曰：「孔子去陳過蒲，會公叔氏以蒲畔，蒲人止孔子。弟子有公良孺者，以私車五乘從，鬪甚疾。蒲人懼，出孔子東門。孔子遂適衛。」今按：〈世家〉文字，前後多錯。如兩敘過蒲，實為一事，非有去陳復過蒲也。（孔廣森《經學卮言》亦主錯簡之說，惟其排比推論，亦多誤，茲不詳辨。）考之《左傳》，定公十四年春，衛侯逐公叔戍與其黨，故趙陽奔宋，戍來奔。〈世家〉「公叔氏畔」，殆指此。孔子以定公十三年春去魯適衛，居十月而去，過匡過蒲，適遭公叔氏之畔，核其年月，正復相當。《集解》徐廣曰：「長垣縣有匡城，蒲鄉。」《正義》：「《括地志》故蒲城在滑州匡城縣北十五里，匡城本漢長垣縣。」是匡蒲近在一處。去匡過蒲，稽其地位，亦復相接。然何以於同時同地，連罹兩厄，而《論語》惟及匡事，絕不言蒲難？以余考之，匡蒲之難，蓋本一事。今〈世家〉所載孔子畏匡事，蓋出後世誤傳，不足信也。

〈世家〉之言曰：「孔子過匡，顏剋為僕，以其策指之曰：『昔吾入此，由彼缺也。』匡人聞之，以為魯之陽虎。陽虎嘗暴匡人，匡人於是遂止孔子。孔子狀類陽虎，拘焉。五日，使從者為甯武子臣於衛，然後得去。」崔述辨之曰：「孔子在魯為司寇，居衛見禮於其君。其去也，道路之人，當悉知之。不得因刻一言，而遂誤以為虎。況拘之五日，亦當出一言以相詰，乃竟不知其非陽虎，豈人情耶？匡人欲殺孔子，斯殺之矣。如不欲殺，斯釋之矣。拘之五日，欲奚為者？而甯武子之卒，至是已百餘年。武子仕衛，在僖文之世，成二年，武子之子相，將兵侵齊，其時武子非老即死，自此下至孔子來衛，尚九十餘年。甯氏之亡，亦數十年。甯氏亡在襄二十七年。從者將欲為誰臣乎？此其為說至陋，皆必無之事，而世咸信之，其亦異矣！」

且《論語》記匡事凡有兩章。一則曰：「子畏於匡，曰：『文王既沒，文不在茲乎？天之將喪斯文也，後死者不得與於斯文也。天之未喪斯文也，匡人其如予何？』」推其文義，與

《史記》所載畏匡事絕不類。夫使匡人誤以孔子為陽虎而拘之，則一言而解耳，亦非可以為匡人罪也，孔子何以言之如此？其又一章曰：「子畏於匡，顏淵後，子曰：『吾以女為死矣！』曰：『子在，回何敢死！』」此亦與《史記》載畏匡事不類。崔述辨之曰：「匡人果拘孔子五日而免之，則顏淵當同拘而同免。匡人果圍孔子，曲三終而解去，（此《家語》說。）則顏淵當同圍而同解。何以《論語》云『顏淵後』乎？」又《史記．仲尼弟子列傳》無顏刻，但有顏高。王應麟《困學紀聞》六謂即顏刻，惠棟《九經古義》、王引之《春秋名字解詁》並主此說。《解詁》云：「高乃亭之譌。（亭隸作克。）亭、刻同聲，古字通用，《論語．憲問篇》克伐怨欲，馬《注》：『克，好勝人也，意與驕相似，故字子驕。』」然《左傳》高齹陽州，在定公八年，何以十四年尚能御孔子過匡？全謝山《經史問答》云：「厚齋先生考古最覈，獨以顏剋即顏高，稍不審。顏高少孔子五十歲，見於《家語》，然則生於定公八年。陽州之役，蓋別是一顏高也。獨是《史記》、《家語》之年，亦多不可信者。若以少孔子五十歲計，過匡之歲，定公之十四年也，顏高亦止七歲，凡此皆無從審正。惟不問其生年，但以其死定八年齹陽州，而何以十四年尚能御孔子過匡，是則厚齋之疏也。」余謂全氏若疑及《史記》畏匡之非信史，則不為此辨矣。《仲尼弟子傳》《正義》云：「孔子在衛，南子招夫子為次乘過市，顏高為御。」《志疑》云：「王肅妄以刻之為僕過匡，撮合於在衛為次乘之僕，張守節誤據之。」則知《史記》敘孔子畏匡事，不必為信史也。善乎王鏊之言曰：「匡人遭陽虎之暴，識虎必真，不應以貌似而誤圍夫子。夫子亦必明言非虎，不應託言斯文以自免。其曰『子畏』，恐有他說。」

　則《論語》之所謂「子畏於匡」者，其事果何如乎？曰：以今考之，殆即〈世家〉過蒲之事也。所謂「為甯武子家臣」者，徐堅《初學記》引《左傳》注云：「蒲，甯殖邑也。」此注今無考，或當是賈服舊注。《春秋大事表》亦云：「甯殖以蒲出獻公，甯氏誅，繼受蒲者為公叔氏。」余疑孔子過蒲，公叔氏方畔，止孔子，不可，強盟而出之。後人誤以公叔氏為甯氏，蓋以其同為蒲邑之主也。於是孔子以要盟於公叔氏而得脫者，遂謂其使從者為甯武子家臣也。然則以甯武子一人之誤傳，不益足以證明畏匡過蒲之為一事耶？

　余又考春秋名匡邑者非一地。顧棟高《春秋大事表》云：「文元年衛孔達侵鄭，取綿訾及匡。杜《注》：『匡在潁川新汲縣東北。』今陳州扶溝縣西有匡城。定六年侵鄭取匡，此鄭國之匡也。在今開封府洧川縣東南。僖十五年諸侯盟於牡丘，遂次於匡。杜《注》：『匡在陳留長垣縣西南。』《論語》『子畏於匡』即此。《史記》孔子自匡至蒲，今俱在直隸大名府長垣縣境。」如顧氏說，則孔子畏匡，與陽虎暴匡，並非一地。然顧氏特據杜《注》分說。

江永《春秋地名考實》則謂：「文元年之匡，亦在長垣，不在扶溝。」梁玉繩《史記志疑》則謂：「杜《注》陳留長垣縣西南，與潁川新汲縣東北，二縣相近，疑匡是一地而分屬。」按之地圖，梁說頗疏，未可信。周柄中《四書典故辨正》云：「鄭之匡，在今開封府洧川縣東北，去蒲甚遠，距陳已近，孔子何得又過蒲返衛？蒲為今大名府長垣縣治，衛之匡在縣西南十五里。《左氏》文八年，晉使解揚歸匡戚之田於衛。杜《注》：『匡本衛邑，中屬鄭，今晉令鄭還衛。』以此推之，知匡既還衛，後又屬鄭。定六年所取鄭地，實衛地也。」毛奇齡《四書改錯》云：「《左氏》定六年，公侵鄭取匡，時陽虎實帥師，令皆由虎出，故虎得暴匡。」由此說之，則定六年魯人取匡，亦在長垣。陽虎之所暴，即孔子之所過也。然則孔子過匡，自招公叔氏之要盟，而特以其邑乃往者陽虎之所暴，故遂誤傳而為匡人以孔子為陽虎而見圍耶？

畏匡之事，《論語》以下，又見於《莊子·秋水篇》。其文曰：「孔子遊於匡，宋人圍之數匝，而弦歌不輟。無幾何，將甲者進辭曰：『以為陽虎也，故圍之，今非也，請辭而退。』」《莊子》書本寓言，無據，此記畏匡事尤多誤。以畏匡與微服過宋相混，因謂宋人圍之，一誤也。又牽涉於陽虎，不知陽虎與宋人無涉，二誤也。然亦僅謂匡人誤以為陽虎，非謂孔子貌似陽虎也。至《史記》乃有顏剋為僕，孔子狀類陽虎之說。夫孟子但謂游夏子張以有若似聖人，而〈弟子列傳〉亦竟謂有子狀似孔子，則何貌似孔子者之多？至《韓詩外傳》又別生匡簡子之名，益下而益詳，要之與《論語》之言不符。今匡簡子亦無考，余疑乃涉趙簡子而誤也。

〈世家〉云：「孔子不用於衛，將西見趙簡子，聞竇鳴犢舜華之死而返。」此事崔述亦辨之曰：「趙鞅弱王室，侮諸侯，而叛其君。春秋大夫罪，未有大於鞅者。孔子何取，而欲見之？晉大夫見於《傳》者多矣，即趙氏家臣董安于尹鐸郵無恤之倫，皆得以才見於《傳》。竇鳴犢舜華果賢大夫，傳記何為悉遺之？且鞅，衛之仇讎，孔子無故去衛而往見其讎，不遂而復反乎衛，亦何異於朝秦暮楚者？則其事之為無據，必矣。」余考蒲，春秋時在河南，地與晉鄰。《左傳》昭公二十五年，衛侯輒出奔，將適蒲。拳彌曰：「晉無信，不可。」杜《注》：「蒲近晉邑。」〈世家〉亦言：「蒲，衛之所以待晉楚也。」孔子實至蒲而返衛，此後世所由有孔子將至晉，臨河不濟之說也。趙簡子殺竇鳴犢舜華，其傳說亦應與簡子欲殺陽虎有關。

《世家》又云：「孔子行，佛肸為中牟宰，趙簡子攻范中行，伐中牟。佛肸畔，使人召孔子，孔子欲往。」《論語正義》：「中牟為范中行邑，佛肸是范中行之臣，於時為中牟宰，而趙簡子伐之，故佛肸即據中牟以畔。《左》哀五年《傳》，夏，趙鞅伐衛，范氏之故也，遂圍中牟。此即簡子伐中牟之事。然則佛肸之召孔子，當在哀五年無疑」。今按：哀五年孔子在陳，詳〈考辨〉第一八。何有佛肸遠召孔子，而孔子欲往之事？此亦虛也。《索隱》云：「此中牟當在河北，非鄭之中牟。」《正義》：「蕩陰縣西有牟山，中牟蓋在其山之側。今河南彰德府湯陰縣西有中牟城，在牟山下，正當衛走邯鄲之道。」據此中牟正在晉衛邊境，與匡蒲亦近。而考《左傳》定十三年秋七月，范氏中行氏伐趙氏之宮，趙鞅奔晉陽。至冬十一月，晉荀寅士吉射奔朝歌。趙氏與范中行氏之爭始此。孔子以魯定十三年春去魯至衛，居十月而至匡蒲，正值其時，故或謂佛肸以中牟畔召，或謂孔子欲見趙簡子，皆其時也。佛肸畔在魯哀五年，而此云佛肸以中牟畔者，如公山不狃畔在魯定公十二年，其召孔子在八年，而《論語》稱以費畔召，情事正相類。故余定佛肸召與孔子欲見趙簡子，亦為一事兩傳，或併兩無其事。其傳說之源，則自孔子過匡蒲而起。而孔子過匡蒲，則其時當魯定公十三年冬，或十四年之春也。今〈世家〉既分敘四事，又散列前後，遂使後之讀者，茫不見其真際。崔氏之辨，有見其誤，未見其所以誤，（崔述又以過蒲為自陳返衛時，以蒲在衛西，匡在衛南，佛肸之畔在趙襄子時，考覈均未精愜。）而一概抹撥，以為謬悠之談，全無根極，亦不足以發明其底裏矣。

一八　越句踐元年考

《國語・越語下》：「越王句踐即位三年，而欲伐吳。」韋昭《注》：「句踐三年，魯哀公之元年。」杜預《春秋世族譜》：「越王元年，魯定公之十四年也。」（《左傳》宣公十八年《正義》引。）

今按：《史記・越世家》：「句踐元年，吳王闔廬聞允常死，乃興師伐越。」《索隱》曰：「事在《左傳》定公十四年。」然則允常即以是年卒，句踐即以是年立，韋《注》即以句踐立年為元年也。《通鑑外紀目錄》、《皇王大紀》、《通鑑前編》，皆以周敬王二十三年允常卒，特據句踐元推前一歲言之，初非別有據，不知古人庸可即其立年稱元年也。〈越世家〉又云：「句踐與范蠡入宧於吳，三年而吳人遣之。」韋《注》：「句踐以魯哀元年棲會稽，吳與之平而去之。句踐改修國政，然後卑事夫差，在吳三年而吳人遣之，此則魯哀五年也。」《吳越春秋》第八云：「越王句踐臣吳，至歸越，句踐七年。」《注》：「《國語》當魯哀公五年，是為句踐七年，正與此合。此書於句踐五年書入吳事，至是歸國首尾三年也。」〈越世家〉《索隱》引《紀年》：「晉出公十年十一月，於粵子句踐卒。」則為句踐之三十二年。

又按：《左傳》哀二十年越圍吳，二十二年滅吳，為句踐二十四年，蓋亦首尾三年。故《越語》曰：「居軍三年，吳師自潰。」〈越世家〉云：「留圍之三年，吳師敗。」均與《左傳》合。《吳越春秋》繫之句踐二十一年，蓋誤以魯哀二十年越圍吳為句踐之二十年，又云「圍吳守一年」，故遂為句踐二十一年也。越句踐棲會稽，至其圍吳，適二十年。故曰：「十年生聚，十年教訓。」

又《左傳》哀公二十四年公如越，二十七年又如越，而卒。《吳越春秋》繫哀公奔越事於句踐之二十四年，是又誤以魯哀年為句踐年也。其事遂前後相差五年。下又云：「二十七年冬，句踐卒。」例推亦當隔五年，則仍是三十二年卒矣。今《吳越春秋》又於二十六年書哀公來奔，與二十四年語大同小異，疑是後人見其誤而妄增入之者。又敘越起琅邪觀臺於句踐之二十五年，考今本《紀年》越徙琅邪在晉出公七年，即魯哀公卒歲。而翌年越在琅邪大起觀臺，亦適合。此亦可證「二十六年哀公來奔」一條，實後人別自增入也。然則《吳越春秋》一書，雖淺妄多誤，固亦可據以推說其致誤之由來，與其未誤之真相矣。

一九　孔子去衛適陳在魯哀公二年衛靈公卒歲非魯定公卒歲辨

《世家》記孔子去衛適陳事最淩雜，崔述辨之曰：「《世家》孔子於衛靈公時，凡四去衛而再適陳，其二皆未出境而返。其初適陳，以定公之卒歲，乃定公十五年，適宋，遭司馬之難，至陳，主司城貞子，蓋本之《孟子》。其再適陳，以靈公卒之春，乃魯哀公二年，而誤以為三年，因靈公問陳而遂行，蓋本之《論語》。按：《論》、《孟》所記，乃一時事。《論語》

記其去衛之故，《孟子》敘其道路所經，與在陳所主，非再去也。〈世家〉誤分為二，其謬一也。《論語》云：『子在陳曰：「歸歟！歸歟！吾黨之小子狂簡。」』《孟子》云：『孔子在陳，曰：「盍歸乎來！吾黨之士狂簡。」』此亦一時之語，而所傳異辭，史家亦分以為二，遂謂孔子凡兩發歎，一屬之初至，一屬之再至，其謬二也。（此條《索隱》、《繹史》均辨之。）過匡之役，未出境也，無故而反。臨河之役，無故而去，亦未出境而復反。去就苟然，僕僕道途而不憚其煩，其謬三也。且〈世家〉以定十四年適衛，而〈年表〉已於是年至陳。〈世家〉以定十五年遭宋桓魋之難，而〈年表〉乃在哀之三年。〈世家〉以哀六年再反衛，而〈年表〉乃在十年。〈世家〉自陳反衛、自衛復至陳之事，〈年表〉皆無之。即其所自為說，已自改之，而學者反皆遵之，甚不可解也。」崔辨如此，足以破千古之迷矣。又云：「孔子去衛之年，雖無可考，然衛靈以哀二年夏卒，則孔子去，非定之末即哀之初，所謂魯定公卒之年去衛者近是。」則立說猶疏，未見所以為去取之故。以余考之，孔子去衛，當在衛靈卒歲，請舉十證以明之。

〈年表〉宋景公二十五年，孔子過宋，桓魋惡之，〈宋世家〉亦同。孔子以前歲去衛，今年過宋，前後適合。若於魯定公卒歲已去衛，何緣至是始過宋乎？此一證也。（《志疑》謂過宋在景公二十二年，臧庸《拜經文集．上錢曉徵書》謂在二十三年，皆據孔子在魯定卒歲去衛為說，故改易過宋之年以就之耳，其實非也。）《左傳》：「哀公三年夏五月辛卯，司鐸火。火踰公宮，桓僖災。孔子在陳聞火，曰：『其桓僖乎。』」是孔子哀三年夏在陳。蓋以是年過宋而至陳，年亦適合，二也。其後孔子以魯哀六年自陳避兵適蔡，即自蔡返衛，（詳〈考辨〉第二二及二四。）在陳不出三年。若自魯定公卒歲去衛，則至魯哀六年返衛，在陳將逾五年。孔子自言之，曰：「從我於陳蔡者，皆不及門也。」鄭玄云：「不及仕進之門。」故孟子亦云：「君子之厄於陳蔡之間，無上下之交也。」則孔子之在陳蔡，不比其在魯衛，何以留滯如此之久？此不可信，三也。孔子至衛，衛靈公祿之如魯，其敬事孔子至矣，孔子又稱衛之多賢。若以定公卒歲即去，則去衛何其速，留陳何其久？不可信，四也。且〈世家〉云：「孔子去衛適曹，是歲魯定公卒，孔子去曹適宋。」去衛適曹，去曹適宋，文本一貫，何以中間橫插「是歲魯定公卒」一語？此不似《史記》原文。可疑，五也。余謂後人妄添此句，正緣妄據《孟子》「未有終三年淹」一語而然。自定公十三年孔子至衛，至十五年恰及三年，故謂孔子於是年去衛矣。又〈世家〉云：「孔子遂行，復如陳。夏，衛靈公卒。六月，趙鞅內太子蒯聵於戚。冬，蔡遷於州來。是歲，魯哀公三年，而孔子年六十矣。齊助衛圍戚。夏，魯桓釐廟燔。秋，季桓子病。」《史記探源》云：「案《春秋》，『蔡遷於州來』以上，皆在哀公二年；『齊助衛圍戚』以下，乃在三年。此文是歲以上有闕文，本不謂一年之事。故上文已言冬，下文復云夏秋也。」《志疑》云：「是歲當作明歲。」以下文「是歲也，孔子年六十三，而魯哀公六年也」之例，知其非是。崔述云：「乃魯哀公二年而誤以為三年。」尤失之。余謂上文「孔子去衛適曹，去曹適宋，遂至陳，主司城貞子家」一節，正當在此。以後人妄疑孔子於魯定卒歲先已去衛適陳，移之於前，又妄為增竄，遂使今〈世家〉文理緟沓，先後僢舛，不可依據，六也。〈年表〉孔子來陳，在陳湣公六年，尚在魯定公卒前一年，其誤不待辨。然其所以誤，則亦有可得而言者。〈世家〉云：「孔子居陳三歲，會晉楚爭彊，更伐陳，及吳侵陳，陳常被寇，於是孔子去陳。」自魯哀三年孔子至陳，居三歲為哀公之六年，吳侵陳而孔子去，避兵適蔡，見葉公，年數正合。後人不知適蔡即適楚見葉公，又誤謂孔子去陳至蔡，去蔡至葉，遂因孔子居陳三年，而誤演為孔子居蔡三年。因誤謂孔子自陳避兵，在魯哀公元年之役，遂移〈年表〉孔子來陳於湣公之六年。以其年至魯哀元年吳伐陳，前後亦適及三年也。然與〈世家〉居三歲之文已不符。且孔子於魯定公十三年至衛，十四年即來陳，尤不合。並與〈世家〉以魯定公卒歲去衛之說相乖。使子長自為之，不應舛違如是。明出後人移易，痕跡鑿鑿，七也。〈陳世家〉：「湣公六年，孔子適陳，吳王夫差伐陳，取三邑而去。十三年，吳復來伐陳，時孔子在陳。」按：吳伐陳，一在湣公八年，一在十三年，有〈年表〉可證。何嘗有六年伐陳取三邑之事？此後人妄據〈年表〉改〈世家〉，謂孔子來陳，應在湣公六年，而八年吳伐陳之事，亦因誤在六年也。《志疑》云：「六年當作七年。」不悟吳伐陳尚在八年，此決非一二字之誤。是同有後人改易之跡，八也。且〈年表〉之經後人妄加改易，猶有不止於是者。〈世家〉：「孔子自楚反乎衛，是歲，孔子年六十三，而魯哀公六年也。」今〈年表〉孔子自陳來衛在衛出公八年，當魯哀公十年，與〈世家〉相差四年。此何以誤？曰：亦誤於妄增孔子居蔡之三年耳。蓋孔子居於陳三年，被兵亂，而至蔡，見葉公，即以是年返衛，則為魯哀公六年。後人不知至蔡即至葉，遂謂孔子去陳先至蔡，又三年而後至葉。於是自哀公六年至蔡，又三年而後返衛，則為魯哀公之十年也。然則孔子來陳，今〈年表〉已移前四年，而孔子返衛，今〈年表〉又移後四年。故《索隱》疑孔子在陳凡經八年，何其久。語見〈陳世家〉。而據〈年表〉，則孔子在陳乃有十二年。此決非《史記》本來之誤，而其妄為移易以致誤者，又決非出於一人之手，又可得而微論者，九也。又考今〈年表〉，有孔子至陳去陳之年，無孔子至蔡去蔡之年，蓋孔子適陳，〈年表〉所固有，而後人從為移易。孔子適蔡，〈年表〉所本無，而後人亦未為增入也。然〈蔡世家〉則有之，云：「蔡昭侯二十六年，孔子如蔡，楚昭王伐蔡，蔡恐，告急於吳，吳因遷蔡於州來。」是孔子適蔡，尚在蔡未遷州來之前。然則其居蔡三年，又將隨蔡而遷乎？其謬抑又甚矣！茲考其致誤之原，亦有可得而指者。〈孔子世家〉云：「孔子至陳，歲餘，吳王夫差伐陳，取三邑而去，趙鞅伐朝歌。楚圍蔡，蔡遷於吳。」後人據此，誤謂孔子是時避兵亂，自陳至蔡，則在蔡未遷州來之前也。此又《史記》所載孔子行跡，多經後人妄竄，其謬誤之尤易見者，十也。而余謂孔子以魯哀三年至陳，其論證猶不止此。〈孔子世家〉《索隱》云：「按：〈系家〉湣公十六年，孔子適陳，十三年亦在陳。」既云十六年適陳，則十三年何得先在？既云十三年在陳，則適陳不能後至十六年，其語舛誤可知。按：今〈年表〉及〈陳世家〉謂孔子以湣公六年適陳，而實誤前四年。余考孔子以魯哀三年適陳，當陳湣公之十年。《索隱》引〈系家〉正謂湣公十年適陳，十三年亦在陳。後人既疑孔子適陳在湣公六年，妄為移易〈年表〉及〈陳世家〉文，又於此《索隱》注下妄竄六字，而舊引十字未滅，遂兩存而成湣公十六年適陳也。此辨《索隱》之誤，而足為孔子以魯哀三年至陳之證者，十一也。

余讀《史記・孔子世家》最蕪雜無條理。其他若〈年表〉，若魯衛陳蔡諸〈世家〉，凡及孔子，幾於無事不牴牾，無語不舛違。誠如崔氏之譏，所謂自為說而自改之者。史遷雖疏，不當滅裂乃爾。蓋出後人之移易增竄者多矣。考其所以有移易增竄者，則不出兩誤：一則誤於《孟子》「未有終三年淹」之說，一則誤於不知自陳至蔡之即為至葉也。於是乃有四去衛再適陳之說，復有居陳三歲居蔡三歲之說。崔氏既力辨之，而未能指陳其癥結之所在，又不能詳定孔子自衛適陳及在陳絕糧之年；於孔子在陳蔡一段，其糢糊影響猶如故，而爬梳抉剔，未嘗不足以得其誤中之是。余故詳為辨正，而孔子南遊行跡，乃如天日之朗。蓋發其陰翳於二千載之下，而與人以共見。苟有精思明辨之士，必曉然有見於吾說之非誣，而弗怪以為鑿空之妄說也。

二〇　孔子去衛適陳在衛靈公卒後非卒前辨

余既考定孔子去衛在靈公之卒歲，而猶有說者：余疑孔子之去，未必在靈公卒前，而應在靈公之卒後也。何以言之？凡言孔子去衛在靈公卒前者，以《論語》「衛靈公問陳，孔子明日遂行」為據。然此事與《左傳》答孔文子語大相類，而彼尤詳備。崔述曰：「此本一事而傳聞者異也。以理度之，靈公問陳之失小，孔文子問攻太叔之失大。彼可勿行，而此則當去，彼可因所問而導之以禮，此則但當以不對拒之。竊疑《左傳》為得其實。」是《論語》此章，固已不可信。〈世家〉據《論語》而增之，曰：「明日與孔子語，見蜚鴻，仰視之，色不在孔子，孔子行。」是謂孔子並不以靈公之問陳行，而靈公乃以孔子之一對而遽衰其禮貌也。其

二〇　孔子去衛適陳在衛靈公卒後非卒前辨

去理益遠。其他〈世家〉載孔子去衛之故，又曰：「靈公與夫人同車，使孔子為次乘，招搖市過之，孔子醜之，去衛。」此事亦本《論語》「子見南子」章而增益之。子見南子一事，昔人自孔《注》以下，率多疑者。次乘過市，尤為難信。必謂孔子於靈公卒前去衛，實無的據。太史公〈報任少卿書〉，亦謂：「衛靈公與雍渠同載，孔子適陳。」《文選》《注》引《家語》：「孔子居衛月餘，靈公與夫人同車出，令宦者雍渠參乘，使孔子為次乘，遊過市。」孔子恥之，於是去衛過曹。此言適陳，未詳。今按：過曹適陳，實一串事。惟謂居衛月餘即去，決不可信。若果如此之決，亦不當屢去而屢返矣。故知《家語》與〈世家〉，實同一不可信也。孟子曰：「孔子於衛靈公，際可之仕也。」孔子至衛，已當靈公三十八年，至靈公卒，先後五年。衛多賢臣，靈公亦好賢，於孔子未必遽失禮。故余疑孔子之去，乃在靈公之卒後也。

〈年表〉衛靈公卒後一歲，孔子過宋，是年夏，即至陳。靈公卒在前年夏，若孔子在夏前行，何以淹滯衛曹之境，有一年之久？謂孔子以靈公卒後去，則時日適合。又《論語》有冉有子貢「問為衛君乎」一章，崔述曰：「《論語》『為衛君』章，冉有子貢問答之辭皆似在衛之時，有所諱而不敢深言者。」又曰：「此章所稱衛君，先儒皆以為出公輒，玩其辭意，良然。此章問答，當在孔子返衛之初。」余則謂此章在孔子去衛之前也。《春秋》哀二年夏，

衛靈公卒，六月乙酉，晉趙鞅納衛太子於戚，子父相抵之形已成。時孔子猶未去衛，二子之問如此，最切情事。

《論語集解》引鄭玄曰：「衛君謂輒，衛靈公逐太子蒯聵，公薨而立孫輒，後晉趙鞅納蒯聵於戚，衛石曼姑帥師圍之，故問其意助輒否乎。」石曼姑圍戚在哀公二年春，時孔子方過宋適陳，鄭氏未能詳定孔子去衛之年，而漫述蒯聵輒相抗之事，故援引石曼姑圍戚以明以子拒父之實。實則當晉師納蒯聵而衛不之迎，已顯有敵抗之跡，二子之問，寧必俟衛人圍戚以後？然鄭氏此注，猶不以此章問答為孔子返衛後事。《史記・孔子世家》於孔子返衛後僅記子路「問衛君待子為政」一節，似亦不以此章為同時語。至蘇子由《古史》乃以此段問答謂在魯哀六年孔子返衛之後，而崔述承之。不悟以子拒父，自是當時驚人一大事，且孔子與諸弟子在衛已久，於其事尤應關切。雖已去衛，而師弟子之間，豈有不相與問答討論以定其事理之是非，而謂遠在出公四五年後，孔子重返衛，乃始見詢及之耶？此皆誤於以孔子在衛靈卒前已去衛，故於《論語》此章，不得不繫之於孔子返衛之後。今定孔子於靈公卒後始去，而此章問答，正在臨去之前，若較舊說為遠勝。又按：《朱子語類》：「夫子為衛君乎，若只言以子拒父，自不須疑而問。今冉有疑夫子為衛君者，以常法言之，則輒亦義所當立者也。以輒當立，故疑夫子助之。方實問輒之逃，當在靈公薨而夫人欲立之時。曰：『然。』」是亦見此章問答當在靈公初薨，輒初立時矣。惜為舊說纏縛，未能明白辨析耳。又張文虎《螺江日記》、王崧《樂山集》皆不信夷齊讓國事，對此章特創別解，然定為靈公初薨時問答，仍無害。

則孔子之去衛，當在此年六月後也。

又按：《論語》儀封人請見，閻氏《釋地》云：「孔子時，衛都濮陽，為今大名府開州。儀邑城在今開封府蘭陽縣西北二十里，乃衛西南境，距其國都五百餘里。不知孔子先至國而後至儀邑，或由儀至國都，皆不可知。要為第一次適衛無疑。何則？封人曰：『二三子何患於喪？喪失位去國。天將以夫子為木鐸，使周流四方，以行其教，天生夫子，豈為魯國已乎？』其語與情蹤正合。」余謂儀邑既遠在衛西南境，孔子自魯適衛，何須迂迴而過其地？此殆孔子去衛適陳時事，封人所說亦可通，不必定指去魯言也。閻氏既詳考其地域，而猶曲為之說者何哉？林春溥《孔門師弟年表後說》亦主此事在去衛適陳時。周柄中《四書典故辨正》謂：「儀乃浚儀，今祥符，非儀封，乃去衛適陳要道。」其辨已是。惟說木鐸仍引閻氏為去魯適衛時，自相牴牾。

二一　孔子過宋考

〈世家〉：「孔子去衛，過曹，適宋，又適鄭，遂至陳。」臧庸《拜經日記》云：「二『適』字，皆『過』字之誤，宜據〈年表〉校正。」今按：過曹事，他無所見；過宋之事，《論》、《孟》皆有之。《論語》：「子曰：『天生德於予，桓魋其如予何！』」《孟子》：「孔子不悅於魯衛，遭宋桓司馬將要而殺之，微服而過宋。」皆是也。而其詳見在〈世家〉，云：「孔子適宋，與弟子習禮大樹下，宋司馬桓魋欲殺孔子，拔其樹。」《莊子》所謂「伐檀於宋」，蓋與《史》合。而崔述疑之，謂畏匡過宋實似一事。其言曰：「定公六年《傳》云：『伐鄭取匡，往不假道於衛，是匡在鄭東也。及還，陽虎使季孟自南門入，是匡在衛南也。魯雖取匡，勢不能有。』杜氏疑為歸之於晉，《莊子》與《荀子》皆以匡為宋邑。按：《荀子》當係《說苑》之誤。鄭東衛南，則去宋為近，去晉為遠。晉之滅偪陽也，以予宋魯取匡之時，宋方事晉，匡歸在宋，理或然也。此事既與過宋之事相類，又與其時相同。若匡又宋地，則似畏匡過宋，實本一事者。吾惡知非魋聞孔子適陳，將出於匡，故使匡人要之，而後人誤分之為二事也？〈子罕篇〉云：『天之未喪斯文也，匡人其如予何？』〈述而篇〉亦云：『天生德於予，桓魋其如予何？』二章語意正同，亦似一時一事之言，而記者各記所聞，是以其詞小異。未必孔子生平，每遇患難，即為是言也。然則畏匡之與過宋，絕似一事，恐不得分以為二。」崔氏此辨，其先蓋起於疑畏匡之事之無實，因以為或即桓魋之所使。然子畏之匡在蒲，鄰於晉遠於宋，與桓魋無涉。且畏匡據〈世家〉在魯定公十四年，過宋據〈年表〉及〈宋世家〉在魯哀二年，亦不得謂一時事。至《莊子》謂孔子遊匡，宋人圍之者，誤以桓魋之事牽涉畏匡，古書如此誤者甚多，不得即以為據也。陸德明《音義》引司馬曰：「宋當作衛，匡衛邑也，衛人誤圍孔子以為陽虎，此即不據《莊》文，亦不以畏匡即由桓魋。」《論語》「絕糧」章孔《注》：「之宋，遭匡人之難。」〈檀弓〉《疏》畏匡，亦引微服過宋，自屬昔人筆誤，並不以畏匡由桓魋也。《左傳》文十一年，有承筐，《方輿紀要》在歸德府睢州西三十里，孔子自衛適陳，或當過此，不必繞道走扶溝之匡。扶溝之匡，前人亦無以為宋邑者。又以「其如予何」二章語意之同，遂謂似出一事，尤屬輕斷。今定孔子畏匡過蒲為一事兩傳，而桓魋之難，則別為一事，庶於《論》、《孟》、《史記》均可通。

而孔子以貌似陽虎而見拘之說，要為不足信，此則崔氏疑之而得者也。

〈世家〉又謂孔子過宋之後適鄭，則復不足信。崔述云：「鄭在宋西，陳在宋南，自宋適陳，必不由鄭。」是也。〈世家〉云：「孔子適鄭，與弟子相失，獨立東郭門，鄭人或謂子貢曰：『東門有人，其狀云云。』」崔氏力辨，以謂此乃齊東野人之語。余考《韓詩外傳》謂：「孔子出衛東門，逆姑布子卿。」即其事，而文詞小異。據《外傳》，亦孔子並未至鄭之一證。〈鄭世家〉又云：「聲公五年，子產卒。孔子嘗過鄭，與子產如兄弟云。及聞子產死，孔子為泣曰：『古之遺愛也。』兄事子產。」王若虛《滹南集．辨惑》論之曰：「既云『如兄弟』，何必復言『兄事』？兼已死之後及此，其次第亦不應爾。」臧庸《拜經日記》云：「子產卒在聲公五年，則魯定公十四年也。孔子過鄭在聲公七年，若據〈世家〉，應在九年，臧為改易，未是。說見〈考辨〉第一八。況〈世家〉「過鄭」之說，實未可據，說詳下。則魯哀公元年也。安得有過鄭與子產如兄弟事？且《左傳》昭公二十年：『鄭子產有疾，謂子太叔曰：「我死，子必為政，唯有德者能以寬服民，其次莫如猛。」』疾數月而卒。『仲尼聞之出涕，曰：「古之遺愛也。」』然則子產之卒，實在魯昭二十年，鄭定公之八年，去孔子過鄭二十九年，時孔子年甫過三十，是過鄭而交子產，實史公之牴牾也，宜據《左氏傳》正之。〈世家〉言孔子過鄭，其肩類子產，本舉古人以擬之。」余謂《史記》及孔子事，多後人妄羼之筆。如此文理滅裂，顯非史遷本真。蓋後人自據〈世家〉及《左傳》妄造耳。然妄者亦有其所以妄，誤者亦有其所以誤。明乎其所以妄、所以誤者，而其不妄不誤者自見。今試問：子產之卒，何以誤在聲公之五年乎？曰：妄者誤以是年為孔子過鄭之年，因書子產之卒於是年。曰：〈年表〉孔子過宋在鄭聲公九年，何以過鄭又誤在五年？曰：此據孔子過匡而誤。孔子過匡本在長垣，為衛邑，而誤者以為在扶溝，為鄭邑。因以孔子之過匡為過鄭。遂誤謂孔子適鄭都，因有獨立郭東門與弟子相失之事。因又有交子產之說。而孔子畏匡，則在魯哀十四年，即鄭聲公五年。遂誤謂孔子是年過鄭，又誤為子產以是年卒也。故〈鄭世家〉因〈孔子世家〉而誤，〈年表〉又因〈鄭世家〉而誤。然可以因其誤而證孔子畏匡實在至衛十月之後，與微服過宋非一事，又可知孔子過鄭之不可信。故孔子自衛至陳，過宋則有據，過鄭則無實。

二二　孔子在陳絕糧考

《論語》：「在陳絕糧，從者病莫能興。」又曰：「從我於陳蔡者，皆不及門也。」康成以為：「言弟子之從我而厄於陳蔡者，皆不及仕進之門，而失其所。」孟子亦曰：「君子之厄於陳蔡之間，無上下之交也。」今按：厄於陳蔡之間，即在陳絕糧也。何以言之？孔《注》「絕糧」章：「孔子去衛如曹。曹不容，又之宋，遭匡人之難。又之陳，會吳伐陳，陳亂，故乏食。」此言孔子之厄於陳，以被兵亂而乏食也。〈世家〉：「孔子遷於蔡之歲，吳伐陳，楚救陳，軍於城父。聞孔子在陳蔡之間，使人聘孔子。孔子將往拜禮，陳蔡之大夫謀曰：『孔子賢者，所刺譏，皆中諸侯之疾。孔子用於楚，則陳蔡用事大夫危矣。』乃相與發徒役，圍孔子於野，不得行，絕糧。孔子講誦弦歌不衰，於是使子貢至楚，楚昭王興師迎孔子。」此亦言孔子之厄在吳伐陳之歲；而謂絕糧乃由受兵圍，則不足信。自朱子已辨之。全祖望《經史問答》中論尤析，其言曰：「當時楚正與陳睦，而蔡則已全屬吳，遷於州來，與陳遠。是所謂如蔡者，非新遷之蔡，乃故蔡。孔子欲如楚，故入其地也。蔡已非國，安得有大夫乎？且陳事楚，蔡事吳，則仇國矣，安得二國之大夫合謀乎？且哀公六年，吳志在滅陳，楚昭至誓死以救之，陳之仗楚何如，而敢圍其所用之人乎？是時楚昭在陳，何必使子貢如楚？而楚果迎孔子，信宿可至，孔子何以終不得一見楚昭？而其所迎之兵，中道而聞子西之沮，又竟棄孔子而去，則皆情理之所必無者。乃知陳蔡大夫兵圍之說，乃《史記》之妄也。然安國被兵絕糧之說則是，而以謂自宋適陳，即遭此厄，則先於哀公二年，是又誤矣。按：全氏此處，據〈世家〉孔子再適陳之說，故云然。若單就孔《注》言，未見其必為哀之二年也。蓋哀公元年吳亦伐陳，故安國因之而誤也。總之當厄應在六年，《史記》之時之可信者也。絕糧則以陳之被兵，孔《注》之事之可信者也。參伍求之，而其不可信者，置之可矣？」全氏此論極明覈。蓋言厄於陳蔡之間者，為其時之自陳如蔡也。言在陳絕糧者，為其行之猶未出境也。崔述亦辨此事，顧未能考定其年歲，因謂孔子往來陳蔡間，原無定居，其厄亦非一日之事，則亦誤。梁氏《志疑》：「孔子厄於陳蔡，孟子以謂『無上下之交』，必去之惟恐不及。乃自定十五年至哀六年，徘徊陳蔡，一至再至，毋乃非危邦不入，亂邦不居之義。未識當時情事若何，參考無由，深所難曉。」今按：梁氏此條，凡有二誤：謂孔子自定公十五年即至陳，誤於〈世家〉再適陳之說，一也。又不知厄於陳蔡乃被兵亂，亦同崔氏之誤，二也。故乃有深所難曉之歎。今定孔子自哀二年後至陳，歷三、四、五，三年，所謂「主司城貞子，為陳侯周臣」者，即其時事。至六年吳伐陳，避兵至蔡，在途絕糧，則所謂「無上下之交」之際也。

二三　孔子至蔡乃負函之蔡非州來之蔡考

〈世家〉記孔子自陳遷蔡，又自蔡如葉。崔述辨之曰：「《左傳》哀公二年，蔡遷於州來。今安徽壽州。四年，葉公諸梁致蔡於負函。今河南信陽。十六年，楚白公作亂。葉公自蔡入楚，攻白公；白公死，葉公兼攝令尹司馬。國寧，乃老於葉。則是孔子在陳之時，葉公在蔡，不在葉也。蔡既遷於州來，去陳益遠，來往當由楚境，孔子未必遠涉其地。而《論語》、《孟子》、《春秋傳》中，亦無孔子與蔡之君、大夫相與周旋問答之事。則是孔子所謂『從我於陳蔡者』，乃負函之蔡，非州來之蔡也。葉公本楚卿貳，與聞國政，不當居外。以新得蔡地，故使鎮之。而孔子適在陳蔡之間，因得相與周旋。及其請老，乃歸於葉。《史記》但見《論語》、《孟子》中有孔子在蔡之文，遂誤以為州來之蔡；又因葉公有問政，問孔子於子路之語，遂別出自蔡如葉之文以合之，而不知其誤以一事為兩事也。」江永《鄉黨圖考》亦謂：「孔子自陳如蔡，就葉公耳，與蔡國無涉。」所論與崔略同。惟依《年譜》謂孔子至蔡為哀公四年事，並謂絕糧即在其時，則誤。沈維城《論語古注集箋》辨之，謂：「不如《史記》敘此於吳伐陳，楚救陳，軍於城父之後。」說良是。《論語正義》引劉台拱《經傳小記》云：「《爾雅》：『淮南有州黎丘。』《注》：今在壽春縣。案《鹽鐵論》〈論儒篇〉：『孔子能方不能圓，故飢於黎丘。』哀公二年，蔡遷於州來；四年，孔子自陳適蔡。三歲，吳伐陳，楚救陳，軍於城父，使人聘孔子，於是絕糧陳蔡之間。《鹽鐵論》所謂『黎丘』，蓋即『州黎之丘』也。（古讀『來』如『黎』，故『州黎』即『州來』。）」劉氏此說，引《鹽鐵論》證《史記》，謂孔子適蔡，乃新遷之蔡，然《鹽鐵論》後於《史記》，則此非有力之論證。

附　楚昭王興師迎孔子辨

〈世家〉楚昭王興師迎孔子，前人歷辨其誣，已略見如上考。金履祥曰：「孔子至葉，即是至楚。」梁氏《志疑》亦謂：「孔子未嘗至楚，但至葉。」《朱子語錄》云：「昭王之招，無此事，鄒魯間陋儒尊孔子之意如此。」崔述又論之云：「蔡，楚境也。之蔡即至楚也。既相傳有至楚之事，故疑以為昭王之聘之。既聘之而卒於不用，故又疑以為子西之沮之。吾惡知其非因臆度之故，遂坿會而為之說乎？」今按：崔氏此論極是。此其傳說之遞衍，有似於孔子之至齊。以孔子之至齊也，而疑以為景公已在魯先見孔子而善之。以孔子之卒不用於齊也，故又疑為晏子之沮而已之。凡其因臆度而遂坿會以為說者，率如此類，亦可推例以求也。

二四　孔子自楚返衛考

〈世家〉：「孔子自楚反衛，是歲孔子年六十三，而魯哀公六年也。其明年，吳與魯會繒，太宰嚭召季康子，康子使子貢往。」《論語》有冉有子貢「問夫子為衛君乎」一章，崔述論之曰：「《春秋傳》哀公七年，季康子使子貢辭吳。十一年，冉求為季氏宰，及齊師戰於郎。則是孔子至衛之後，二子自衛先歸魯也。或者二子知夫子之不為而遂去耶？然則此章問答，當在孔子反衛之初，哀公六七年間。」其說不足據，已詳前考。〈考辨〉第一九〈年表〉，孔子自陳來衛，在哀公十年；〈衛世家〉，孔子自陳入衛，在出公八年。二說相同，而與〈世家〉哀公六年之說異。或謂孔子若以哀六年來衛，則至十一年歸魯，與孟子所稱「未嘗有所終三年淹」者不符，而取〈年表〉哀公十年之說。然此亦不足憑。何者？孔子以魯哀六年離陳適蔡，若至十年始反衛，亦復與孟子「未嘗三年淹」之說不符也。且孔子自定公十三年春去魯，至哀公十一年而歸，前後十四年，而所仕惟衛陳兩國，所過惟曹宋鄭蔡，自非如《史記》四去衛再適陳之說，終不免於一地有三年之淹矣。然則孟子之所謂「未嘗有所終三年淹」者，特如孔席不暇煖，與干七十二君之類，未可據以為信史也。臧庸《拜經日記》專主孟子未有「終三年淹」一語，編排孔子行跡，大抵前人論孔子年世，為此一語誤者不少。

惲敬《大雲山房集・仲子廟立石文》論此事云：「〈世家〉魯哀公六年，孔子自楚反衛，此去楚之年也。〈年表〉哀公八年，孔子至衛，此至衛之年也，其時當出公之六年。」此說尤誤。豈惲氏誤憶〈年表〉衛出公八年為魯哀之八年，遂又誤推以為衛出之六年耶？且孔子此行，乃係遄返衛地，若如惲說，〈世家〉哀公六年去楚，〈年表〉哀公十年至衛，何須在途四年？此終不足信矣。

然則孔子反衛果以何時乎？曰：孔子以魯哀六年自陳避兵適蔡見葉公，即以是年返衛，則固當依〈世家〉也。否則孔子至蔡見葉公，而留滯楚境有四年之久。否則既見葉公，復返陳，而再留有四年之久。否則自蔡返衛，而在途有四年之久。否則孔子以魯哀六年自陳至蔡之說不足信，而孔子之行歷益不可考，而仍無以全孔子於魯哀十年至衛之說。否則孔子固不以魯哀十年返衛，而仍當取魯哀六年之說也。孟子曰：「孔子於季桓子，見行可之仕也。於衛靈公，際可之仕也。於衛孝公，公養之仕也。」《史記》衛無孝公，朱子謂即出公輒。計孔子仕出公前後四年，較在陳仕湣公為久。

又按：〈孔子世家〉《集解》引徐廣曰：「〈年表〉哀公十年，孔子自衛至陳。」《索隱》云：「按《左氏》及此文，孔子是時在衛歸魯，不見有在陳之文。在陳當哀公之初，蓋〈年表〉誤爾。」據此則今表「哀公十年，孔子自陳來」一語，已非徐廣司馬貞所見之舊，殆後人見其誤而改之矣。

二五　孔子自衛返魯考

〈世家〉：「冉有為季氏將師，與齊戰於郎，克之。季康子乃以幣迎孔子，孔子歸魯。孔子之去魯，凡十四歲而反乎魯。」《集解》徐廣曰：「此哀公十一年也。」《索隱》云：「前文孔子以定公十四年去魯，計至此十三年。」今按：孔子去魯，在定公十三年。詳〈考辨〉第一五。則去魯實十四年也。《孔叢・詰墨篇》謂：「魯哀公十五年，孔子自衛反魯，居五年矣。」亦以孔子在魯哀十一年返。狄子奇《編年》又謂孔子於定公十四年，哀公六年，均曾返魯，則其語殊不足信。言孔子於定十四年反魯者，以定十五年有子貢觀朝禮，哀元年有吳使至魯問骨節，兩事。子貢觀朝禮，蓋自衛往觀，反衛與孔子言之。詳〈考辨〉第二九。骨節之對，其語荒誕，未可取證。崔述《考信錄》有詳辨。至孔子西見趙簡子，臨河而反，息乎陬鄉云云，其為傳說，已辨於前，〈考辨〉第一七其不得為孔子反魯之證者亦明矣。言哀六年孔子反魯者，狄氏之言曰：「孟子云『未嘗有所終三年淹』，是孔子於歷聘諸國，皆無連居三年之處。今云六年自楚如衛，十一年乃自衛反魯，今按：此說實是。則在衛不止三年。云六年在陳，十年乃自陳入衛，則在陳亦不止三年。云六年在楚，十年乃自楚反衛，則在楚亦不止三年。皆與孟子不合。」狄氏必欲強合於孟子，故為此彌縫之說。不知孟子之言，容亦有不足信也。又曰：「《左傳》哀七年，子貢即仕魯，亦孔子自衛反魯切證。」則不必孔子反而後子貢得仕矣。

二六　孔鯉顏回卒年考

〈世家〉：「伯魚年五十，先孔子死。」《家語》：「孔子二十歲生伯魚。」《家語》未必可信，姑據以為說，則伯魚之卒，孔子年當六十九也。《史》不書顏子卒年，今《家語》作三十一。《索隱》及《文選・辨命論》《注》引《家語》並作三十二。《家語》又謂回「少孔子三十歲」。而據《論語・先進篇》，伯魚先回卒，許慎王肅因謂《論語》乃設事之辭，此固甚謬。《四書釋地又續》謂回「少孔子三十七歲」，卒於哀公十二年，方合三十二年之數。《志疑》依之。《論語稽求篇》以《家語》作三十一回死為是，少「三十」是「四十」之誤，回死與子路同時。《經史問答》從之。李鍇《尚史》云：「顏子少孔子三十歲，享年四十有一。」《四史發伏》、《鄉黨圖考》、《四書考異》等同之。今按：毛氏云：「考顏淵之死，《公羊傳》及《史記・世家》所載年月，則實在哀公十四年春狩獲麟之際。夫子是時已泣麟矣，而顏淵子路同時俱死，因連呼喪予祝予，而有道窮之歎。則顏淵之死，在夫子七十一歲，非六十一歲；在哀公十四年，非四年。據《家語》推算，顏子當死於孔子六十一歲，哀公之四年也。少孔子三十歲，原是四十之誤。」其辨最析。可證顏子卒年，斷在子路卒前一年。而三四字誤，尤為屢見不鮮之例。惟「少三十」可以為「少四十」之誤，則「壽三十一」又何弗可為「壽四十一」之誤耶？《論語》哀公問好學，孔子對以顏回，曰：「不幸短命死矣。」《尚書・洪範》六極，一曰凶短折，孔安國曰：「短未六十，折未三十也。」《孔傳》雖偽，自是古訓。臧庸《拜經日記》亦謂五十以下而卒，亦可謂之早。惟定顏子年四十，較李說少一年，則為無據。且顏子之在孔門，最推高足。畏匡之歲，孔子年五十七八，顏子從而後，孔子疑其已死。顏子曰：「子在，回何敢死？」師弟子之情感既深。若顏子少孔子四十歲，則其時年僅十七八，尚在童齡，而從學更在其前，或竟從魯隨行。則孔子五十五歲去魯，顏子十五即從也。此雖非必不可有之事，而似以少三十為尤近情理。則顏子卒年，後二說之所同，而其年壽，則以第三說為尤當也。

《三國・吳志・孫登傳》，登年三十三卒，臨終上疏曰：「周晉顏回，有上智之才，而尚夭折，況臣年過其壽。」《列子・力命篇》曰：「顏淵之才，不出眾人之下，而壽四八。」兩說皆與《索隱》及《選注》引《家語》顏回三十二卒之說合。然《列子》出張湛，在王肅後，四八之說，正襲《家語》。孫登之卒，在赤烏四年，當魏正始二年。肅自黃初中出仕，至是垂二十年，或其時《偽家語》已出，故孫登據以為說。且《家語》自襲《史記》，《史記》顏淵少孔子三十歲，至二十九歲，「髮盡白，早死」。而《家語》云：「顏淵少孔子三十歲，二十九歲而髮白，三十一歲早死。」較《史記》多「三十一歲」四字。沈濤《論語孔注辨偽》云：「《家語》係王肅偽撰，全是剽竊《史記》，當是今本《史記》脫此四字耳。」則肅前《史記》固有三十一歲早死之語，王肅不知其為譌文，故既襲取以入《家語》，而又為之注曰：「此書久遠，年數錯誤，未可詳校。顏淵死時，孔子年六十一，此謂顏回先伯魚死。而《論語》云顏回死後伯魚，或為設辭之詞。」依此注詳之，王肅自據《史記》誤文可知。故許慎先有以鯉也死為假言之說。許既先王，其據《史記》，尤為明白。則《吳志》與《列子》即非襲之《家語》，亦必本於《史記》。而《史記》既云少孔子三十歲，又云三十一歲早卒，兩說相合，必有一誤，尤為顯見。後人徒據《吳志》、《列子》謂《家語》三十二歲死之語實不誤，而所誤必在少孔子三十歲一語，實思辨之未精也。

附　項槖考

〈秦策〉甘羅曰：「項槖七歲為孔子師。」《淮南子・修務訓》、劉向《新序》、王充《論衡・實知篇》皆同。《隸釋・漢童子逢盛碑》「才亞后槖」，「后」、「項」雙聲，即項槖也。《顏氏家訓》以項槖與顏回同為短折，《弘明集》亦云：「顏項夙夭。」董仲舒〈對策〉：「臣聞良玉不瑑，資質潤美，不待刻瑑，此亡異於達巷黨人，不學而自知也。」顏師古《注》引孟康曰：「人，項槖也。」《史記・甘羅傳》引《國策》：「夫項槖，生七歲而為孔子師。」《索隱》本「夫」作「大」，謂：「尊其道德，故曰『大項槖』。」杜臺卿《玉燭寶典》四，引《清潔法行經》云：「幼而敏悟，大項是也。」又引《關尹內傳》云：「大項顏淵，非無小舛，俱曰『聖童』。」《史記》甘羅云：「大項槖七歲，為孔子師。」劉師培《左盦外集・達巷黨人考》云：「漢儒以項槖釋達巷黨人者，以『大項』即『達巷』轉音，據杜氏所引，是《史記》故本作『大』不作『夫』。《漢書・董傳》亦作『大巷』，今作『達巷』，乃後儒所更。孟《注》『大項橐』，今本易『大』為『人』，尤為乖舛。蓋『橐』為其名，『達巷』則以地為氏，言有轉歧，則為『大項』。陶弘景《真靈位業圖》第三左位有大項，注云『名橐』，是大項為氏，六朝學者均知之。《新序》云『秦項橐』，『秦』乃『泰』訛，『泰』、『大』古通；俞正燮〈項橐考〉，以為秦人，弗足據。」今按：《論語・子罕篇》：「達巷黨人曰：『大哉孔子，博學而無所成名。』子聞之，謂門弟子曰：『吾何執，執御乎，執射乎，吾執御矣。』」《史記・孔子世家》引此作達巷黨人童子，皇甫謐《高士傳》亦云：「達巷黨人，姓項名橐。」是漢儒相傳，殆均以達巷黨人即項橐也。而《論語》云云，〈世家〉引以列於孔子之卒前。此雖不足泥據，然此所言，必在孔子有盛名，門弟子盛進之後，而言者其人亦決非一弱冠之童子，則即《論語》本文細參之可知。殆古人實有項橐，即達巷橐，又云大項橐，其人聰慧不壽如顏回，或年輩亦與顏回相上下，而未及於孔子之門，而孔子必有所稱賞之，於是後人遂有「項橐七歲為孔子師」之說，而嵇康《高士傳》乃云：「大項橐與孔子俱學於老子。」又《天中記》引《圖經》云：「槖，魯人，十歲而亡，時人尸而祝之，號『小兒神』。」則更出後代傳言，無可為信矣。

二七　宰我死齊考

《史記・孔子弟子列傳》：「宰予與田常作亂，以夷其族，孔子恥之。」《索隱》曰：「《左傳》闞止字子我，為陳恆所殺，字與宰予相涉，因誤。」兩蘇氏《志林》、《古史》、孔平仲《談苑》、洪容齋《隨筆》、王氏《困學紀聞》十一引楊龜山說、孫奕《示兒編》諸書，均依《索隱》。及清儒閻若璩《四書釋地又續》、趙翼《陔餘叢考》，亦不信宰予死難事。梁玉繩《史記志疑》謂：「考《韓子・難言》，《呂覽・慎勢》，《淮南・人間》，《說苑・正諫》、〈指武〉，《鹽鐵論・殊路》、〈頌賢〉諸書，均載宰予死事。李斯〈上秦二世書〉與諸子所稱合。」全祖望《經史問答》云：「宰我為簡公死，非為陳恆死，不過才未足以定亂。」宋于庭《過庭錄》謂：「宰我即齊闞止，字子我也。宰我之先，蓋嘗食采於闞，故仕於齊為闞止。宰我本魯人，簡公在魯，故事之而有寵。及即位，而使為政，為陳成子所憚，有正色立朝之概。子我與簡公，有與為存亡之道。則其人固賢者之流，宰氏庶幾當此。《史記・田齊世家》以闞止謂監止，以子我為監止之宗人，皆紀載淩雜，以致一人分為二三也。」此則信宰予死難事者。《史記・齊世家》：「成子將殺大陸子方，田逆請而免，田豹與之車，勿受，曰：『逆為予請，豹與予車，余有私焉。事子我而有私於其讎，何以見魯衛之士？』」服虔曰：「子方將欲奔魯衛。」予謂此亦子我即宰我之旁證也。孔門諸徒盛於魯衛，故子方如是云云耳。余每疑宰我子貢同列言語之科，而宰我居先，孟子稱其「智足以知聖人」，其在孔門，明為高第弟子矣。而《論語》載子我多不美之辭，如「晝寢」及「三年之喪」兩章尤甚。諸弟子中，獨寫宰我最無情采。《論語》本成於齊魯諸儒，其書出於戰國時，田氏已得志，而魯亦為田齊弱。豈田氏之於宰我，固有深恨？而朝政之威，足以變白黑。則魏之何晏、唐之王叔文，固自不免為小人之傑。而宰我之於孔門，乃亦負此重冤。則甚矣知人論世之非易，而良史之不多得也！《史記》謂「孔子恥之」，豈不宜哉？《論語》哀公問社於宰我，宰我有「使民戰栗」之對。宋蘇轍《古史考》云：哀公將欲去三桓，不敢正言，以古者戮人於社，故託社以問。宰我知其意，亦以隱答之。蓋欲哀公伸威。夫子見事勢不可妄動，故疊辭以折之。清儒方觀旭《論語偶記》亦曰：「哀公欲去三桓，張公室，問社於宰我，宰我對以使民戰栗，蓋勸之斷也。」劉寶楠《論語正義》則曰：「此時哀公與三桓有惡。觀《左傳》記公出遜之前，遊於陵坂，遇武伯，呼余及死乎，至於三問，是其杌隉不安，欲去三桓之心，已非一日。此社主之問與宰我之對，君臣密語，隱衷可想。」又云：夫子所云「既往不咎」，疑指平子言。平子不臣，致使昭公出亡。哀公當時必援平子往事以為禍本，而欲聲罪致討。夫子止之，蓋知哀公之無能為，而不可輕於舉事也。今按：據此，宰我在魯，已主去三桓，其仕齊而主去陳氏，殆無足怪。《韓非．說林下》，宰予「不舉六卿，書不著」，此明指宰予實當時一政治人物，特以官位未至六卿，故文不詳其事耳。若宰我僅屬孔門弟子，未嘗從政，如顏閔之儔，韓非何以作此語？又〈弟子列傳〉於顏回子路之儔皆著其年，雖或不足盡信，亦自有傳述，獨宰我無年可考。見當時孔門於宰我之疏。慮宰我與回賜年相上下，既久於從政，及其死，無門人弟子為之道譽，而多權貴讎毀之辭，故致然爾。《容齋隨筆》據《孟子》所載三子論孔子賢於堯舜語，以為當在孔子身後。閻若璩《四書釋地又續》極稱之，謂其妙在虛會。全謝山《經史問答》云：「為弟子稱頌其師，必當在身後，是野人之言。宰我雖未知長於子貢與否，然孔子歿後，並無宰我出處蹤跡，則先死又何疑？」《容齋》又云：「子路之死，孔子曰：『由也死矣。』又曰：『天祝予。』哭於中庭，使人覆醢。其悲之如是。不應宰我遇禍，略無一言。」以此疑死齊之妄，則又不悟記載之容有闕也。又《大戴禮．五帝德》稱宰我問、言五帝德，乃在齊鄒衍諸人後，疑亦齊人，而託之宰我。

崔述《洙泗考信錄》，亦不主宰我闞止為一人，其辨曰：「闞我自名止，宰我自名予；闞我在齊事簡公，宰我在魯事孔子，烏得遂以謂一人？魯哀公之五年，齊景公卒，公子陽生來奔。六年，陳僖子召陽生，闞止先待諸外。公子曰：『事未可知，反與壬也處！』是時，宰我方從孔子於陳蔡之間，由陳反衛，安得分身在魯，而與簡公共處？」今按：崔說甚辨，而實有可論。其謂宰我從孔子在陳蔡之間，當據《論語・先進》「從我於陳蔡者皆不及門也」兩章。然皇本以四科十人別為一章，不與「從陳蔡」章相合。則前人固未必以十人謂即從孔子於陳蔡也。參讀〈考辨〉第二九。且十人中，冉求，明於哀公三年為季康子所召。又三年而後及陳蔡之難，時冉求正仕魯。至哀十一年，為季氏帥師戰清，見於《左傳》。則此一人顯然不從陳蔡者。毛氏《論語稽求篇》說，又引《史記・弟子列傳》「受業身通者七十有七人」，下接「德行政事」云云；及《鹽鐵論》云：「七十子有名列于孔子之門，皆諸侯卿相之才，可南面者數人。政事冉有季路，言語宰我子貢。」亦以此節為七十子有名之人，不屬陳蔡時言。《古注集箋》及《正義》均同此說，參讀〈考辨〉第一九。閻若璩《四書釋地》云：「孔子厄於陳蔡，年六十三，時子游年十八，子夏年十九耳，而既以文學名。」此亦誤合「從我於陳蔡」章而言。不知乃孔子返魯而後游夏從遊也。尤侗《艮齋雜說》引陳善辨曰：「陳蔡從者，豈止十人？患難之時，何必分列四科？」其言允矣。當時從遊弟子，據〈孔子世家〉有顏淵、子貢、子路；〈弟子列傳〉有子張，已不可信。參讀〈考辨〉第二九。《呂氏春秋・慎大篇》有宰予，則益謬。其文曰：「孔子窮於陳蔡之間，七日不嘗食，藜羹不糝，宰予憊矣，孔子弦歌於室，顏回擇菜於外，子路子貢相與言。」按之《論語》，在陳絕糧，從者病莫能興，何緣獨宰予一人僨？此其無理尤顯。無亦以晝寢者有朽木之喻，故遂以僨病歸之一身耶？《論語比考讖》曰：「邑名朝歌，顏淵不舍，七十弟子揜目，宰予獨顧，由蹷墮車。」其輕誣宰予，亦與《呂覽》一例。蓋《呂氏》此文，襲自《莊子．讓王》曰：「孔子窮於陳蔡之間，七日不火食，藜羹不糝，顏色甚僨，而弦歌於室。顏回擇菜，子路子貢相與言。」固無宰予，而情事遠勝矣。使崔氏據此而證《左傳》之闞止，決不能為《論語》之宰我，則亦疏闊之論也。崔氏又謂：「《史記》宰我與田常作亂之說，即本之李斯，謂與田常相爭，而措辭不審，遂若黨於陳恆然者，非與李斯為二說也。」誠如其言，則孔子恥之一語，又作何解？

《弟子列傳》又謂：「宰予利口辨辭，孔子曰：『吾以言取人，失之宰予。』」夫宰我子貢，同在言語之科。孟子亦曰：「宰我子貢善為說辭。」此乃行人之職，才長專對，使於四方，不辱君命，非泛言利口也。宋翔鳳《論語發微》謂善為說辭，乃以微言垂教，非為行人使四方之謂。強以《公羊》家言說書，尤為無理。子貢常相魯衛，如孔子相夾谷之相。其文辭多見於《左傳》。後人又為虛造存魯亂齊亡吳強晉霸越之事。此見〈列傳〉，前人辨者已多。雖非信史，然假托者尚猶知子貢之善言語，為聘使之辭令也。今宰我在齊八年，見信於其君，而有言語之才，嫻於辭令。豈不有接遇賓客，應對諸侯，嘉言美語，足以傳世？而遺聞軼事，曾無存者。徒見稱為利口，一若與子貢之善言異其類。而曰：「以言取人，失之宰予。」若以為言行不相顧之小人。不知宰我之善言語，乃指政事應對，非指其私人之利口也。子貢曰：「惡居下流，眾惡歸焉。」司馬遷傳仲尼弟子，亦謂：「學者多稱七十子之徒，譽或過實，毀或損真。」若宰我之與子貢，一則增美，一則加醜，甚矣。是非傳說之不可憑也！

二八　孔子卒年考

《春秋》：「哀公十六年夏四月己丑，孔丘卒。」《傳》文亦同，《史記・世家》亦同，自來無異說。杜預注《左傳》，始謂：「四月十八乙丑，無己丑。己丑五月十二日。日月必有誤。」《長曆》說同。孔傳《東家雜記》又謂：「當哀公十六年夏四月乙丑日，先聖薨，先儒以為己丑者誤。」此殆即據杜氏傳疑之說為斷，非別有確本也。至吳程以《大衍曆》推定四月己丑乃十一日，杜氏謂是月無己丑實誤。江永成蓉鏡諸人，遞衍其說，以相證明。至孔廣牧《先聖生卒年月日考》依之，而其說乃定。陳玉澍《卜子年譜》據《易林・睽之・恆》云「孟己乙丑哀呼尼父」，謂焦氏當西漢世，所見《左氏》續經正是乙丑，與元凱之說合。然何以今《春秋》經傳及《史記》盡作己丑，陳氏亦不能為之說。數日之差，於知人論世無預，姑存勿論可也。自魯襄公二十二年至此，孔子年七十三也。若孔子生於魯襄公二十一年，則至是當得七十四。《左傳》襄三十一年《疏》有云：「《公羊傳》於二十一年下云：『十有一月，庚子，孔子生。』《穀梁傳》於二十一年十月之下云：『庚子，孔子生。』二十一年，賈逵注《經》云：『此言仲尼生。』哀十六年夏四月己丑卒，七十三年。」賈氏既主孔子生魯襄二十一年，而亦云年七十三，豈不有誤？錢大昕《十駕齋養新錄》特為之說云：「自襄二十一年至哀公十六年，實七十四算，而賈云七十三者，古人以周歲始增年也。《史記》謂生於襄公二十二年，年七十三，則相距之歲計之。」狄子奇云：「周歲增年之說，似未可泥。魯襄公生於成公十六年，至九年為十二歲，是不以周歲增年也。絳縣老人生於魯文公十一年，至襄公三十年，計當七十四歲，而師曠止云七十三年，是以周歲增年也。」今按：狄氏之說，其論魯襄之不以周歲增年，則至確矣。至於絳縣之老人，師曠曰：「魯叔仲惠伯會郤成子於承匡之歲也，七十三年矣。」此謂是歲距前七十三年，非謂老人七十三歲，則不得引以為古人周歲增年之例。（及門王生玉哲，謂師曠與絳縣老人皆晉人，當計晉年。絳縣老人事在魯襄公三十年二月，阮氏《校勘記》據《石經》、宋本、淳熙本、明翻岳本、足利本，皆作二，孔氏《正義》誤作三。晉用夏正，以建寅月為歲首，則是時尚為晉平公十四年之十二月，老人生於魯文公十一年，即晉靈公五年，師曠云「七十三年」，實據晉年夏正說之。此亦足破周歲增年之說。）今再以賈逵之言為證。《春秋》昭二十四年，仲孫貜卒，服虔引賈逵云：「是歲孟僖子卒，屬其子使事仲尼，仲尼時年三十五。」（亦見《左氏》襄三十五年《疏》。）今若以周歲增年計，自魯襄二十一年，至此僅得三十四，而賈氏謂三十五，則賈氏亦自以相距之歲計之，非周歲增年也。今在《史記》以前，既不得古人周歲增年之實例，（顧氏《日知錄》謂：「今人以歲初之日而增年，古人以歲盡之日而後增之。《史記．倉公傳》：『臣意年盡三年，年三十九歲也。』」今按：倉公語則質，仍是開歲始增年，故曰「盡三年，年三十九歲」。顧氏說似誤。然要之見時人亦不以周歲始增年。）錢氏之論，自屬彌縫之見，非足信矣。竊疑賈逵當時，本亦以相距之歲計之，特以《公》、《穀》載孔子生，而《左氏》無之，故據《公》、《穀》為說。而云孔子年七十三，則本之《史記．世家》年數，曾未細覈。不然，何以既從周歲增年之算於前，而又取相距之歲為計於後？此決不可通矣。又按《左氏》昭二十年《疏》：「服虔云：『孔子是時四十一。』」今自襄公二十一年起，以相距之歲計之，至此得三十一，知今本「四」字乃「三」字之誤。「四十一」又「四十」之誤，據阮氏《校勘記》正。則服虔亦自以相距之歲計，何說於賈逵之獨以周歲增年計耶？狄氏又謂：「孔子之以周歲增年，正有明據。〈孔子世家〉《索隱》云：『孔子以魯襄二十一年生，至哀十六年為七十三，若襄公二十二年生，則孔子年七十二。』是以周歲增年也。」然《索隱》之說，遠在賈後，安知其不誤據賈算，而持此辨？又烏從據《索隱》而逆定賈氏之以周歲而增年？又烏從據賈氏而逆定古人之以周歲而增年哉？周歲增年之說，要為錢氏彌縫之論，恐未足信守，以釋前人之誤也。

二九　孔子弟子通考

〈世家〉云：「孔子以《詩》《書》《禮》《樂》教，弟子蓋三千焉，身通六藝者七十有二人。」〈弟子列傳〉：「受業身通者七十有七人。」今按：《孟子》云「七十子」，《呂氏春秋・遇合篇》「達徒七十人」，《韓非・五蠹》「服役者七十人」，《大戴禮・衛將軍文子》「受教者七十有餘人」，《淮南・要略》「孔子述周公之訓，以教七十子」，《漢書・藝文志序》、〈楚元王傳〉「七十子喪而大義乖」，則孔子門人，固僅有七十之數，烏得三千哉？《淮南・泰族訓》云：「孔子弟子七十，養徒三千人。」《越絕書》亦同。養徒與弟子有辨，《史記》遂謂孔子弟子三千人矣。然孔子亦豈得有三千養徒者？此《淮南》據晚世四公子養客為例，深不足信。〈主術訓〉又云：「孔丘墨翟，慕義從風而為之服役者，不過數十人。」則近是矣。七十言其成數，七二七七，則自可無辨。

《世家》又云：「孔子不仕，退而脩《詩》《書》《禮》《樂》，弟子彌眾，至自遠方，莫不受業。」今按：崔述云：「孔子弟子，魯人為多，其次則衛齊宋，皆鄰國也。」則「至自遠方」之說，亦不如後人所想像。今分別舉其著者列之如次。

顏回，魯人。見〈列傳〉。

崔述云：「顏氏之著名於魯者多矣。《春秋傳》有顏高顏羽顏息，《呂覽》亦有顏闔，則顏子為魯人信也。」又林春溥曰：「〈仲尼弟子傳〉顏氏居其八，顏路、顏回、顏幸、顏高、顏祖、顏之僕、顏噲、顏何，皆魯人。顏之推云：『仲尼母族。』」《開卷偶得》卷六閔損，魯人。《集解》引鄭玄曰，《弟子目錄》云。

冉耕，魯人。《集解》引鄭玄。

冉求，魯人。《集解》引鄭玄。

仲由，卞人。〈列傳〉

宰予，魯人。《集解》引鄭玄。

端木賜，衛人。〈列傳〉

崔述云：「艾陵之役，吳子賜叔孫甲，衛賜進曰云云，則子貢為衛人亦無疑。」

言偃，吳人。〈列傳〉或說魯人。《索隱》引《家語》。

崔述云：「吳之去魯，遠矣。若涉數千里而北學於中國，此不可多得之事。傳記所記子游言行多矣，何以皆無一言及之？且孔子沒後，有子、曾子、子夏、子張與子游相問答之言甚多。悼公之弔有若也，子游擯。武叔之母之死也，子游在魯。而魯之縣子公叔戍亦皆與子游遊。子游之非吳人審矣。其子言思，亦仍居魯，則固世為魯人矣。」

卜商，溫國人。《集解》引鄭玄。或說衛人，《集解》引《家語》。或說魏人。孔穎達〈檀弓〉《疏》

陳玉澍《卜子年譜》云：「《禮記・檀弓》《正義》引〈仲尼弟子列傳〉：『子夏姓卜，名商，魏人也。』復云：『子夏魏人也，在西河之上。』然則唐本《史記》有『魏人也』三字，而今本脫之。」顧成章《論語發疑》云：「《左》隱十一年《傳》：『王取鄔劉蔿刊之田于鄭，而與鄭人蘇忿生之田溫、原、絺、樊、隰郕、攢茅、向、盟、州、陘、隤、懷。』僖十年《經》：『狄滅溫，蘇子奔衛。』成十一年《傳》：『晉郤至與周爭鄇田，王命劉康公單襄公訟諸晉。郤至曰：「溫，吾故也，故不敢失。」劉子單子曰：「昔周克商，使諸侯撫封，蘇忿生以溫為司寇，與檀伯達封於河。蘇氏即狄，又不能於狄，而奔衛。襄王勞文公而賜之溫。狐氏、陽氏先處之，而後及子。若治其故，則王官之邑也，子安得之？」』晉侯使郤至勿敢爭。」此勿爭者鄇田，非溫邑也。後郤至滅，魏氏盛，溫邑諒歸魏氏。至三家分晉，溫仍屬魏。溯其初則本是蘇子之故國也。鄭云『溫國卜商』，孔云『魏人』，孔穎達〈檀弓〉《疏》。又唐贈魏侯，宋封魏公。兩說正協。《禮記・檀弓》云：『退而老於西河之上。』非歸其本國之詞乎？《家語》：『卜商，衛人，字子夏。嘗返衛，見讀史志者云：「晉師伐秦，三家渡河。」子夏曰：「非也，己亥耳。」讀史志者問諸晉史，果曰：「己亥。」於是衛以子夏為聖。孔子卒後，教於西河之上。魏文侯師事之，而諮國政焉。』由此觀之，『返衛』是『返魏』之誤也。《呂氏春秋》曰：「子夏之晉過衛。」「過」與「返」，其義大相異。返，歸國之詞。過，越國之詞。晉師伐秦，魏之前事也。讀史志者，讀國之舊史也。若云『衛之讀史者』，亦談何容易，以『三家』二字，歷千里之遙，問諸晉史哉？況衛以子夏為聖，父母之邦，既尊且信如此，子夏亦何怨於衛，而反設教於魏哉？是以知『魏』之誤作『衛』，正不待辨而明也。且《家語》一書，本王子雍所改以難鄭者。今溫國之說，出於鄭氏，或亦王子雍改《家語》為衛人以難之耳。」今按：董氏《春秋繁露・俞序》已稱「衛子夏」，則子夏為衛人，早有其說，不待王肅《家語》。惟顧說「返衛」乃「返魏」之誤，則殊是。又子夏為莒父宰，閻氏《釋地》謂：「莒父屬魯西鄙，子夏為宰邑，去其家密邇。」

顓孫師，陳人。〈列傳〉，《集解》引鄭玄云陽城人。

崔述云：「子張乃顓孫之後，顓孫於莊二十二年自齊奔魯，歷閔、僖、文、宣、成、襄、昭、定，至哀公凡十世。子張之非陳人，明矣。蓋因其先世出自陳，而傳之者遂誤以為陳人耳。若子張為陳人，孔子亦將為宋人乎？子張之子申祥，亦仍居魯。」今按：《呂氏春秋・尊師篇》：「子張，魯之鄙家也。」子張果魯人。〈檀弓〉「申祥之哭言思」，鄭《注》：「說者云，言思，子游之子，申祥妻之昆弟。」閻若璩《四書釋地又續》因謂：「是陳之顓孫氏，與吳之言氏，遠為婚姻。」不知其實皆魯人也。

曾參，南武城人。〈列傳〉

崔述云：「南武城者，魯南境之邑，吳越至魯之衝，即子游為宰之地也。《孟子》書載：『曾子居武城，有越寇。』而曾子去。孟子曰：『曾子，師也，父兄也。』則曾子非武城人明甚。司馬氏蓋見《孟子》書中有『居武城』之文，而遂誤以為武城人耳。」今按：曾子果武城人，未必不可避寇而去。雷學淇亦以曾子之去，證武城非祖宗邱墓之鄉，其說實迂。孟子稱曾子『師也，父兄也』，亦未必見其即非武城之人。崔氏乃謂非武城人明甚，殊嫌速斷，不足信。武城在費縣，〈秦策〉：「曾子處費，《新序》作「處鄭」，誤。費人有與曾子同名族者。」梁氏《志疑》引

《西京雜記》云：「昔魯有兩曾參，南曾參殺人，見捕，人以告北曾參母」云云，即與〈秦策〉同述一事。梁氏據之，謂：「曾子為北武城人。南武城為魯邊邑，在今費縣西南。魯之北有東武城，故云北武城也。」余意：《西京雜記》乃晚出偽書，未可盡據。即謂遺聞軼事，不無採擷。南北之辨，未必非同居一城，而指其城南城北言之，何必強說以居北武城，而謂北曾參哉？〈列傳〉明云曾參南武城人，澹臺滅明云武城人，並無北武城之說。《日知錄》謂：「子羽曾子同一武城，〈子羽傳〉次曾子，省文。」其說甚是。《大戴禮記．衛將軍文子篇》《注》：「曾子南武城人，澹臺滅明東武城人。」疑誤。《水經注》引京相璠曰：「今泰山南武城縣有澹臺子羽冢，縣人也。」則子羽實南武城人。哀公八年，吳伐魯，從武城。《傳》云：「王犯常為之宰，澹臺子羽之父好焉。」是子羽為近吳之南武城人，確有明證。故子游之所宰，曾子之所居，即子羽之邑，為近吳之武城，亦曰南武城。《史記》所載，本甚明白。今必曰曾子非南武城人，而別尋一地以說之，皆非也。周柄中《四書典故辨正》，亦謂：「曾子所居，即費縣之武城，非有二地。《史記》云『南武城』者，因清河有東武城，在魯之北，故加『南』以別之，據漢人之稱耳。」此說得之。雷學淇《介菴經說》以在南者曰武城，近吳，在東者曰南武城，近費而鄰齊。與諸家以子羽邑近費者不同，其說疑誤。復有以曾子武城在嘉祥者，顧氏《日知錄》，俞氏《癸巳類稿》均辨之，孫志祖《讀書脞錄》復據《大戴禮記》《注》駁顧說，亦誤。參讀〈考辨〉第三五。

澹臺滅明，武城人。〈列傳〉

宓不齊，魯人。《集解》引孔安國。

原憲，魯人。《集解》引鄭玄。

公冶長，齊人。〈列傳〉或說魯人。《索隱》引《家語》。

錢坫《論語後錄》：「公冶長《史記》以為齊人，《家語》以為魯人，范寧杜預以為魯公族。案：公冶襄公時有其人，疑以字為氏。」崔述云：「公父歜，公父之後也，則公冶長亦當為公冶之後。襄公之自楚歸也，季孫使公冶問，則公冶魯大夫也。然則長亦非齊人矣。」

南宮括，魯人。《集解》引孔安國。

公晳哀，齊人。《集解》引《家語》。

《淮南・氾論訓》：「季襄陳仲子立節抗行，不入洿君之朝，不食亂世之食，遂餓而死。」高誘《注》：「季襄，魯人，孔子弟子。」王念孫曰：「孔子弟子無季襄，襄當為哀字之誤也。《史記・仲尼弟子傳》云：『公皙哀字季次。』此言季哀，即季次也。故高《注》云然。按：金鶚《求古錄禮說》九〈孔子弟子考〉：「古人名字，皆相應，哀必有次，故名哀字次。」〈弟子傳〉載孔子之言曰：『天下無行，多為家臣，仕於都，唯季次未嘗仕。』〈游俠傳〉云：季次原憲，『懷獨行君子之德，義不苟合當世』，『終身空室蓬戶，褐衣疏食不厭』。與此說略同。」據此，則季次一說乃魯人。季次事不見於《論語》，〈列傳〉：「惟季次未嘗仕。」稱其字，亦後人筆。

又按：先秦古籍，頗亦有以原憲鮑焦並舉者。《韓詩外傳》卷一：「鮑焦衣弊膚見，挈畚持蔬，遇子貢於道。」則鮑焦亦正與原憲季次同時也。鮑焦「立槁於洛水之上」，其制行亦復與原憲季次相類，惟不列儒籍，後世故少稱述，特附箸於此焉。又有申徒狄抱石投河，《韓詩外傳》記其語，謂：「吳殺子胥，陳殺泄冶。」則申徒亦戰國初年人，與原憲鮑焦相似，或猶稍後也。（《文選》鄒陽〈獄中上書〉，李善《注》，引服虔曰申徒「殷之末世人」，恐難信據。）又《韓非・八說》：「鮑焦華角，天下之所賢也，鮑焦立枯，華角赴河。」華角不知又何人。先秦諸子，僅見名字，不可詳考者，其數實多，此尤學者所當知也。

曾蒧，曾子父。

顏無繇，顏子父。

商瞿，魯人。〈列傳〉

高柴，衛人。《集解》引鄭玄。或說齊人。《正義》引《家語》。

按：自來注家俱以子羔為齊敬仲高傒之後，與《正義》引《家語》正合。鄭說或未確。惟王應麟亦謂是衛人，後居魯。《檀弓》《上下疏》兩引《史》云鄭人，今本無此說。

漆雕開，魯人。《集解》引鄭玄。或說蔡人。《正義》引《家語》。

司馬耕，宋人。《集解》引孔安國。

樊須，齊人，《集解》引鄭玄。或說魯人。《正義》引《家語》。

按：《左傳》哀十一年，齊伐魯，冉有以樊遲為車右，遲先魯師踰溝，遂敗齊人。初，季孫疑其年弱。若遲是齊人，不應自伐宗國。季孫之疑，亦不專以年弱為說。則遲定魯人也。

有若，魯人。《集解》引鄭玄，《正義》引《家語》。

公西華，魯人。《集解》引鄭玄。

巫馬施，魯人。《集解》引鄭玄。《家語》作陳人。據《墨子・耕柱》，巫馬子謂子墨子曰：「我愛魯人於鄒人。」則巫馬氏當魯人矣。

以上略舉〈弟子列傳〉中有行跡可考信者，詳其國邑，知崔說之不可易。蓋孔子轍跡，僅及魯齊衛宋陳蔡，而云適天下，干七十二君。則謂弟子來自遠方，亦正其類。〈列傳〉記諸弟子年歲者，二十餘人，其文當有所本。雖或有誤，大要亦不甚遠。今重為考列如次。

顏回，少孔子三十歲，年二十九髮盡白，蚤死。〈列傳〉

按：當云四十一蚤死，說詳〈考辨〉第二六。

閔損，少孔子十五歲。〈列傳〉

《容齋隨筆》：「《論語》所記孔子與人語，及門弟子，並對其人問答，皆斥其名，未有稱字者。雖顏冉高第，亦曰回曰雍，唯至閔子獨云子騫，終此書無損名。昔賢謂《論語》出於曾子有子之門人，予意亦出於閔氏。」今按：閔子於孔門為前輩，曾子有子皆後進，《論語》尤出於後進弟子之門人，則非亦出於閔氏矣。閔子在當時，豈自以年德見尊異歟？閔子卒年無考。

仲弓，少孔子二十九歲。《索隱》引《家語》。

按：《荀子》書屢稱「仲尼子弓」，楊倞《注》（見〈非相〉）：「子弓蓋仲弓也。」元吳萊亦主其說，俞樾曰：「仲弓稱子弓，猶季路稱子路。子路子弓，其字也，曰季曰仲，至五十而加以伯仲也。」今按：後世常兼稱孔顏，荀卿獨舉仲尼子弓，蓋子弓之與顏回，其德業在伯仲之間，其年輩亦略相當，孔門前輩有顏回子弓，猶後輩之有游夏矣。子曰：「雍也可使南面。」則孔子之稱許仲弓，固甚至也。

又按：《論語》：「逸民：伯夷、叔齊、虞仲、夷逸、朱張、柳下惠、少連。」皇侃《疏》引王弼曰：「朱張字子弓，荀卿以比孔子。」《論語》逸民下序六人，而闕朱張，明取捨與己同也。是以子弓為朱張。王弼之意似指傳《易》之馯臂子弓也。此亦一說，未知孰是。

又按：《論語》：「犁牛之子騂且角。」馯臂疑「騂角」字譌，則子弓仍是仲弓。或言江東楚人，或言魯人，則如子游子張之例，惟朱張無說，仍以存疑可也。

伯牛。

按：《論衡・自紀篇》：「鮌惡禹聖，叟頑舜神，伯牛寢疾，仲弓潔全。」以伯牛為仲弓父。毛奇齡《四書改錯》謂：「以伯牛名犁，其稱犁牛，直指其名與字言，此固無他據，不足道者。」李氏《尚史》、錢氏《養新錄》、沈氏《漢書疏證》諸書，均不信《論衡》此說。《聖門志》，《闕里廣志》稱伯牛少孔子七歲。若伯牛誠是仲弓父，則年亦相當。蓋如顏路曾點而尤早死，故言行少見於《論語》。今王氏說雖無他據，而伯牛之為孔門前輩弟子，則自可信也。

冉求，少孔子二十九歲。〈列傳〉

按：《論語》：「子適衛，冉有僕。」時冉子年二十有六。〈孔子世家〉：魯哀公三年，季康子召冉求，時冉子年三十一。哀公十一年，齊伐魯，戰於郎，冉有有功，遂召孔子，時冉子年三十九。李氏《尚史》引朱庸若曰：「冉有與季路並驅，不當少長二十年。」然由求並驅，在孔子晚年返魯後，固無嫌。《大戴記．衛將軍文子篇》《注》以冉求為冉雍子，恐不可信。

仲由，少孔子九歲。〈列傳〉

按：《左傳》定公十二年，仲由為季氏宰，將墮三都，時子路年四十五。哀公十五年，衛蒯聵之難，子路死之，年六十三。

又按：子路為季氏宰，在定公世。冉有為季氏宰，在哀公世。二子未嘗同仕於季氏。《論語》：「季氏將伐顓臾，冉有季路見於孔子」云云，崔述力辨其誣。毛奇齡《四書改錯》引小邾射來奔事，為孔子反魯後由再仕季之證。又引《韓非子．外儲說右上》「季孫相魯，子路為郈令」，挾粟餐長溝之眾；季孫讓之曰：「將奪肥之民耶？」肥為康子名，為由求共仕康子之旁證。今按：小邾射之事，子路自以為民居國，義當從令，故有「有事小邾，死其城下，不敢問故」之對，不足以為再仕季氏證。至於《韓非》書郈為叔孫氏邑，子路為郈令，又烏得謂再仕康子。又謂孔子駕而去魯，寧有其事？寓言小說，殊不足信。《水經・濟水注》引《韓子》：「魯以仲夏起長溝，子路為蒲宰，以私粟饋眾。」蒲乃衛邑，與魯事益無涉。其說亦不足據。又〈弟子列傳〉：「子路為蒲大夫。」又曰：「為蒲大夫孔悝之邑宰。」蒲本寧氏邑，後歸公叔氏。疑公叔畔後，乃歸孔氏。則為蒲大夫，即孔氏邑宰也。春秋公邑稱「大夫」，私邑稱「宰」。然如陽貨亦稱大夫，則蒲宰亦得稱蒲大夫矣。蒲人嘗圍孔子，故孔子之戒子路曰：「蒲多壯士，又難治也。」

端木賜，少孔子三十一歲。〈列傳〉

按：子貢少顏子一歲，觀孔子與回孰愈之問，見二人在孔門之相伯仲。《禮記・檀弓》：「孔子之喪，門人疑所服。子貢曰：『昔者夫子之喪顏淵，若喪子而無服，喪子路亦然，請喪夫子若喪父而無服。』」又《孟子》云：「昔者孔子歿，三年之外，門人治任將歸，入揖於子貢，相嚮而哭，皆失聲。子貢反，築室於場，獨居三年，然後歸。」全謝山《經史問答》云：「孔子之卒，高第蓋多不在。而三年治任，入揖子貢，是子貢之年最長。其長於子貢而尚在者，惟高柴。哀十七年尚見於蒙之會。又冉有亦尚仕季氏。蓋皆以居官不在廬墓之列。」按：孔子卒，子貢年四十二。

又按：子貢，衛人，少孔子三十一歲。孔子為魯司寇，子貢年二十。孔子去魯之衛，子貢年二十四。疑子貢從遊，蓋在孔子至衛後。《左傳》：「定公十五年春，邾隱公來朝，子貢觀焉。邾子執玉高，其容仰，公執玉卑，其容俯。子貢曰：『以禮觀之，二君皆有死亡。君為主，其先亡乎？』夏五月，公薨。仲尼曰：『賜不幸言而中，是使賜多言者也。』」此正似子貢初從孔子後語。時子貢年二十六。蓋至魯觀禮，歸而言之孔子，非孔子亦以是年反魯也。其後孔子困於陳蔡之間，顏淵子貢子路從。及孔子反衛，而子貢去衛仕魯。《左傳》哀七年會吳於鄫，季康子使子貢對太宰嚭，是子貢仕魯之證也。十一年，艾陵之役，代叔孫對吳王。十二年，會槖皐，魯使子貢辭尋盟。又說太宰嚭舍衛侯。十五年冬，從子服景伯如齊，陳成子以子貢言歸魯成。自七年至此，子貢仕魯已九年。《鹽鐵論》：「孔悝之亂，子貢子皋遁逃，不能死其難。」此說殊無根據，不可信。翌年，魯哀公十六年，夏，孔子卒；子貢廬墓六年而去，當在哀公二十一年。其後遂歸衛。《左傳》：「哀二十六年，衛出公自城鉏使以弓問子贛，且曰：『吾其入乎？』子贛對曰：『臣不識也。』私於使者曰」云云，是其時子貢仕於衛。翌年，「越后庸盟魯於平陽，季康子病之，思曰：『子贛若在此，吾不及此。』武伯曰：『然，何不召？』曰：『吾將召之。』」其後子貢事無考。《史記・貨殖傳》謂：「子贛既學於仲尼，退而仕於衛，廢著鬻財於曹魯之間。七十子之徒，賜最為饒益。」然考《論語》孔子曰：「賜不受命而貨殖焉，臆則屢中。」是子貢貨殖，孔子已言之。據子貢前後行跡考之，其鬻財曹魯之間，或在其仕魯之際。其仕衛已在孔子卒後，《史記》之說，不足盡據。〈列傳〉謂子貢卒於齊，其年亦無考。

言偃，少孔子四十五歲。〈列傳〉

按：孔子反魯，子游年二十三。蓋其從遊當在孔子反魯後也。閻若璩《四書釋地三續》：「孔子厄於陳蔡，年六十三，時子游年僅十八，子夏年十九耳，而既以文學名。」此閻氏誤讀《論語》「從我於陳蔡」以下兩章為一章，故云爾。又《家語》：「孔子為魯司寇，與於蜡，既賓，事畢，乃出遊於觀之上，喟然而歎。言偃侍。」〈禮運〉《注》亦謂：「孔子仕魯，在助祭之中。」考孔子年五十一為司寇，子游年六歲，孔子五十五歲去魯，子游年十歲，孔子與語「大同」、「小康」，有是理乎？後人猶有信〈禮運〉大同為真孔子當日之言者，皆坐不知論世考年之咎。

卜商，少孔子四十四歲。〈列傳〉

按：游夏在孔門相伯仲，猶回賜也。晚年為魏文侯師，詳〈考辨〉第三九。又按：〈檀弓〉：「昔者夫子失魯司寇，將之荊，蓋先之以子夏，又申之以冉有，以斯知不欲速貧也。」其語不足信。何者？孔子去魯，在定公十三年；至楚，在哀公六年。其間年月甚遠。且去魯乃之衛，非之荊。一也。冉有以魯哀三年自陳召還，不得復使荊。二也。〈孔子世家〉云：「楚使人聘孔子，孔子將往拜禮，陳蔡用事大夫發徒役圍之，於是使子貢至楚。楚昭王興師迎孔子，然後得免。」陳蔡之圍，與昭王之迎，既均不足信，則子貢之使亦不足信。三也。此又云子夏。孔子厄於陳蔡，子夏年十九，蓋尚未從遊，又不聞子夏長於聘使專對。其時既年少，孔子何特使之為先容？四也。臧庸《拜經日記》疑子夏當為子貢之譌，其說亦無據。陳玉澍《卜子年譜》駁之，益無聊。金鶚鄭環以子夏從游陳蔡疑其年，亦誤。今定子夏從游在孔子歸魯後，則諸說皆可無辨。崔述云：「〈檀弓篇〉所記舛謬殊多，而此章所載曾子速貧速朽之說，尤不近於理，必後人所妄撰。」《洙泗考信錄》卷二「蓋自孔子歿後，諸弟子之門人，各私其師，故多自尊其師之說，而譏他人，因而撰為此等語耳。」《洙泗考信錄・餘錄》不足信，五也。然崔氏既論此章不足信，又據先之以子夏申之以冉有之語，證其時冉有尚從孔子未歸魯，何也？《韓詩外傳》有「衛靈公使人召勇士，道遭行人卜商」云云，子夏與衛靈公年不相及，《外傳》妄也。陳氏《年譜》強改靈公為出公，又謂事之有無不可論也，殊牽強。《年譜》其他多類此，不盡辨。

顓孫師，少孔子四十八歲。〈列傳〉

按：〈弟子列傳〉「子張從在陳蔡間，因問行」云云，《濾南集・辨惑》曰：「子張問行，孔子語以忠信篤敬，此平居所講明。《史記》因陳蔡之困而發，何所據耶？」翟灝《四書考異》亦辨之云：「陳蔡之厄，孔子年六十三。子張少孔子四十八歲，時才十五歲也。史文豈可盡信？」今按：孔子六十八返衛，子張亦纔二十歲。則其從遊，蓋在孔子自衛歸魯之後。《韓非・顯學篇》：「孔子之死，儒分為八，有子張之儒。」子張亦能別立宗派，而其學說少所考見，可嘅也。子貢問師商孰賢，以二人為後進，子貢先達，見後進之賢而問此。〈檀弓〉：「子張死，曾子有母之喪，齊衰而往哭之。」則子張先曾子卒，殆非高壽。據《掘坊志》，子張卒年五十七，則魯悼之二十一年也。

又按：《史記・儒林傳》：「孔子卒後，七十子之徒，散遊諸侯，大者為師傅卿相，小者友教士大夫，或隱而不見。故子路居衛，子張居陳，澹臺子羽居楚，子夏居西河，子貢終於齊。」子路已先孔子而卒。子張之死，曾子往哭，似子張卒於魯。史公既稱子張陳人，又稱孔子卒而子張居陳，殆不可信。

《孟子・盡心篇》：「如琴張曾晳牧皮者，孔子之所謂狂矣。」琴張之名，又見《左》

昭二十年《傳》：「琴張聞宗魯死，將往弔之。」賈逵鄭眾以琴張為顓孫師。服虔駁之云：「子張少孔子四十餘歲，孔子是時三十一，未有子張。」趙岐注《孟子》，亦以琴張為子張，云：「子張善鼓琴，號曰『琴張』。」蓋本賈鄭。今按：牧皮無考。近人馬敘倫《莊子義證》疑牧皮即孟子反。謂「牧」、「孟」音同明紐，「皮」、「反」形既相似，聲亦歌元對轉，其說蓋信。曾皙，曾參父，年或稍後於子路。據《論語》「侍坐」章。最多不後孔子二十歲，於子張乃父行。孟子先琴張次及曾皙，則琴張非子張，當與子路曾皙之儔同輩行也。莊子云：「子桑戶孟子反子琴張三人相與友。子桑戶死，孔子使子貢往侍事。」「桑戶」〈山木篇〉作「桑雽」；《楚辭・涉江》作「桑扈」，云：「接輿髡首，桑扈臝行。」或謂即《論語》之子桑伯子，所謂太簡者也。《說苑・脩文》記其不衣冠而處，即〈涉江〉所云「臝行」也。孟子反疑即《論語》之孟之反。又見《左》哀十一年《傳》：「奔而殿，將及門，策馬，曰非敢後。」者。琴張與桑戶孟反為友，又為輩行前於子張之證。時冉有使樊須御，季孫嫌其年少。子張與樊遲同輩，年又稍後，則決非琴張矣。即謂琴張以善鼓琴得名，非氏琴，亦不必即為子張。王肅《偽家語》以琴張為琴牢；《漢書・人表》琴張在四等，今作琴牢，王引之已辨正。游夏子張皆少孔子四十餘歲。金鶚皆疑謂「少孔子三十餘歲」，誤也。又前後引金鶚，皆見《求古錄禮說》。

曾參，少孔子四十六歲。〈列傳〉

按：曾子於孔門為後進，孔子死，曾子年僅二十七。《顏氏家訓．勉學》：「曾子七十乃學，名聞天下。」孫志祖《讀書脞錄》疑「七十」為「十七」之譌。今按：曾子年十七，乃孔子自楚反衛之歲，豈曾子是時始從孔子於衛乎！孔子稱「參也魯」，門人記德行、言語、政事、文學四科，無曾子。則曾子之在孔門，未必夙為群弟子所推尊。其後游夏子張欲尊有子為師，強曾子，曾子不肯，其時猶不見尊曾子。曾子既為魯費君所重，其子曾申又見崇於魯繆。吳起出曾氏門，顯名楚魏。至孟子推尊曾子，後世因謂其獨得孔門一貫之傳，實不然也。《韓詩外傳》稱：「曾子仕於莒，得粟三秉。後齊迎以相，楚迎以令尹，晉迎以上卿。」卷一又稱：「仕齊為吏，祿不過鍾釜。後南遊楚，得尊官。」卷七然據〈檀弓〉「易簀」之言，曾子未必為尊官。《荀子．大略》有晏子送曾子，楊倞已辨之，《晏子春秋》、《說苑》皆有之。古書多沿襲，不足怪。又《小戴記．曾子問》，有衛靈公弔季桓子，靈公卒季孫前，其語益不信。參讀〈考辨〉第四。

曾蒧。

〈檀弓〉：「季武子卒，曾點倚其門而歌。」閻若璩《四書釋地又續》辨之云：「《春秋》昭公七年，季孫宿卒，孔子年十七。曾點少孔子若干歲，未可知。然《論語》敘其坐次，後於子路，則必少九歲以上也可知。孔子年十七時，子路甫八歲，點實不過六歲七歲孩童耳，烏得有倚國相之門，臨喪而歌之事？〈檀弓〉多誣，莫此為甚。」

澹臺滅明，少孔子三十九歲。〈列傳〉

按：《論語》子游為武城宰，始識滅明，則滅明從遊在孔子晚年也。〈列傳〉云：「既已受業而退，脩行，行不由逕，非公事不見卿大夫。」與《論語》相舛，疑失之。又云：「南遊至江，從弟子三百人，設取予去就，名施乎諸侯。孔子聞之，曰：『吾以言取人，失之宰予；以貌取人，失之子羽。』」今按：武城近吳，吳滅，與越鄰。越以新興，禮賢下士，墨子弟子多游越者。〈儒林傳〉：「孔子卒後，子羽居楚。」楚越鄰國，子羽南遊至江，容有其事。然孔子當不及聞其顯。「以言取人，失之宰予」語既不足信，詳〈考辨〉第二七。則「以貌取人，失之子羽」者，亦後人之虛造也。子羽稱字亦後人筆。

宓不齊，少孔子四十九歲。〈列傳〉或說少三十歲。《索隱》引《家語》。

崔述云：「孔子稱子賤，君子哉若人。魯無君子者，斯焉取斯？則是子賤已成德矣。其親師取友，已歷有年矣。而〈列傳〉謂其少孔子四十九歲，則當孔子卒時，年僅二十有五，成德安能如是速乎？」金鶚亦辨之。據此，則《家語》之年為當也。《志疑》云：「《索隱》引《家語》作『少孔子四十九歲』，與《史》同。今所傳毛本《家語》無『九』字，《索隱》引《史》作『三十』，並誤。又各本《史記》改《索隱》元文曰《家語》『少孔子三十歲』。此云三十九，不仝，妄也。」今按：〈弟子傳〉《索隱》引《家語》注年數者，或注不同，或以補缺。若曰與《史》同，則顏子以下，何不逐人為注，獨於子賤下此一條？疑未允也。此正是今傳《家語》誤取《史》年耳，不當轉疑《索隱》之非元文。又按：子羔《史》云「少孔子三十歲」，今《家語》作四十。疑毛本以子羔誤子賤而錯校者。

《漢・藝文志》有《宓子》十六篇，《論衡・本性篇》云：「宓子賤漆雕開公孫尼子之徒，亦論情性，與世子相出入。」葉德輝曰：「《韓非・外儲》、《呂覽》、《新書》、《淮南子》、《韓詩外傳》、《說苑》、《論衡》、《家語》《注》及宓子賤語，皆治單父時事，當在十六篇中。」

《韓非子・難言篇》：「宓子賤西門豹不鬬而死人手。」《宋書》：「畢萬保軀，宓賤殘領。」則宓子蓋不得其死者。李氏《尚史》不之信，而亦無說。

顏無繇，少孔子六歲。《索隱》引《家語》。

商瞿，少孔子二十九歲。〈列傳〉

葉夢得云：「自司馬遷以來，學者皆言孔子傳《易》商瞿。瞿本非門人高第，略無一言見於《論語》。性與天道，子貢且不得聞，而謂商瞿得之乎？」今按：據〈列傳〉，瞿年長於回賜，其從遊當不在後。而孔子晚年喜《易》，瞿得其傳，亦當在孔子晚世。則瞿之從學久矣，而顧無一語見於《論語》，又不見於其後群弟子之稱述，則其人尚在若有若無間，遑論傳《易》之事哉？〈列傳〉又云：「商瞿年長無子，孔子曰：『無憂。瞿年四十後，當有五丈夫子。』已而果然。他日，弟子以問有若，有若不能對，遂斥其師座。」其語荒誕，不足信。今《家語》有：「梁鱣年三十未有子，欲出妻，瞿曰：『昔吾年三十八無子，孔子曰：「無憂，過四十當有五丈夫。」今果然。恐子自晚生耳，未必妻之過。』」此又襲《史記》而益謬。據〈列傳〉梁鱣商瞿同年。瞿有五子，鱣年何得僅三十？即如今《家語》謂鱣年少瞿十歲，則鱣三十，瞿年恰四十，豈得謂夫子「五丈夫子」之言果然？此殊不足辨，姑舉以見偽書之多謬耳。《論衡》有「孔子病，商瞿卜」云云；《御覽》引《莊子》則云「孔子病，子貢出卜」，皆《論語》子路請禱之訛。

高柴，少孔子三十歲。〈列傳〉

按：據此則高子顏子同年也。《論語》：「子路使子羔為費宰，子曰：『賊夫人之子。』」崔述云：「此事當在子路為季氏宰之時。魯定公五年，公山不狃以費宰見於《傳》，至十二年奔齊，而費始無宰。然則子羔之舉，當在季氏初墮費之後也。」今按：魯定公十二年，子羔年二十四，故孔子曰「賊夫人之子」矣。哀十五年，衛蒯聵之難，子路死之，子羔則去，時年四十二。子羔去衛，遂重仕於魯。《左傳》哀十七年，「公會齊侯盟於蒙，孟武伯相，問於高柴」云云，其證也。崔述云：「《論語》子羔僅兩見，皆非美辭。然其事旁見於傳記者不一，其言亦有足多者。蓋子羔年少，其仕魯在孔子卒後，是以不著於《論語》耳。」余意子羔長於子貢，不得謂年少。《論語》載孔門諸弟子言行，自有詳略，亦不得以年少為說。

樊須，少孔子三十六歲。〈列傳〉

按：《左傳》：「哀公十一年，魯及齊師戰於郊，冉求帥左師，樊遲為右。季孫曰：『須也弱。』有子曰：『就用命焉。』」其時樊遲年三十二，不可謂弱。文十二年《傳》，「有寵而弱」；十四年《傳》，「穀之子

弱」；成二年《傳》，疑當少孔子四十六歲，時年二十二也。今《家語》正作「少四十
「二君弱」。皆謂年少。六」。費氏《門人考》依之。

有若，少孔子十三歲。〈列傳〉或說少三十三歲。《正義》引《家語》。又《論語》邢《疏》引《史記》作「少四十三歲」。

崔述云：「吳之伐魯也，微虎欲宵攻王舍，有若踊於幕庭，當是少壯時事。而〈列傳〉謂其少孔子十三歲，則當時已五十有四，力已衰矣。又不應孔子在時，無所表見，至孔子沒後，而與諸弟子問答甚多也。」金鶚亦有辨。據此則《家語》之年為當。微虎之事在魯哀公八年，有子蓋年二十四。〈檀弓〉載：「有若之喪，悼公弔焉，子游擯。」是有子卒在悼公世，先子游。據言氏《舊譜》，子游卒年六十四，若其說可信，則為魯悼公之二十五年，而有若猶在前。

顧氏《日知錄》：「孟子言：『他日，子夏子張子游以有若似聖人，欲以所事孔子事之，彊曾子，曾子不可。』」慈谿黃氏曰：「有若雖不足以比孔子，而孔門之所推尚，一時無及有若可知。」愚按：《論語》首篇，即錄有子之言者三，而與曾子並稱「曰子」，門人實欲以二子接孔子之傳者。傳記言，孔子之卒，哀公誄之；有若之喪，悼公弔焉。其為

魯人所重，又可知矣。又曰：孟子不曰「有若似孔子」，而曰「有若似聖人」，《史記》乃云「有若狀似孔子」，謬甚。

又按：〈列傳〉有有若不能對弟子問，因而撤座之說。洪邁《容齋隨筆》辨之云：「此兩事近於星曆卜祝之學，何足以為聖人，而孔子言之？有若不能知，何所加損，而弟子遽以是斥退之乎？孟子稱游夏子張以有若似聖人，欲以所事孔子事之，曾子不可，未嘗深詆也。《論語》記有子之言為第二章，在曾子前。〈檀弓〉載子游曰：『有子之言似夫子。』其為門弟子所敬久矣。太史公之書，於是為失。」

公西赤，少孔子四十二歲。〈列傳〉

崔述云：「《論語》多以子路冉有並稱。季康子問從政，以由賜求，孟武伯問仁，以由求赤，其年皆似不甚遠。而〈列傳〉謂子路少孔子九歲，冉有少二十九歲，子貢少三十一歲，公西華少四十二歲，年之相隔太遠，恐未必盡然。」金鶚云：「《論語》子華使於齊，冉子與其母粟五秉，即夫子之粟。此蓋夫子為司寇時，故有粟如此之多。又與原思為宰同時，故類記之也。原注：毛西河說如此。若少孔子四十二歲，則是時方十二三歲，安能出使乎？『四』字或為『三』字之譌。」按：閻若璩《四書釋地續》，疑「子華使齊在孔子自衛反魯後，赤年將三十，求仕季孫久，已富而粟多耳」。不悟孔子使子華，何需冉有季氏之粟？且亦與四子言志之文不合。閻說非也。子路曾晳冉有公西華侍坐，此以齒序。冉有少二十九，子華少三十二，序於冉有之下，亦自合也。」今按：金說甚是。《論語》「侍坐」章當在子路為季氏宰之先。今姑以魯定公十一年，當墮三都前一年。時孔子年五十三，子路年四十四，曾晳年當三十許，冉有年二十四，則子華年二十一也。〈檀弓〉：「孔子之喪，公西華為志。」時年四十一。

原憲，少孔子三十六歲。《索隱》引《家語》。

按：《論語》「原思為之宰」，包咸《注》：「孔子為魯司寇，以原憲為家邑宰也。」崔述《洙泗考信錄》、狄子奇《孔子編年》皆從之。其說蓋信。孔子年五十一，為司寇，原憲時年十五，是亦有誤。三十六或當作二十六。金鶚亦有辨。

漆雕開，少孔子十一歲。《正義》引《家語》。

按：《論語》：「子使漆雕開仕，對曰：『吾斯之未能信。』子悅。」宋氏《過庭錄》謂：「『吾』疑『启』字之訛。『啟』古字作『启』，漆雕子名，避景帝諱作開。」玩其語氣，漆雕年當遠後於孔子，不止少十一歲也。《韓非・顯學篇》云：「孔子之死，有漆雕之儒。」漆雕亦與子張諸人同其輩行，於孔門為後起，故能於孔子卒後別啟宗風，自闢戶牖。若其年與孔子相隨，則孔子沒後，為時亦不能有久，無緣自成宗派矣。韓非所舉八家中，惟顏子乃孔門前輩弟子，此由後儒推托，與顓孫漆雕之自闢蹊徑者不同。《韓非》又云：「漆雕之議，不色撓，不目逃。行曲則違於臧獲，行直則怒於諸侯。世主以謂廉而禮之。」《孟子》亦云：「北宮黝之養勇也，不膚撓，不目逃。思以一毫挫於人，若撻之於市朝。不受於褐寬博，亦不受於萬乘之君。視刺萬乘之君，若刺褐夫。無嚴諸侯，惡聲至，必反之。」又曰：「曾子謂子襄曰：『吾嘗聞大勇於夫子矣：自反而不縮，雖褐寬博，吾不惴焉；自反而縮，雖千萬人，吾往矣。』」此皆所謂漆雕儒之風也。陶潛《聖賢群輔錄》：「漆雕氏傳禮為道，為恭儉莊敬之儒。」《墨子・非儒篇》云「漆雕形殘」，《孔叢子》作「漆雕開形殘」，則知《韓非》漆雕之為漆雕開也。孫詒讓《閒詁》曰：「〈孔子弟子列傳〉尚有漆雕哆漆雕徒父二人。此所云或非開也。《孔叢》偽託不足據。」又曰：「《韓非・顯學》『漆雕之儒』，亦非漆雕開明甚。」今按：《孔叢》固不可盡據，然非別有確證，亦何以知此漆雕之決不為開乎？孫辨亦失之於固矣。

《漢・志》有《漆雕子》十二篇，列曾子後，宓子前，疑其年世亦當在曾宓之間。《漢・志》每有自後至先為列者，此其例也。班《注》：「孔子弟子漆雕啟後。」宋翔鳳《論語發微》謂「後」字當衍是也。《正義》引《家語》或脫一「四」字，少孔子四十一歲，差為近之。

崔述云：「《春秋傳》多載子路冉有子貢之事，而子貢尤多，曾子游夏皆無聞焉。《戴記》則多記孔子沒後曾子游夏子張之言，而冉有子貢罕所論著。蓋聖門中子路最長，閔子仲弓冉有子貢則其年若相班者。孔子在時，既為日月之明所掩；孔子沒後，為時亦未必甚久。而子貢當孔子世，已顯名於諸侯，仕宦之日既多，講學之日必少，是以不為後學所宗耳。若游夏子張曾子，則視諸子為後起，事孔子之日短，教學者之日長，是以名言緒論，多見於孔子沒後也。」今按：崔說甚是。余考孔門弟子，蓋有前後輩之別。前輩者，問學於孔子去魯之先，後輩則從遊於孔子返魯之後。如子路、冉有、宰我、子貢、顏淵、閔子騫、冉伯牛、仲弓、原憲、子羔、公西華，則孔門之前輩也；游、夏、子張、曾子、有若、樊遲、漆雕開、澹臺滅明，則孔門之後輩也。雖同列孔子之門，而前後風尚，已有不同。由，求，予，賜志在從政，游，夏，有，曾乃攻文學，前輩則致力於事功，後輩則研精於禮樂。此其不同一也。故子路之言曰：「有民人焉，有社稷焉，何必讀書，然後為學？」冉有則曰：「如其禮樂，以俟君子。」冉子又曰：「非不悅子之道，力不足也。」「道」即指禮樂文章。宰予自哀公六年即從陽生仕齊，歷八年之久。子貢務貨殖，鬻財曹魯間，二人同列言語之科，應對使命，皆不專事於學。至子游為武城宰，乃有弦歌聲。故子曰：「先進於禮樂，野人也；後進於禮樂，君子也。」劉逢祿《論語述何》云：「此章類記弟子之言行，夫子所裁正者。先進謂先及門，如子路諸人，志於撥亂世；後進謂子游公西華諸人，志於致太平。」此以先進後進為及門之先後是也。惟以公西華為後進，則誤。子華願為小相，亦先進之志於事功者。故孔子曰：「三年學，不志於穀，不易得也。」又曰：「冉求之藝，文之以禮樂。」此為先進言之也；曰：「如用之，則吾從先進。」此為後進言之也。所謂言各有當，非一端也。孔門四科，德行顏閔冉伯牛仲弓，言語宰我子貢，政事冉有季路，文學子游子夏。此惟文學一科屬後進，餘則皆先進。顧先進弟子，亦未必皆汲汲仕進。如顏子陋巷，孔子最所稱許。季氏使閔子為費宰，則曰「善為我辭」。〈列傳〉亦稱其不仕大夫，不食汙君之祿。今《家語》謂閔子騫為費宰，問政於孔子。《大全辨》謂是孔子為魯司寇，桓子未墮費前。今按：其說妄也。時居費者乃公山不狃，閔子何嘗為費宰？「雍也可使南面」，雖為季氏宰，無所表見，殆亦勇退者流。冉伯牛少可稱述，而居德行之科。後進則風氣又異。漆雕開立議不辱，澹臺子羽設取予去就。子張堂堂，故為難能。樊遲小人，乃問稼圃。大抵先進渾厚，後進則有棱角。先進樸實，後進則務聲華。先進極之為具體而微，後進則別立宗派。先進之淡於仕進者，蘊而為德行。後進之不博文學者，矯而為瑋奇。此又孔門弟子前後輩之不同，而可以觀世風之轉變，學術之遷移者也。

孔子曰：「天下無行，多為家臣，仕於都，唯季次未嘗仕。」其見於〈列傳〉者：冉求為季氏宰；仲由為季氏宰，又為蒲大夫，為孔悝之邑宰；宰我為臨淄大夫；端木賜常相魯衛；子游為武城宰；子賤為單父宰；高柴為費郈宰。其見於《論語》者：原思為孔氏宰；子夏為莒父宰。可以見孔門之多為家臣。

孔子弟子，多起微賤。顏子居陋巷，死有棺無槨。曾子耘瓜，其母親織。閔子騫著蘆衣，為父推車。仲弓父賤人。子貢貨殖。子路食藜藿，負米，冠雄雞，佩猳豚。有子為卒。原思居窮閻，敝衣冠。樊遲請學稼圃。公冶長在縲絏。子張魯之鄙家。雖不盡信，要之可見。其以貴族來學者，魯惟南宮敬叔，宋惟司馬牛，他無聞焉。孔子亦曰：「吾少也賤。」其後親為魯司寇，弟子多為家臣，邑大夫。晚世如曾子子夏，為諸侯師，聲名顯天下。故平民以學術進身而預貴族之位，自儒而始盛也。

三〇 孔門傳經辨

〈弟子列傳〉有商瞿，記傳《易》系統。余考孔子以前，無所謂六經也。孔子之門，既無六經之學，諸弟子亦無分經相傳之事。自漢博士專經授受，而推以言先秦，於是曾思孟荀退處於百家，而孔子之學乃在六藝，而別有其傳統。而孔門之與儒學，遂劃為兩途。茲姑就其傳統諸說辨之，亦孔門一重公案也。

漢儒傳經之說，有可信，有不可信。《史記．儒林傳》記漢儒傳經，言《詩》於魯則申培公，於齊則轅固生，於燕則韓太傅。言《尚書》自濟南伏生。言《禮》自魯高堂生。言《易》自菑川田生。言《春秋》，於齊魯自胡母生，於趙自董仲舒。此可信者也。蓋自秦人焚書，又經陳項之亂，書籍散亡，學者亦稀。漢興，乃有一二大師，出為教授，始有傳統可言。史公本所見聞，記其源流，自可信據。至推而上之，謂某經自孔子若干傳至某師云云者，大率妄造假託，不可信也。

言孔門傳經系統，莫詳於《易》。史遷云：「自魯商瞿受《易》孔子，孔子卒，商瞿傳《易》六世，至齊人田何。」此有可疑者：《易緯．乾鑿度》曰：「仲尼生不知《易》本，偶筮其命，得〈旅〉，請益於商瞿氏。」則謂商瞿乃孔子前輩，孔子向之請益，決非少孔子二十九歲之弟子。二說乖僢，同為無根，可疑一也。孔子晚年治《易》，既所重視，其實此說亦不足信。傳之商瞿，則瞿亦孔門高足。其年事長於回賜，於游夏為前輩，何以姓名獨不一見於《論語》？孔子沒後，諸弟子論學，亦絕不及商瞿，可疑二也。石林葉氏云：「自司馬遷以來，學者皆言孔子傳《易》商瞿，瞿本非門人高第，略無一言見於《論語》。性與天道，子貢且不得聞，而謂商瞿得之乎？」則前人已疑之。《史記》云：「孔子傳《易》於瞿，瞿傳楚人馯臂子弘，弘傳江東人矯子庸疵，疵傳燕人周子家豎，豎傳淳于人光子乘羽，羽傳齊人田子莊何。」而《漢書·儒林傳》則云：「瞿傳魯橋庇子庸，子庸授江東馯臂子弓，子弓授燕周醜子家，子家授東武孫虞子乘，子乘授齊田何子裝。」不但姓名里居不同，傳授先後亦互異，可疑三也。即謂馬班二氏當有一誤，然孔子六經，何以無子游傳《禮》至二戴，子夏傳《春秋》至嚴顏云云，而顧於《易》之傳統，獨班班若是？可疑四也。荀謂：「秦人禁學，獨《易》為卜筮書，得不禁，故傳授者不絕。」《史記·儒林傳》然其他五經傳統雖絕，其秦前大師遞受必有可考，不應均無稽。可疑五也。且孔子九世孫鮒為陳涉博士，而田何當漢興，距孔子僅七世。時壽又不符。崔適《史記探源》云：「瞿少孔子二十九歲，是生於魯昭公十九年。至漢高九年，徙齊田氏關中，計三百二十六年。而商瞿至田何止六傳。是師弟子之年，皆相去五十四五。師必年逾七十而傳經，弟子皆十餘歲而受業，乃能幾及。其可信耶？」此可疑者六也。《韓非·顯學》：「儒分為八。」有公孫氏之儒，陶潛《群輔錄》：「公孫氏傳《易》。」《晉書》太康二年，汲郡人不準發魏王冢，得竹書《易》五篇，公孫段與邵陟論《易》二篇；朱彝尊《孔子門人考》謂公孫段即八儒傳《易》者。今按：據上諸書，又見商瞿傳《易》之無徵，公孫段亦未必孔子弟子，蓋七十子之後學也。

《易》統之說既興，其後乃有《詩》統。《經典釋文・毛詩》徐整云：「子夏授高行子，高行子授薛倉子，薛倉子授帛妙子，帛妙子授河間大毛公，大毛公以授小毛公，為河間獻王博士。」考河間獻王立於景帝二年，子夏少孔子四十四歲，則生於魯定公二年，相距三百五十八年。而子夏至小毛公僅五傳，其不可信，尤遠甚於商瞿之與田何矣。或說：「子夏傳曾申，申傳魏人李克，克傳魯人孟仲子，孟仲子傳根牟子，根牟子傳孫卿子，孫卿子傳魯人大毛公。」二說名字年代絕不同，雖後說世隔差似，而子夏與李克同世，曾申雖同時，輩行不先於克，云「子夏傳曾申，申傳李克」，亦已謬。至孟仲子，或謂乃孟子從昆弟，學於孟子，趙岐或云乃子思之弟子，《孟氏譜》又無可據信。《日知錄》卷七：《詩・維天之命》傳，〈閟宮〉傳，皆引孟仲子曰。《正義》引趙岐云：『孟仲子，孟子從昆弟，習於孟子者也。』《譜》云：孟仲子者，子思弟子，蓋與孟軻共事子思，後學於孟軻，著書論詩，毛氏取以為說。則又有孟仲子之書。」今按：孟子尚不及師子思，遑論其昆弟？李克子思同時，亦不得為仲子師。

今考《史記》無《毛詩》。班氏〈藝文志〉、〈儒林傳〉但言毛公，無名。鄭康成《詩譜》有大小毛公。見《毛詩・周南》《正義》。陸璣《毛詩草木鳥獸蟲魚疏》有毛亨毛萇，其後又為毛萇。遞相增益，已增疑難。必遠溯《毛傳》迄於子夏，實為渺茫。

蓋《周易》本不與《詩》《書》同類，故秦人焚書不之及。而漢初之傳授獨廣，故乃最先有孔門傳統之說。及漢武立五經博士，而《毛詩》猶晚出，故亦詳其傳受，以自引重。凡今之所以證彼之偽者，皆彼往昔之所以自鳴其真者也。

其他傳統不可信，有《春秋》三傳。徐彥《公羊疏》引戴宏，謂：「子夏傳公羊高，高傳其子平，平傳子地，地傳子敢，敢傳子壽。至漢景時，壽乃與齊人胡母子都著於竹帛。」何休之注亦同。則子夏以後，公羊乃傳於一家，又五傳而已至漢景時也。《公羊》傳統之不可信，明矣。

按：公羊一姓，自傳《春秋》外，惟一見於〈檀弓〉，有公羊賈。洪頤煊《經義叢鈔》謂：「公羊賈疑即《論語》公明賈。（沈欽韓《漢書疏證》亦有此說。）「明」古讀如「芒」，與羊聲相近。春秋家公羊高，亦即《孟子》所謂公明高也。」日人武內義雄著〈孟子與春秋篇〉，（見《支那學》第四卷。）推引洪說，謂：「公羊地即公明地。董仲舒《春秋繁露．俞序》有子池，『池』、『地』二字形近易誤，蓋即其人。又『池』字為『沱』之異體，則公明沱即公明儀，『儀』與『沱』亦聲近也。」今按：公明高為曾子弟子，見《孟子．萬章上》《注》。公明儀與曾子問答，見《小戴．祭義》、《大戴．曾子大孝》。鄭玄《注》亦謂公明儀曾子弟子。若洪氏武內氏之說可信，則公明高公明儀同為曾子弟子，未見其相為祖孫也。且既同出曾氏之門，何以又謂「受《春秋》於子夏」？又公明高弟子長息，當魯穆公時，與子思同世。蓋公明儀公明高年輩，皆當在曾思之間。又《莊子．馬蹄》「義臺路寢」，章炳麟《解故》謂：「義」借為「巍」，「巍巍」即「峨峨」也。是「儀」得有「高」義。以古人名字相訓之例推之，則公明高或即公明儀，《說苑．脩文》有孟儀問曾子疾，即公明儀（墨子與公孟子義問答，亦即公明儀也。）《說苑》又有公明宣亦學於曾子，則當是別一人矣。又訛而為公明沱公明地。此猶如穀梁赤又名穀梁俶，穀梁寘也。惟穀梁子尚知其為一人，而公羊則一人而訛為數世耳。今《公羊傳》稱公羊子與引子沈子子司馬子子女子同類。漢初舉其書，或言《春秋》，或言《傳》，並不繫諸公羊。則知造為公羊一家數世之傳統說者亦妄也。

應劭《風俗通》謂：「子夏傳穀梁赤，一傳而為荀卿，荀卿傳申公。」楊《疏》是子夏三傳而至漢也。《穀梁》傳統之不可信，又明矣。《漢・志》本注：「穀梁子魯人。」師古曰：「名喜。」晁氏云：「應劭《風俗通》稱穀梁名赤，子夏弟子。糜信則以為秦孝公同時人。阮孝緒則以為名俶，字元始，皆未詳也。」崔述云：「說穀梁者，名既不同，世亦互異，學者將何以為據乎？蓋戰國以後，簡殘文絕，傳穀梁者莫詳其初，各以意坿會之為說，是以參差而不一耳。不但《風俗通》諸書不可信，即《漢・志》之注，亦未有以見其必然也。」日人武內義雄論穀梁氏名字，（見《支那學》四卷〈孟子與春秋篇〉。）則云：「其名當為俶，訓始，故字元始。楊士勛《疏》作淑，乃俶字之誤寫。俶字又單作叔，古文作尗，與赤形近而誤。又王充云，穀梁名寘，則以淑實音近，寘又自實誤也。」惟於「顏氏名喜」一注仍無說。近人吳承仕檢齋則謂：「尗與赤聲相近，寂寞之宋前歷反，赤音昌石反，是其比。尗又與喜聲近，饎昌志反，字亦作𩚀，與饎同音。寘即置之異文，置喜同部，赤淑俶寘喜五文聲轉通作，故字異而人同。」（《經典釋文敘錄疏證》）觀其一名之紛綸，即知非確有師承傳統，歷先秦迄漢弗絕矣。

《論語》孔子稱左丘明，其人蓋隱君子，而為孔子之前輩。故記者以之與夷齊微生高諸人並列，猶其前之以孔文子子產晏平仲臧文仲令尹子文陳文子季文子甯武子諸人並列也。明非孔門弟子。杜氏《集解》謂左邱明受經於孔子，可謂無根之談。論《左氏春秋》傳統，參讀〈考辨〉第六七及一四七諸篇；論《公》《穀》傳統，參讀〈考辨〉第九〇。

《書》之傳統見於《孔叢子》。然《孔叢》書不可信，其言尤不足辨。《禮》、《樂》、《論語》無傳統。《小戴禮・雜記》：「恤由之喪，哀公使孺悲之孔子，使學『士喪禮』，士喪禮於是乎書。」知《儀禮》尚出孔子後。

大抵史遷言漢初傳經本師，其可信者也。諸師或出荀子之門，則有可信，有不可信。荀子在漢時為近古大儒，其弟子李斯，當秦政，荀學獨得勢。謂漢人多傳荀子學，可也。謂由荀子傳孔門之經藝於漢，則非也。且學者傳經，好推本大儒以自重，亦人情。漢儒亦未必傳荀子之學，特口說心測，而引荀子為門面耳。故《小戴記》多載荀說，而亦主性善。董仲舒作書美荀子，而其治《公羊》，則講災異。劉向《別錄》稱張蒼親為荀子弟子，傳《左氏春秋》，然其言五德之運，可謂傳鄒衍，不傳荀卿也。向《別錄》又謂蒼傳洛陽賈誼，然《史》稱蒼絀賈生公孫臣等言正朔服色事，則張賈之傳受亦虛。要之荀子斥禨祥，而漢儒信緯讖，即為西漢經術不盡傳自荀子之確證。推而上之，謂孔子時已有六經，皆傳自子夏，各有系統，尤非情實。韓非僅云儒分為八，未聞分六經之傳統也。儒家六經之說，至漢初劉安董仲舒司馬遷之徒始言之。**然《史記》亦僅言漢儒傳經，無孔門傳經。孔門傳經系統見於《史》者惟《易》，而《易》之與孔門，其關係亦最疏，其偽最易辨。其他諸經傳統之說，猶遠出史遷後，略一推尋，偽跡昭然矣。**

卷二

三一　墨子生卒考

墨子生年，自馬遷已不詳，僅附著於〈孟荀列傳〉，云：「或曰並孔子時，或曰在其後。」二說相較，後者為是。《漢・志》云：「墨子在孔子後。」《後漢書・張衡傳》《注》云：「公輸般與墨翟並當子思時，出仲尼後。」皆是也。余考墨子止楚攻宋，在楚惠王四十四年後，五十年前。時墨子年三十餘，下逮周安王十年，墨子當死於其時，年壽蓋逾八十。葛洪《神仙傳》：「墨子年八十有二，入周狄山學道。」孫詒讓《閒詁》謂其說虛誕不足論。然墨子年壽必逾八十，余謂或可墨子壽八十二，後世遂謂其入山學道也。然既不得定其生卒的年，則此事無足深論。上推墨子生年，當在周敬王之末年，或猶及孔子之未死也。孔子卒，至安王十年共八十七年。近人梁啟超〈墨子年代考〉頗精密，然謂墨子生於周定王初年，元年至十年之間。約當孔子卒後十餘年；卒於周安王中葉，十二年至二十年之間。約當孟子生前十餘年，則猶微有誤。余考墨子之生，至遲在元王之世，不出孔子卒後十年；其卒當在安王十年左右，不出孟子生前十年。較梁〈考〉移前十許年。以止楚攻宋一事為主眼，似粗得墨子年世之真。梁〈考〉又謂墨子之卒，最早不能早於鄭繻公被弒之後三年，因謂是周安王十二年，亦非是。鄭繻公被弒，在安王六年，故黃式三謂魯陽文君將攻鄭，在此年也。即棄去一年計之，鄭繻被弒後三年，亦僅為周安王之九年，梁氏以安王十二年起算，蓋一時之誤。

《淮南・要略》稱：「墨子學儒者之業，受孔子之術，以為其禮煩擾而不說，厚葬靡財而貧民，久服傷生而害事，故背周道而用夏政。」蓋墨子初年，正值孔門盛時，故得聞其教論，受其術業，非謂墨子親受業於孔子也。《墨子・耕柱篇》：「葉公子高問政於仲尼，仲尼對曰云云，子墨子聞之，曰：『葉公未得其問，仲尼亦未得所以對。』」今按：墨子幼年，正當孔子晚節，或竟不及與孔子並世。孔子遊蔡，遇葉公，墨子尚未生。此云聞其問答，亦得之傳聞，非謂其時墨子已生，有知識，能云云也。〈耕柱篇〉又載子夏之徒問鬪於子墨子。孫詒讓《墨子閒詁》曰：「《史記索隱》引《別錄》云：『按《墨子》書有文子，文子即子夏之弟子，問於墨子。』如此則墨子在七十子後。」此亦誤。《論語》：「子夏之門人問交於子張。」豈得謂子張在子夏後？謂墨子年事較晚於子夏則可，謂墨子在七十子後則非也。

三二　墨翟非姓墨墨為刑徒之稱考

江瑔《讀子巵言》論墨翟非姓墨，其言甚辨，顧孟子已言「楊氏為我，墨氏兼愛」，若墨子氏墨，確已有證。然《孟子》書又言墨者夷之。孔子之徒，不稱孔者，儒墨命名，必有由來，不得以墨子氏墨為解，茲篇仍補江氏未盡之義，尚論之士，兼觀可也。

蓋墨者，古刑名。《白虎通》五刑：「墨者，墨其額也。」《尚書》、《周禮》、《孝經》、

《漢書》諸注疏，均以墨為黥罪，刻其面額，涅之以墨。墨家之墨，即取義於斯。因墨尚勞作，近於刑徒。古者身嬰重罪，並籍家族為奴。又有無力贖罪，則身沒為奴婢。故輿僚臺僕，咸為嬰罪之人，而童僕奴隸，咸由罪人得名。漢儒解《周禮》亦曰：「今之奴婢，即古之罪人也。」《左傳》：「欒郤胥原，狐續慶伯。降為皁隸。」此因滅族而沒為奴隸也。又言：「斐豹隸也，著於丹書。」此因犯罪而沒為奴隸也。奴隸之在古代，蓋殊習見，且為社會重要之一部。而墨家乃以奴隸之道唱於一世，以與儒術相抗行也。《說文》：「儒，術士之稱。」《禮記・鄉飲酒義》《注》：「術猶藝也。」《列子・周穆王篇》：「魯之君子多術藝。」則術士猶藝士也。《莊子・在宥》：「說聖邪，是相於藝也。」是聖人即藝人之至也。稱藝士者，由其嫻習六藝。《周官・地官司徒》，保氏養國子以道，教之六藝六儀。六藝者：五禮，六樂，五射，五御，六書，九數。此六者，厥為當時貴族之學，亦儒士進身於貴族之學也。習禮樂，所以為相；習射御，所以為將；習書數，所以為宰。故曰：「三年學，不志於穀，不易得。」又曰：「學也祿在其中矣。」蓋其先儒士習六藝，皆以進身於貴族，而得穀祿也。其後乃遂以稱經籍。《禮・王制》以《詩》、《書》、《禮》、《樂》為四術，即四藝也。《漢書．儒林傳》：「六藝者，王教之典籍，先王所以明天道，正人倫，致至治之成法也。」此則漢儒之言。昔之儒者身習禮樂射御書數之六藝，至漢既不傳，乃以儒者所傳古經籍足其數，以附會於六藝焉。《史記．儒林傳》又云：「秦之季世，焚《詩》《書》，阬術士，六藝從此缺。」即謂六藝傳於術士也。《左傳》哀二十一年，齊人來責魯稽首之禮，曰：「唯其儒書，以為二國憂。」此為其時儒者傳習禮樂，故謂禮樂書曰儒書。而儒書多傳於魯。故仲孫湫曰：「魯秉周禮。」祝佗言：「伯禽封魯，分器備物而有典冊。」韓宣子言：「周禮盡在魯。」〈禮運〉：「孔子曰：『吾觀周道，幽厲傷之，吾舍魯何適矣。』」《中庸》孔子對魯哀公，亦曰：「文武之道，布在方策。」故知魯存周禮，其書即禮書，後世之所謂六藝也。而魯之學人，則傳習其書，嫻熟其事，故遂有藝士術士之稱。即當時之所謂儒也。夫嫻習禮樂射御書數，以進身於貴族，所謂宦學事師者，其事不限於魯。至於原本先王，稱道《詩》《書》，以推見禮樂之因革，世變之流失，而欲以所謂文武周公者易當世，則其事必待於魯。因魯有古典冊。而孔子由此起。然孔子之戒子夏，曰：「女為君子儒，毋為小人儒。」《論語》言儒者惟此。則儒固先孔子而有，而孔子猶未嘗自承為儒也。目孔子之徒為儒者當出於墨。墨子初亦學儒者之業，受孔子之術，繼以為其禮煩擾，厚葬靡財，久服傷生，乃始背業，自倡新義。而有〈非儒〉。至孟子尚不自承為儒，故其書惟張師道，不言儒術。及荀子乃始以儒自居。惟儒者所習皆當時貴族相沿傳守遵行之成法，而墨子乃非禮樂，尚功用，而大儉約。其衣食操作，一以刑人苦力之生活為準。儒者有譏之，曰：「此非吾先王文武周公所傳之道也。」墨之徒則曰：「此古者大禹之道矣。」是墨之善為解嘲也。故墨子稱道曰：「昔者禹之湮洪水，決江河，而通四夷九州也，名山三百，支川三千，小者無數。禹親自操橐耜而九雜天下之川，腓無胈，脛無毛，沐甚雨，櫛疾風，置萬國。禹大聖也，而形勞天下也如此。」「使後世之墨者，多以裘褐為衣，以跂蹻為服，日夜不休，以自苦為極。曰：『不能如此，非禹之道也，不足謂墨。』」蓋墨子之所倡，在其時，則刑徒之所為。至於貴族，固不親操勞作。故墨子言禹道，對儒者之稱文武周公而言也。儒者曰：「夫禮樂者，文武周公以來相傳之道也。」墨子無以加之，則曰：「我之親操勞作以自苦為極者，則禹道也。」而後人乃以為墨子真有得於夏禹之道，是豈足與語夫學術流變之真哉？然墨子雖自稱以為禹道，而當時非笑之者，則仍曰此刑徒之所為，黥墨之所務也，而遂呼之曰「墨」。呼之曰墨者，猶其呼孔門以儒。蓋儒之與墨，皆當時人物流品之一目，人生行業之一端耳。儒者初未自認其為儒，而墨者則直承其為墨，曰人呼吾墨，吾則以為大聖夏禹之道也。故曰「非夏禹之道，不足為墨」。人以墨致譏，而彼轉以墨自誇焉。然則名墨翟者，猶後世有黥布。黥布不姓黥，人知之；墨翟非姓墨，則不知也。墨為刑名，人知之；而墨者之稱，猶謂黥徒，則不知也。故當時所謂儒墨，易言之則士與民之分也，君子與刑徒之等也。謂余不信，請熟繙之於先秦諸子之古籍。凡所記儒者之衣服飲食起居動作言論，豈不儼然一所謂士君子者之衣服飲食起居動作言論乎？至於墨則不然。其衣服，奴隸之衣服也，飲食，奴隸之飲食也，起居動作言論，奴隸之起居動作言論也。在古代奴隸罪人一體，今則有別，故用「奴隸」字，從今制也。要之一派為模擬上層之貴族，一派為代表下層之庶民。彼自為士君子，人亦從而士君子之；彼自為刑徒奴民，人亦從而刑徒奴民之。儒墨之稱，由此生也。劉師培《左盦集．釋儒》謂：「《說文》：『儒，術士之稱。』」今考《說文》訓「術」字云：「邑中道也。」「邑中」猶言「國中」。意三代授學之區，必於都邑，故治學之士必萃邑中，即《小戴・王制篇》所謂「升於司徒」，「升於國學之士」也。儒為術士之稱，示與野人相區異。今按：劉說亦可通。竊猶嫌其泛說而不切。如後云道術方術，皆由禮樂術藝演變引申，而非由邑中道引申，亦可證劉說之未諦。

墨子至楚，穆賀見墨子，曰：「子之言，則誠善矣，而吾王，天下之大王也，毋乃曰賤人之所為而不用乎。」夫其曰「賤人之所為」，猶之云「刑徒之所為」，而不過稍緩其辭而已。此當時以刑徒視墨之證一也。《太平御覽》引《墨子》佚文有云：「賤人何可謂薄也。」想當時謂墨者為賤人，故墨子有此語。墨徒公尚過為越王迎墨子，墨子曰：「若越王聽吾言，用吾道，翟度身而衣，量腹而食，比於賓萌，未敢求仕。」賓萌者，今所云客籍之民，猶刑徒矣。量腹而食，度身而衣，則刑徒之生活也。此墨者自務為刑徒生活之證二也。〈尚賢篇〉以國中之眾與四鄙之萌人分言：國中之眾者，居於都，古謂之百姓；四鄙之萌人居於野，古謂之民。民猶奴隸也。許行至滕，曰：「願受一廛而為氓。」即墨子所謂自比於賓萌也。許行為墨子再傳弟子。（詳〈考辨〉第一一三。）墨家不主仕，儒者以求仕為職志，仕之與否，即儒墨之鴻溝也。禽滑釐事墨子三年，手足胼胝，面目黎黑，役身給使，不敢問欲。此墨者為刑徒生活之證三也。其他不勝列舉。而吾所謂當時以刑徒呼墨者之說，則猶有確證。《荀子》之〈禮論〉有之，曰：「天子之喪動四海，屬諸侯。諸侯之喪動通國，屬大夫。大夫之喪動一國，屬修士。修士之喪動一鄉，屬朋友。庶人之喪合族黨，動州里。刑餘罪人之喪，不得合族黨，獨屬妻子。

棺槨三寸，衣衾三領，不得飾棺，不得晝行，以昏殣，凡緣而往埋之，反無哭泣之節，無衰麻之服，無親疏月數之等，各反其平，各復其始，已葬埋若無喪者而止。夫是之謂至辱。」然則厚三寸者刑人之棺也。（楊倞《注》亦云：「《左》哀二年《傳》，趙簡子之誓曰：『若其有罪，絞縊以戮，桐棺三寸，不設屬辟。』」）墨者之稱墨，由於薄葬，（雖有其他，而薄葬為甚。）有類於刑徒，而遂招此譏。夫然則錫之以嘉名者，其殆出於儒者之徒耶？吾嘗謂儒墨之辨，由其主有禮之與無禮。荀子曰：「禮者，分也。」（〈禮論〉）故儒墨之辨，即在其主有分之與無分也。儒者務分，故力求自異於庶民。墨者非禮，而主兼愛，故力求自儕於庶民焉。此二者之辨也。故荀子曰：「禮之理誠深矣，小人不能察。」又曰：「禮者，人道之極也。然而不法禮，不足禮，謂之無方之民；法禮足禮，謂之有方之士。」士民之辨，即儒墨之辨也。又曰：「人之有是，士君子也；外是，民也。於是其中焉，方皇周浹，曲得其次序，是聖人也。」民者賤稱，即為俘虜奴隸，故字象械足之形，與稱百姓不同。荀子謂外於禮者為民，猶云外於禮者為奴隸、為黥墨也。（下云：「聖人明知之，士君子安行之，官人以為守，百姓以成俗。」不言民而言百姓，知前之稱民為貶賤之辭。）其言祭禮，亦曰：「有天下者事十世，有一國者事五世，有五乘之地者事三世，有三乘之地者事二世，恃手而食者不得立宗廟。」楊倞《注》云：「有三乘之地者，〈祭法〉所謂適士，恃手而食者，謂農工食力。」今墨子自願比於賓萌，而孟子則曰：「不仕則不能祭，為不孝。」此可證儒墨之不同矣。故儒者力爭上流，墨則甘與下伍。而儒者譏之，乃謂如黥墨之徒也。荀子又言之曰：「以是縣天下，一四海，何故必自為之。自為之者，役夫之道也。墨子之說也。」〈王霸篇〉豈不明以墨子之說為役夫之道哉？故曰：「君子以德，小人以力。力者，德之役也。」〈富國篇〉墨子非禮，尚力，固宜為役夫矣。然則稱之曰墨者，即無異斥之曰役夫也。或者猶疑吾言乎？則孟子固言之，曰：「墨者無父。」荀子亦言之，曰：「所以送葬之者不哀不敬，則嫌於禽獸。」〈禮論〉無父禽獸，與刑徒、役夫之誚何若？夫誰疑其非孟子荀子之言者，或又謂墨子與孔子並稱，古之大賢也。當時既儒墨平分天下，墨者何以自甘於刑徒、役夫之誚？此則墨子已自言之，曰：「非大禹之道，不足以為墨。」墨者亦何慚其為墨哉？且近世有工黨，勞工豈不為人賤視，乃以此名相號召，則無疑乎墨之為刑徒之名也。

或疑墨既為道術之稱，則墨子當何氏？余意古人不必盡有姓氏也。女子稱姓，男子稱氏，氏所以別貴賤。貴者始有氏，賤者則不必有氏。且如《春秋》寺人貂、寺人披、徒人費之屬皆非氏；介之推、燭之武之類，亦不知有氏；復如師襄、師曠、卜徒父、卜偃、卜招父、屠牛坦、屠羊說之屬，亦非氏。然孔子弟子有卜商，晉膳宰有屠蒯，見《左傳》，〈檀弓〉作杜蕢。越有寺區，後世有徒氏、介氏、燭氏、師氏，姓氏之起，至無準矣。則孟子何不可以據當世之稱墨翟而呼為墨氏乎？要之墨家稱墨，乃本道術，不由姓氏，則斷斷然者。否則墨子之氏墨，殆亦如屠牛坦、屠羊說之流，彼固躬自親於役夫刑徒之操作矣。孔子之道，有教無類，墨子先賤人，自習於儒，乃苦其禮而倡墨道，墨子其固古之偉人哉！

附　孟子墨子摩頂放踵利天下為之解

孟子曰：「墨子兼愛，摩頂放踵，利天下為之。」趙岐《注》：「摩突其頂，下至於踵。」《荀子・非相篇》：「孫叔敖突禿。」楊倞《注》：「『突』謂短髮可凌突人者。」焦循《孟子正義》云：「『突』、『禿』聲轉，突即禿。趙氏以『突』明『摩』，謂摩迫其頂，髮為之禿。放至於踵者，即《莊子》所謂『將使後世之墨者，自苦以腓無胈，脛無毛』也。」今按：摩頂蓋如刑徒之禿。摩頂與拔一毛對舉，明是自髡其頂。田叔孟舒自髡鉗隨張敖稱家奴，則當時奴必髡鉗也。「童」字本義為山無草木，而僮奴髡鉗無髮，故亦稱童。《周禮》：「髡者使守積。」又《漢書》：「當黥者髡鉗為城旦舂。」蓋髡鉗較黥為輕，而其為刑奴則一。《莊子．說劍》：「太子曰：『吾王所見劍士，皆蓬頭突鬢垂冠，曼胡之纓，短後之衣，瞋目而語難，王乃悅之。今夫子必儒服而見王，事必大逆。』」然則突鬢之與儒冠正為相反之服。劍士必突鬢垂冠而衣短後者，為其便事。而墨子以自苦為極，親操勞作，因亦禿鬢摩頂，不暇治纓冠禮容。《文子》所謂「墨子無黔突」也。見《文選》班固〈答賓戲〉《注》引。至於儒者，束髮正冠，正其大事。子路之於衛，結纓而死。鄉鄰有鬬，披髮纓冠而救之，孟子以為惑。則儒者之重視其冠戴之容也。夫披髮纓冠而救鄉鄰之鬬，孟子已謂之惑，而況乎摩頂禿鬢，以求利天下者乎？此孟子之所為譏也。放踵者，《莊子．天下篇》稱：「墨者以跂蹻為服。」《釋文》：

「李云：『麻曰屩，木曰屐，屐與跂同，屩與蹻同。一云：鞋類也。』」《史記・孟嘗君傳》：「躡屩而見之。」〈虞卿傳〉：「躡蹻擔簦。」《漢書・卜式傳》《注》：「蹻即今之鞋也。」鞋無底，履有底。鞋輕便利遠行，而非法服。蓋貧士步行乏車乘者服之。故馮煖躡屩見孟嘗君，繼而出有輿。虞卿躡蹻擔簦，則下不履，上不蓋，皆以步行無乘，見其鄙野。屐者，《宋書・謝靈運傳》：「常著木屐，上山則去前齒，下山則去後齒。」《釋名》云：「帛屐以帛作之，如屩者。」不云帛屩者，屩不可踐泥，屐以踐泥。野行無車乘，晴則躡蹻，雨則著屐。其異於法服之履者，正君子野人之別也。墨子之至楚，裂裳裹足，見《呂氏・愛類》，《淮南・修務》，又詳《墨子・公輸篇》《閒詁》。其不履不乘，以屐屩為服也可知。《禮記・內則》：「偪屨著綦。」《釋名》：「偪所以自偪束，今謂之行縢。」《注》：「綦，屨繫也。」《正義》：「皇氏云：『屨頭施繫以為行戒，未知然否。』」或著屨之時，屨上自有繫，以結於足也。故鄭注〈士冠禮〉「黑屨青絇」云：「絇之言拘也，以為行戒。」《韓非・外儲說左下》：「文王伐崇，至鳳黃虛，韤繫解，因自結。」《呂覽・不苟》作武王。《史記》張釋之為王生結韤。是古人屨有繫，韤亦有繫也。此可見古人所以飾足之禮，貴於偪束拘戒。今墨徒重勞作，尚便事乃不遵偪綦之制，放為野人跂蹻之服，不自拘戒，故曰「放踵」。放者，猶謂縱肆，與偪束正相反。然則孟子言摩頂放踵，實為兩事，而同譏失禮。墨徒既自頂至踵，靡不違禮矣，而曰將以救世。故孟子曰「摩頂放踵利天下為之」也。則放踵之云，與《莊子》所謂腓無胈脛無毛者，雖義得相通，而所指自別。焦氏即以腓無胈脛無毛釋之，亦未當也。

附　莊子儒緩墨翟釋義

《莊子．列禦寇篇》：「鄭人緩，呻吟裘氏之地，三年而為儒，使其弟墨。儒墨相與爭，其父助翟，十年而緩自殺。」此寓言也。墨子初亦治儒術，繼而背棄，則墨固從儒中來，而儒反受其抵排。故孔子既悟而告老子，曰：「丘得之矣，烏鵲孺，魚傅沫，細要者化，有弟而兄啼。」〈天運篇〉則儒墨之謂也。緩猶不悟，不能與化為人，宜其為秋柏之實矣。緩者指凡儒言，翟者指凡墨言。孫氏為〈墨子弟子考〉，乃謂鄭人有某翟，是不識莊生寓言之趣者也。

顧儒何以名緩，墨何以名翟？此雖寓言，當有命意。余謂此皆本當時之服飾言也。何以明之？《莊子・田子方篇》記儒服云：「儒者冠圜冠者知天時，履句屨者知地形，《孔叢子》云：「孔穿屨方屐見平原君。」屐本為墨徒所服，至於後世既盛行，而孔穿乃履方屐，仍不失句屨之意。《孔叢》特記之以見儒服之異於眾也。緩佩玦者事至而斷。」緩者，儒服大帶。《論語》：「子張書諸紳。」紳即緩矣。云「居裘氏之地」者，《釋文》崔云：「裘，儒服也。」以裘為儒服，知緩亦儒服矣。翟者，《說文》：「山雉尾長者。」古之野人，以翟羽為冠飾。知者，《史記・仲尼弟子列傳》：「子路性鄙，好勇力，志伉直，冠雄雞，佩猳豚，陵暴孔子。孔子設禮稍誘子路，子路後儒服委質。」則冠雞羽為鄙人，非儒服可知。翟羽亦雞羽之類爾。葉德輝曰：「今漢武梁祠石刻畫像，有曾子母投杼，閔子御後母車，及子路雄冠佩劍事。冠作雉形。」據此則墨者冠翟，正猶子路野人之雄雞冠矣。然則儒者何冠？曰「冠鷸」。《莊子・天地篇》所謂「皮弁鷸冠，搢笏紳修，以約其外」也。然則鷸冠言其飾，圜冠言其形，其實則一，儒者服之，墨者又何以冠翟？翟冠本野人之服，墨者自比刑徒，親操勞作，摩頂放踵，不尚禮文，故或冠雉羽，不脫鄙野也。《莊子・天下篇》云：「宋銒、尹文作為華山之冠以自表。」《釋文》：「華山上下均平。」郭象之《注》亦云然。余疑宋尹皆墨徒，而作為平冠，亦自異於儒家之圜冠也。《淮南・主術訓》：「趙武靈王貝帶鵕鸃而朝，趙國化之。」《玉篇》：「鷸，南方雉名。」《漢書．佞幸傳》：「孝惠時，郎侍中皆冠鵔鸃，貝帶。」師古曰：「以鵔鸃毛羽飾冠，鵔鸃即鷩鳥也。」皆古人以雉羽飾冠之證。云「趙國化之」，明初不以為尚。佞幸冠之，知非士大夫之服。武靈胡服，志變國俗以尚武。高誘《注》：「大貝飾帶，胡服。」故冠鵔鸃而為鄙野，用意又與墨徒不同。《典略》云：「靴始起于趙武靈王。」《學齋佔畢》亦云：「古有履無靴，趙武靈王乃變履為靴。」今按：武靈之變履為靴，亦與墨氏以跂蹻為服相似。要之皆以便事而尚功，遂於古昔禮制有所不顧也。至閔籍乃以為美觀焉。《左》僖二十四年《傳》：「鄭子臧好聚鷸冠，鄭伯聞而惡之，使盜誘殺子臧。君子曰：『服之不衷，身之災也。』」則其時鷸冠尚為新奇，非法服，為人指目。其後乃為儒冠，亦猶翟冠初見鄙野，其後乃成時好也。杜預注《左傳》亦謂：「聚鷸羽為冠，非法之服」。顏師古則謂：「鷸水鳥，天將雨則鳴，古人以其知天時，乃象其形為冠，使掌天文者冠之。故《逸禮》曰：『知天文者冠鷸。』蓋子臧是子華之弟，以兄見殺而出奔，常有復讎之志，故與知天文者遊聚，有所計議。是以鄭伯恐其返國作亂，令人誘殺之。若直以鷸羽飾冠，何必惡而殺之也？」又謂：「《左氏》君子曰：『服之不衷，身之災也。』數語，係後人妄加，非《左氏》原文。」顏氏不悟服飾好尚之有變，《逸禮》已為晚世語，轉引以疑《左氏》，不信鳥羽為冠而云像其形，皆誤。

三三　趙簡子卒年考

〈趙世家〉：「晉出公十七年，簡子卒。」〈年表〉：「周定王十二年，襄子元年。」梁氏《志疑》辨之云：「《左傳》魯哀公二十年，越圍吳，趙襄子降於喪食。時居簡子喪，故遣楚隆問吳王於軍中，稱先主先臣，則簡子先一年卒，明矣。自魯昭公二十五年黃父之會，趙鞅始見於經，至卒凡四十二年，先定公卒一年。〈表〉列簡子至六十年，〈世家〉亦云：『晉出公十七年簡子卒。』豈非大誤？」今按：梁說是也。〈世家〉亦云：「趙襄子元年，越圍吳，襄子降喪食，使楚隆問吳王。」此即魯哀二十年事，而云襄子元年，則史公亦謂簡子卒在前一年矣。《志疑》又云：「〈世家〉趙襄子元年，越圍吳云云，事在晉定三十七年，襄子初嗣為晉卿，固不誤。何以書簡子卒於出公十七年，自相牴牾，深所不解。豈史公又以圍吳為出公十八年事乎？」今按：《史》云：「趙襄子元年，越圍吳。」自據《左傳》，而其誤亦由據《左傳》。何以言之？《左氏》哀二十七年《傳》有云：「悼之四年，晉荀瑤帥師圍鄭，將門，知伯謂趙孟入之，對曰：『主在此。』知伯曰：『惡而無勇，何以為子？』趙襄子由是甚知伯。」杜《注》：「簡子廢嫡而立襄子，故知伯言其醜且無勇，何以立為子。」余疑史公誤讀此文，以為知伯譏其何以為子，當在簡子未卒前，故〈趙世家〉又云：「晉出公十一年，知伯伐鄭，趙簡子疾，使太子毋卹將。」晉出公十一年，即悼公四年，同記一事，而《史》特增「簡子疾使太子將」云云，以彌縫《左傳》「何以為子」之語。其後又增「知伯歸，因謂簡子使廢毋卹，簡子不聽」，此亦非《左氏》所有。《左氏》稱趙孟，稱趙襄子，固不以為簡子猶在，而《史》自誤會之也。其云：「知伯醉，以酒灌毋卹。」亦與《左》異。當由史公別採他說。然則其「簡子疾，使太子將」云云，亦或有所本，而其所本之為誤解《左氏》《傳》文，亦從可定也。

且余考《史》文，猶有可疑者。〈世家〉云：「定公三十七年卒，而簡子除三年之喪，期而已。」夫晉君之卒，簡子豈得獨擅而除三年之喪？且定公卒而除三年之喪，此當著於〈晉世家〉，與〈趙世家〉不涉也。今滅之於晉，而見之於趙，其義何居？竊疑此當為：「定公三十七年而簡子卒，除三年之喪，期而已。」本記趙簡子卒，除三年之喪，與晉定不涉也。而史公此條，又本之《呂覽．長攻篇》：「趙簡子病，召太子而告之曰：『我死，已葬，服衰而上夏屋之山以望。』太子敬諾。」高誘云：「服衰，謂期年，勿復三年也。」是高誘亦謂趙簡子之卒，告其子除三年之喪，期而已也。梁玉繩《呂子校補》謂：「《史．趙世家》因『趙孟降於喪食』之文，謬謂簡子居定公喪，改三年為期。高氏仍《史》誤，而又移為襄子居父喪朞年。其實服衰者，謂服未除也，觀下服衰以遊可見。」今按：梁氏謂襄子居喪改朞之說，乃由誤會《呂氏》文義，是也。惟《史記．趙世家》本有誤文，並非謂簡子居定公喪，則梁氏未能訂正。《左氏》《傳》「越圍吳，簡子降於喪食」，其事已在冬十一月，則簡子即以是年卒，不必在去年。楚隆曰：「三年之喪，親暱之極也，今又降之。」此所謂「三年之喪」者，特謂是父母之喪耳。梁氏據《傳》文，乃謂簡子卒在定公卒前一年，三十六年。亦未的。

然《史記》既云：「定公三十七年，簡子卒，除三年之喪。」又曰：「趙襄子元年，越圍吳。」何也？依常例，新君改紀元，應在故君卒之明年，此即以君卒之年稱元耶？曰不然。《春秋》魯曆，哀公二十一年冬十一月，趙用晉曆，已為翌年之正月，禮固得稱元。由是言之，〈世家〉本云：「定公三十七年而簡子卒，除三年之喪，期而已，太子毋卹代立，是為襄子。襄子元年，越圍吳。」而中間又橫插晉出公十一年知伯伐鄭一節，又云：「晉出公十七年簡子卒。」兩說矛盾，或經後人妄羼，或史公誤於《傳》文，如上所列而兼存兩說，未及汰并。要之簡子卒在晉定公三十七年，此則據《呂覽》校《史記》而可定者。今重寫《史記》〈趙世家〉一節如下：

定公三十七年「卒」而簡子卒，除三年之喪，期而已。「是歲，越王句踐滅吳。按：此年圍吳，滅吳尚在後三年，此誤。晉出公十一年知伯伐鄭，趙簡子疾，使太子毋卹將而圍鄭。知伯醉，以酒灌擊毋卹。毋卹群臣請死之，毋卹曰：『君所以置毋卹，為能忍詢。』然亦慍知伯。知伯歸，因謂簡子，使廢毋卹。簡子不聽，毋卹由此怨知伯。晉出公十七年，簡子卒。」此一節應刪。太子毋卹代立，是為襄子。趙襄子元年，越圍吳。上文已言越滅吳，此又言越圍吳，顯見衝突。

又按：《戰國策》、《史記》載襄子滅代事云：「趙襄子姊前為代王夫人。簡子既葬，未除服，北登夏屋，請代王。使廚人操銅枓以食代王及從者。行斟，陰令宰人各以枓擊殺代王及從官。遂興兵平代地。其姊聞之，泣而呼天，摩笄自殺。代人憐之，所死地，名之為摩笄之山。」〈世家〉敘其事在越圍吳後，〈年表〉其事在襄子元年。若簡子固以魯哀二十年卒，則代滅在魯哀之二十一年也？《呂覽》記此事，謂簡子卒，襄子服衰登夏屋，始以姊妻代君，亦異。《淮南・人間訓》：「徐偃王為義而滅，燕子噲行仁而亡，哀公好儒而削，代君為墨而殘。」其時墨子初生，墨術未起，烏有為墨而殘之事？其後趙武靈王時，中山君好墨而亡於趙，豈《淮南》乃誤中山為代耶？

又史公於簡子世載扁鵲事，其語荒誕，可以不論。又為〈扁鵲傳〉，稱扁鵲其後過虢；又過齊，見齊桓侯。當簡子時，虢亡已久。齊桓立，去簡子卒亦百年。扁鵲見簡子，尚在其卒前二十餘年。而桓侯十八年卒，扁鵲見桓侯，當其卒歲。兩事前後相去百四十年。鵲何其壽？《志疑》疑齊桓侯乃趙桓子，謂：「《說苑》『虢』作『趙』，甚是。趙簡子之子為桓子。《鶡冠子・世賢篇》魏文侯問扁鵲，魏文與趙桓竝世，可以為驗。」又稱：「或曰，晉孝公《紀年》作桓公，與魏文侯同時，當是扁鵲所見者，亦通。」今按：趙桓子去簡子卒亦五十年，晉桓公又在趙桓子後三十餘年。或者之說決非，梁氏說亦未見其必是。《韓非・喻老》言扁鵲見蔡桓侯，《國策》言扁鵲見秦武王；蔡桓侯在春秋初，秦武王在周赧王時，相去逾四百年。傳說多錯，又何從必據一說以定之？

三四　計然乃范蠡著書篇名非人名辨

《史記・貨殖列傳》：「句踐困於會稽之上，乃用范蠡《計然》。范蠡既雪會稽之恥，乃喟然而歎曰：『《計然》之策七，越用其五而得意。既已施於國，吾欲用之家。』乃乘扁舟浮於江湖。」蔡謨曰：「《計然》者，范蠡所著書篇名耳，非人也。謂之『計然』者，所計而然也。群書所稱句踐之賢佐，種蠡為首，豈復聞有姓計名然者乎？若有此人，越但用其半策，便以致霸，是功重於范蠡，而書籍不見其名，史遷不述其傳乎？」今按：蔡說是也。余嘗熟復《史記・貨殖傳》文，而知蔡氏「《計然》乃書名，非人名」，其說確不可易。所引《計然》曰：「知鬪則修備，時用則知物」云云，即撮引書中語。《漢・志》兵權謀家有《范蠡》二篇，蓋《計然》在其內。蒯通之書，自號《雋永》，今著錄止稱《蒯子》。《淮南》內二十一篇，本名為《鴻烈解》，而止稱《淮南》。又儒家《王孫子》一篇，班《注》：「一曰《巧心》。」孫德謙《藝文志舉例》：「一曰《巧心》，書之別名也。」《太史公書》百三十篇，今名《史記》。《戰國策》三十三篇，初名《短長語》。《老子》後稱《道德經》，《莊子》稱《南華經》。有古名樸而後入於華者，有古名華而後入於樸者。范子書，別名《計然》，正亦其例。自班氏《古今人表》計然列第四等，後人乃始以計然為人名，非書名矣。今再就〈貨殖傳〉所引《計然》語論之，大抵言農事，言財幣貿易，此乃中原自李悝白圭以後人語耳。范蠡當春秋世，又居越，何由作此論？則《漢・志》《范蠡》二篇，殆亦出後人假託也。

馬總《意林》有《范子》十二卷云：「計然者，葵邱濮上人，姓辛，字文子，其先晉國之公子也。為人有內無外，狀貌似不及人。少而明學陰陽，見微知著，其志沉沉，不肯自顯。天下莫知，故稱曰計然。時遨遊海澤，號曰漁父。范蠡請其見越王。計然曰：『越王為人烏喙，不可與同利也。』」此其不可信，有可得而確指者。《漢・志》《范蠡》二篇，此有十二卷，不可信一也。古書記人姓名而失其字者有之，此獨舉其姓字而遺其名。既范蠡師計然，弟子述其師，不當如是，不可信二也。古人取字，率以單字，如顏回字淵是也；或別以伯仲，如冉耕稱伯牛是也；或美以子稱，如閔損稱子騫是也。從無字曰「某子」者。今計然，其字曰文子，非例也。古之稱子，或從姓，如大夫文種稱文子，（見〈豪士賦序〉，《抱朴子・知止》。）則計然當姓文，不得曰姓辛。或因名，如田文稱文子，則計然應名文，不得曰「字文子」。或為謚，如季文子公叔文子范文子，而計然非大夫，無官職；其人為范蠡師，蠡顧不辨其姓字至此乎？不可信三也。既謂其人不肯自顯，天下莫知，則豈得云「稱曰計然」乎？「稱曰計然」，固誰稱之？不可信四也。又云：「遨遊海澤，號曰漁父，不肯見越王，曰：『為人烏喙。』」此均范蠡事。蠡浮海，自號鴟夷子皮，又誡文種曰：「越王烏喙。」偽為范書者，乃襲以歸之計然，不可信五也。又《史記》：「句踐困會稽之上，乃用范蠡《計然》。」若計然是人名，則句踐固加信用。而《意林》引范書，若計然未肯見句踐，烏論為之用？若謂范蠡進其師說，則《史》文當稱「用范蠡」，不得并稱曰計然。《史記》自本范子書，今范書與《史》復不合，不可信六也。且其書稱《范子計然》，如《管子・牧民》、〈山高〉之類耳。今謂范子問於計然，故取此名，則古無其例，不可信七也。顏師古洪邁之徒，遂據此以斷蔡說為謬，謬者不知其為謬，固宜以不謬者為謬矣。且其謬猶不止此。以計然為人名，又見於《吳越春秋》與《越絕書》。《吳越春秋》作計硯，《越絕書》作計倪。夫《國語》敘吳越事甚詳，獨不及計然，先秦書亦無一及計然者。《春秋繁露》對膠西王，列舉越王與五大夫謀伐吳，曰大夫蠡、大夫種、大夫庸、大夫皋、大夫車成，亦無計然。《吳越春秋》、《越絕書》出東漢，乃誤讀《史記・貨殖傳》而妄為之，與班氏同耳。梁玉繩《人表考》：「計然名研，見班書〈敘傳〉，〈答賓戲〉。倪亦硯之誤，硯與研同，研、然音近。」余謂此可證三書之同誤，不得據三書而證計然之實有其人也。然曰「大夫計硯」，則直以為其人姓名，又非別有姓辛字文子之說也。又曰「計倪官卑年少」，則其人又非范蠡師，不肯見越王而遨遊海澤者也。以《國語》、《史記》言之，知《吳越春秋》、《越絕書》之誤；以《吳越春秋》、《越絕書》言之，又知《范子計然》一書之妄。其不可信八也。又《史記》稱：「《計然》七策，越用其五。」《漢書》作十策；《越絕書》有「伐吳九術」，語出大夫種；《吳越春秋》亦有文種九術，而語益荒誕，是二書以《計然》誤為文種也。梁氏《志疑》遂據二書以校

《史》《漢》，謂七與十皆字誤。則《志疑》復以文種誤為計然也。文種稱文子，而《范書》計然亦字文子，實自文種九術而誤。此不可信九也。至今傳《文子》書，半襲《淮南》，牽引《老子》，又不知出誰何人依托，而北魏李暹作《注》，遂以為即計然。洪容齋辨之云：「其書一切以《老子》為宗，略無與范蠡謀議之事，所謂《范子》乃別是一書。馬總只載其敘計然及他三事，云餘並陰陽曆數，故不取。則與《文子》了不同。《唐·藝文志》：『《范子計然》十五卷，《注》云：「范蠡問，計然答。」』列於『農家』，其是矣，而今不存。」洪氏此說，已知《范子》之非《文子》，而不知《唐·志》「農家」十二卷之《范子》，非即《漢·志》「兵權謀家」二篇之《范蠡》也。蓋《史記》所謂「《計然》七策，越用其五」者，《計然》乃范蠡為越謀富強報吳復仇之書，故入之「兵權謀」。范蠡功成，又欲移其致富之術，試之私家，故《史記》摘其語於〈貨殖傳〉。後之造偽書者不辨，專以天時陰陽農事殖產為說，故入「農家」。此不可信十也。

《漢·志》農家有《宰氏》十七篇，班固云：「不知何世。」王先謙《補注》引葉德輝曰：「《元和姓纂》十五海，宰氏姓下，引〈范蠡傳〉云：『陶朱公師計然，姓宰氏，字文子，葵邱濮上人。據此則唐人所見《史記集解》本亦作宰氏。《宰氏》即《計然》，故農家無《計然》書。〈志〉云『不知何世』，蓋班所見，乃後人述宰氏之學者，非計然本書也。』」是又不然。《計然》本入「兵權謀」，葉氏疑《漢．志》「農家」何以無《計然》，此誤以《唐．志》《范子》偽書，而謂《計然》應列「農家」耳。若謂唐人所見《集解》本作宰氏，《北史》蕭大圓有云：「留侯追蹤於松子，陶朱成術於辛文。」又何以說之？蓋「辛」之誤「宰」，又係後人見《漢．志》「農家」有《宰氏》，而《唐．志》《范蠡》偽書入「農家」，故疑「辛」乃「宰」字誤，而妄改之也。若《宰氏》誠即《計然》，班氏〈人表〉列計然於四等，豈有不知，而云「不知何世」哉？葉氏謂所見乃後人述宰氏之學者，非計然本書，此於《漢．志》有大例。凡後人所述，非本書者，云「依托」，不云「不知何世」，如道家《力牧》二十二篇，班云：「六國時所作，托之力牧。力牧，黃帝相。」「小說家」《天乙》三篇，班云：「天乙謂湯，其言非殷時，皆依托也。」「兵陰陽家」《風后》十三篇，班云：「黃帝臣，依托也。」

如此之例，班於《宰氏》下，亦應釋其為范蠡師計然，而云不知何時何人依托，豈得謂「不知何世」哉？如「農家」《尹都尉》十四篇，《趙氏》五篇，《王氏》六篇，皆云「不知何世」，此即指尹都尉、趙氏、王氏言，非謂不知述其書者何世也。則班氏自不知宰氏為何世人，而葉氏妄以《元和姓纂》一字之誤，遽斷為即計然，又所謂亡羊多歧之尤矣。且古之非常人，建非常之業，豈必盡有非常之師？如范蠡師計然，蘇張師鬼谷，皆子虛烏有，不足信。而《計然》之為書名非人名，則史籍昭然，熟察文理者，自能辨之。

附　鴟夷子皮及陶朱公非范蠡化名辨

又按：范蠡事亦多異說。沈欽韓《漢書疏證》云：「《呂覽・悔過》：『范蠡流乎江。』又〈離謂〉：『范蠡子胥以此流。』《新書》七：『范蠡附石而蹈五湖。』則以為死。〈貨殖傳〉稱其適齊為鴟夷子皮。《韓非・說林》：『鴟夷子皮事田成子。』《墨子・非儒》：孔子怒景公不封己，乃『樹鴟夷子皮於田常之門』。《淮南・氾論》：齊簡公釋其國家之柄，專任大臣，故使『田常鴟夷子皮得成其難』。田恆之亂，在魯哀公十六年。越滅吳在魯哀二十二年。信有鴟夷子皮，當齊簡公時，非范蠡矣。」今按：《說苑》卷二：「楚令尹死，景公遇成公乾，曰：『令尹將焉歸？』成公乾曰：『殆於屈春乎？』「鴟夷子皮日侍於屈春，損頗為友，二人者之智，足以為令尹，不敢專其智而委之屈春，故曰：『政其歸屈春乎？』」又《說苑》卷十八：「王子建出守於城父。與成公乾遇於疇中。」王子建居城父事在魯昭十九年，下距田常弒簡公已四十三年，然則鴟夷子皮必先為楚人，後而適齊也。伍員既被讒，賜之鴟夷而浮之江，范蠡蹈五湖，遂亦有鴟夷之號。或者子皮浮海去齊，因亦稱鴟夷子皮，史公不深考，遂誤謂即范蠡之化名耳。沈氏又曰：「《新書》五：『梁嘗有疑獄，半以為當罪，半以為不當罪。梁王曰：「陶之朱叟，布衣而富侔國，必有奇智。」乃召朱公而問之。』《新序・雜事》四同。魏徙都大梁，於陶為近，其事在惠成王時，則陶朱公又非范蠡也。以理論之，范蠡既霸越滅吳，苟非逃諸山林，仍處通都為富人，則蹤跡之者必不已，亦不得為智。」又按張文藿《螺江日記》，亦辨此事，云：「《史記》稱陶朱公中男殺人，囚於楚。命長男往楚，求救於莊生。《索隱》疑即莊周，范蠡焉得與莊周交往。然小司馬亦非貿貿，其意似疑《史記》所載朱公，未必果越之范蠡也。即其本末考之，始在宛佯狂。疑與文種仕越，已在壯年，乃二十餘年而破吳雪恥，句踐以霸，當不下五六十歲，繼而扁舟五湖，變姓名為鴟夷子皮，復相齊國，立談而致卿相，戰國或有之，春秋時從未見。且齊相安有鴟夷子皮？《韓非》載田成子家臣鴟夷子，非齊相，若云齊國一時有兩鴟夷子，豈非怪事。至稱在陶時，其長男與俱，見苦，為生難，是朱公諸子俱在去齊居陶後生，乃其少男亦能乘堅策肥。使往楚，則其年可知，長男之年更可知，蓋總不下二三十歲，計朱公年已八九十，乃又曰後至衰老而聽子孫修業。此小司馬所以致疑。而既注其書，不欲正言其失，故於莊生微示其意，使莊生果是莊周，則朱公之非范蠡明矣。」今按：《索隱》亦多疏謬，而張說厚護古人，其意要為可存也。又考陶為天下商業中心，亦應在魏都大梁宋通鴻溝之後。參讀〈考辨〉第九九。《孔叢子》：「枚產謂子順曰：『聞猗頓善殖貨，先生同國也，當知其術。』答曰：『然，知之。猗頓，魯之窮士也，聞陶朱公富，往問術焉。朱公告之當畜五牸，於是適西河，大畜牛羊於猗氏之南，以興富於猗氏，故曰猗頓也。』」是則猗頓與孔子順同時，值戰國之晚世，陶朱公輩行稍前，固可與莊周並世，而此莊生或亦可為莊辛也。又按：〈蔡澤傳〉，澤之說應侯曰：「范蠡知之，超然辟世，長為陶朱公。」其辭固未必即當時之口語，殆出策士虛構。然知史公前固已有此傳說。史公好奇博采，後世愛其文，傳誦弗衰，遂若為信史耳。

三五　曾子居武城有越寇考

《孟子．離婁下》：「曾子居武城，有越寇，曾子去之，寇退而返。」焦氏《正義》引周柄中《辨正》云：「或云：『越寇季氏，非寇魯。』此並無所據。《左傳》哀二十一年，『越人始來』。二十三年，『叔青如越』，越諸鞅來報聘。二十四年，『公如越』。二十五年，『公至自越』。二十六年，叔孫舒帥師會越人，納衛侯。二十七年，越使后庸來聘。是年八月，公如越。越又嘗與魯泗東地方百里。以此觀之，越自滅吳後，與魯修好，未嘗加兵。而哀公嘗欲以越伐魯去三桓。武城近費，季氏之私邑在焉。說者因謂越寇季氏，非寇魯，亦臆度之言耳。」今按：謂越寇季氏，非寇魯，實有確據，非臆度也。《說苑》云：「魯人攻鄪，曾子辭於鄪。鄪君曰：『寡人之於先生，人無不聞。今魯人攻我而先生去，我胡守先生之舍？』魯人果攻鄪，數之十罪，而曾子之所爭者九。魯師罷，鄪君復修曾子舍而復迎之。」此即《孟子》越寇事，鄪君者，季孫也。（《孟子》書有費惠公。〈魯世家〉言：「悼公時三桓勝，魯如小侯，卑於三桓之家。」則季孫固宜稱君矣。）《孟子》言越寇，而《說苑》稱魯人者。〈魯世家〉：「哀公如陘氏，三桓攻公，公奔於衛，去如鄒，遂如越，國人迎哀公復歸，卒於有山氏。」（《吳越春秋》亦謂：「哀公奔陘，三桓攻哀公，奔衛，又奔越。魯國空虛，國人悲之，來迎哀公，與之俱歸。」）夫三桓攻公而出之，國人迎而歸之，越人送之，攻鄪而數以十罪，必此時矣。又按：《左傳》云：「秋八月，公如公孫有陘氏，因孫于邾，乃遂如越，國人施公孫有山氏。」〈晉語〉：「遂施邢侯氏。」韋《注》：「施，劾捕也。」杜預曰：「有陘氏即有山氏，公孫有山氏者，乃上年公如越，與越太子適郢相得，適郢將妻公，多與之地，而公孫有山以告於季孫者也。」《正義》據《左傳》駁《史記》云：「《傳》稱國人施罪於有山氏，不得復歸而卒於其家，呂東萊引潁濱蘇氏曰：『子貢言哀公不歿於魯，而《史》稱哀公自越歸，卒於有山氏。』歸于有山氏而不歸國，事未可信。」竊疑哀公歸國而卒於有山氏，正為有山氏所弒，有山氏殆當魯越通道，而黨於季孫。魯人劾捕之，正為其弒君。定哀之際多微辭，即《傳》文亦不明顯耳。及門黃少荃女士謂「謚法」：「恐懼從處曰『悼』。」考春秋以來，如晉厲公弒於欒書中行偃，齊晏孺子弒於田乞，衛出公被逐亡死，楚聲王盜殺之，皆不得其死，其次立之君均謚「悼」，謂其恐懼從處，承叛亂之餘而即位也。魯哀公卒，子寧立，謚悼公，則魯哀之不得其死信矣。曾子於此時前後，皆居武城。王符《潛夫論》：「鄗畢之山，南城之塚。」章懷太子《注》：「南城曾子父所葬。」足徵曾子居武城之久。俞氏《癸巳類稿》，書武城家乘後，謂：「〈檀弓〉云：季孫卒，曾皙倚其門而歌，以曾皙在費，故附會其事。又云：曾子之席華而睆，曰：季孫之所賜。知曾子父母及身，始終皆在費。可證南武城在費。」參讀〈考辨〉第二九。

附　越徙琅邪考

越都徙琅邪，事見《越絕書》及《吳越春秋》。今本《紀年》，於越徙都琅邪，在晉出公七年當魯哀公之二十七年；是歲，越使后庸來正邾魯之界，公與盟平陽，蓋即越北徙時矣。《吳越春秋》：句踐二十五年「霸於關東，從琅邪，起觀臺，周七里，以望東海」。今按：越滅吳在句踐二十四年，其明年，決不急遽北遷。《吳越春秋》記句踐滅吳年，及卒年，皆誤。見〈考辨〉第一八。然則武城被寇時，越都已在琅邪。今考琅邪地望，古有三說。《漢・志》：東萊郡琅邪，「越王句踐嘗治此，起臺館」。《史記・秦始皇本紀》：「窮成山，登之罘而去。南登琅邪，大樂之。」《集解》：「〈地理志〉云：『越王句踐嘗治琅邪縣，起臺觀。』」《正義》《括地志》云：「密州諸城縣東南百七十里有琅邪臺，越王句踐觀臺也。臺西北十里有琅邪。」《吳越春秋》云：越王句踐二十五年徙都琅邪，立觀臺以望東海，遂號令齊晉秦楚，以尊輔王室。《水經・濰水》《注》：琅邪山名，越之故國。此皆指越徙琅邪，在今山東之諸城也。其故城在今山東諸城縣東南一百五十里，僻在齊東之海濱，越為求霸中原，何為擇都於此？衡以地理形勢，知必不然。顧棟高《春秋大事表》云：「春秋時琅邪，為今山東沂州府。」謂琅邪近今日照，此與諸城琅邪臺百里相望，波濤可接，其說實近情理，而恨辨之猶有未盡析者。按：《續漢・郡國志》：「東海國贛榆，本屬琅邪。《注》引《地道記》：『海中去岸百九十步，有秦始皇碑，長一丈八尺，廣五尺，厚八尺三寸，一行十三字，潮水至加其上三丈，去則三尺見也。』」又《水經・淮水》《注》：「贛榆縣北東側巨海，有秦始皇碑，在山上，去海百五十步，潮水至，加其上三丈，去則三尺見東北傾，石長一丈八尺，廣五尺，厚三尺八寸，一行十二字。」今按：《史記・始皇本紀》，二十八年，南登琅邪，大樂之，作琅邪臺，立石，刻頌秦德，凡九百九十七字。其辭有曰：「乃撫東土，至於琅邪」云云。是始皇登琅邪，乃今東海之贛榆，而《水經・濰水》《注》復云：「琅邪山名，越王句踐之故國，秦始皇滅齊以為郡，城即秦皇所築。遂登琅邪，大樂之。山作層臺於其上，謂之琅邪臺，臺在城東南十里，孤立特顯，出於眾山，上下周二十餘里，傍濱巨海。秦始皇所作臺基三層，層高三丈，上級平敞，方二百餘步，廣五里，刊石立碑，紀秦功德，漢武帝亦嘗登之。」云。是酈氏言琅邪秦碑，本有兩處，一在琅邪，一在贛榆，而余疑句踐琅邪，實應在贛榆，不在諸城。何也？按：《水經・淮水》《注》又云：「游水東北逕贛榆縣北，又東北逕紀鄣故城南，東北入海。舊吳之燕岱，常泛巨海，憚其濤險，更沿溯是，瀆由是出。」則贛榆為自昔海道要港，秦末之田橫，東漢初呂母，避居海中，皆在此邑。越為海國，其北徙琅邪，以爭中原，宜當在此。自贛榆北七十五里，即達山東之日照，縣北四十里有會稽山，縣志相傳，越王嘗登此，號「小會稽山」。又贛榆西境八十里有羽山，《尚書》殛鯀羽山，越為禹後，故鯀之故事，亦迤而在此。山東郯城縣東北七十里有羽山，即贛榆之羽山也。郭璞《山海經注》，謂羽山在東海祝其縣東南，亦即此山。此皆越都琅邪，其傳說之猶有遺迹可推尋者。《墨子・非攻中篇》：「東方有莒之國，不敬事於大，東者越人夾削其壤，西者齊人兼而有之。」莒在日照西五十里，越都琅邪在贛榆日照間，則莒在其西，地望正符，顧氏謂春秋時琅邪，為今山東沂州府。考琅邪為臨沂國治，乃東漢時事，雖臨沂日照贛榆三邑，疆境毗連，適如鼎足之峙，然證以秦始皇琅邪碑石，則越都琅邪，當定在贛榆日照一帶濱海之地，為尤愜也。

顧氏《大事表》又謂：「《史記》越滅吳，而不能正江淮以北，故楚得東侵，廣地至泗上，與魯泗東地百里。越既滅吳，與齊晉諸侯會於徐州，（在今滕縣，非江蘇徐州也。）天子致胙，方欲正邾魯山東諸侯之侵界，豈其棄江淮不事？且既棄之以予楚矣，如后庸使命之往來，及出兵侵魯，豈反假道於楚耶？又范蠡既雪會稽之恥，變姓名，寓於陶，陶為今曹州府曹縣，蓋先時吳屢伐齊魯，沂曹之邊地，吳蓋略而有之。哀八年，吳嘗伐魯，入武城，武城人或有田於吳境，拘鄫人之漚菅者，曰：『何故使我水滋？』及吳師至，拘者遂道之以伐武城。觀此，則沂州之地，久已為吳之錯壤，越滅吳，因有其地，則其遷都琅邪，蓋盡吳之境，與北方諸侯爭衡，豈有反棄江淮之地，以資勁敵之楚耶？」按：顧氏引《史記》：見〈楚世家〉，越滅吳，在楚惠王十六年；徙都琅邪，在惠王二十一年。越三年，惠王二十四年，句踐卒；楚東侵地至泗上，則在惠王四十四年，已在越朱句時，不得牽混為說。又〈越世家〉，句踐已平吳，乃以兵北渡淮，與齊晉諸侯會於徐州，致貢於周。周元王使人賜句踐胙，「命為伯」。句踐已去，渡淮南，以淮上地與楚，歸吳所侵宋地於宋，與魯泗東方百里。當是時，越兵橫行於江淮東，諸侯畢賀，號稱霸王。其事皆當在元王時。而句踐之徙琅邪，則在貞定王元年。裴駰《集解》誤以楚東侵地至泗上，釋越以淮上地與楚；呂東萊《大事記》仍之，顧氏《大事表》又仍之，皆誤也。《越絕書》亦云：「越行伯道，沛歸於宋，浮陵以付楚，臨期開陽復之於魯，中邦侵伐，因斯衰止。」此與〈越世家〉文大體相合。浮陵地望無考，殆即所謂淮上地。開陽者，《左氏》哀三年，叔孫季孫城啟陽，杜《注》：「琅邪開陽縣。」《大事表》：今沂州府治北十五里有開陽故城。臨期亦無考，《史記》有臨原侯國，在山東臨朐縣東，或其地，此皆所謂泗東地也。以《越絕》證《史記．越世家》，知句踐一時實有正疆界歸諸侯地事。惟所謂不能正江淮北者，張守節《正義》謂，江淮北謂廣陵縣徐泗等州，此說似較諦。考《春秋》吳與楚爭，其出兵常在今安徽境，而吳之北爭中原，則或由邗溝，或遵海道，皆不經安徽。越人乃襲吳北爭中原之故道，而無意於西向與楚角逐。故〈楚世家〉謂越滅吳而「不能正江淮以北」，當指吳楚角逐之舊戰場言；〈越世家〉謂越滅吳而「橫行於江淮東」，則指吳齊爭衡之新路線言。越人承吳北爭中原之故道，而又以海國，便於舟船，故徑北徙琅邪，雄踞今贛榆日照一帶之海濱，西向而會諸侯於滕，北指而奪齊晉中原之霸權。今皖北豫南，凡昔吳師西向以入楚者，則棄不復問，於是楚人乃得乘間東侵，廣地以至泗上也。春秋戰國間，史文缺佚不詳，故為約略推測其形勢焉。（參讀〈考辨〉第四一。）

又按：今安徽滁縣亦有琅邪山；《元和郡縣志》，晉琅邪王伷出滁中，即此地。《太平寰宇記》，東晉元帝為琅邪王，避地此山，因名。（又按：《史記・田齊世家》：田常既殺簡公，立平公；五年，齊國之政皆歸田常。「割齊自安平以東至琅邪，自為封邑」，大於平公之所食。今按：句踐徙都琅邪，在齊平公十三年，時田常尚在，其勢方盛。琅邪在其封內，是必指諸城琅邪言。古史地名，往往連綿移植，一名之同，散播數處。或其時諸城日照，本已俱有琅邪之名。則滁之琅邪，安見必遲起自東晉時乎？惟句踐所徙，殆不在滁，則略可定者。）

三六　晉出公以下世系年數考

《史記》載晉出公以下世系年數，〈世家〉〈年表〉互歧，細核多誤，頗不足信。余考〈晉世家〉《索隱》引《紀年》，文字雖略，實可依據，以訂《史記》之失。今具列異同，重為寫定。如韓趙魏殺知伯，乃出公二十二年事，而《史記・晉世家》及晉〈表〉均謂在晉哀公四年，此與《紀年》說迥異。蓋〈年表〉出公僅十八年，〈世家〉又止十七年，其實皆誤。考出公十七年，據〈世家〉乃知伯與三家共分范中行地。〈世家〉乃即以是年為出公出奔之年。〈年表〉因於明年書襄子元，而晉哀之元則又誤後一年也。

《史記・晉世家》：「出公立十七年，知伯與趙韓魏共分范中行地以為邑。出公怒，告齊魯，欲以伐四卿。四卿恐，遂反攻出公，出公奔齊，道死。」韓怡《竹書紀年辨正》謂：「出公蓋以晉之十七年奔齊，薨在周貞定王十七年，道死謂死於外，非必奔齊而遂死於路也。《史記》統序未見清析。」今按：如韓說，出公以十七年出奔，又七年而始卒，其間晉不得久無君，則韓說非也。《史記》自誤以三家殺知伯事為四卿分范中行事，又或誤以貞定王十七年為出公之十七年，而今本《偽紀年》又據《史記》而誤。韓氏牽就《偽紀年》立辨，宜亦誤矣。韓氏書極少見，而疏陋無可取，姑采一條於此。

出公二十三年奔楚，乃立敬公。〈世家〉為哀公驕；〈年表〉作哀公忌，後又有懿公驕。梁氏《志疑》云：「考《索隱》《正義》引《世本》，昭公生桓子雍，雍生忌，忌生懿公驕，與晉趙兩〈世家〉稱驕為昭公曾孫合；則忌是哀公，驕是懿公，忌與驕乃父子，〈晉世家〉誤以懿為哀耳。《紀年》謂立昭公孫敬公，蓋懿又謚敬，特誤以曾孫為孫也。疑忌既早死，未嘗為君，哀公之稱，當是其子追謚；繼出公者，必懿公驕，非哀公忌矣。」雷氏《義證》則謂：「〈晉世家〉明云立昭公曾孫驕為哀公，〈趙世家〉又謂驕是懿公，則哀懿自是一人之謚，猶周之貞定王，《左傳》《正義》《世本》或稱貞王，或稱定王也。《竹書》又謂哀懿公即敬公耳，謂敬公是昭公之孫，孫即曾孫，猶〈魯頌〉謂僖公為周公之孫。蓋孫是後裔之大名，非必皆子之子也。」今按：「哀」、「懿」古音近，雷氏謂「哀」、「懿」乃一人之謚，是也。又按：〈年表〉《正義》謂：「出公道死，知伯乃立昭公曾孫驕為晉君，是為哀公。哀公大父雍，晉昭公少子，號戴子。生忌，忌善知伯，早死。故知伯欲并晉，未敢，乃立忌子驕為君。」是忌與驕為父子，忌早死未得立，梁氏之說亦信。惟謂忌追謚哀侯者則誤。今定晉哀懿公名驕，而《竹書》又稱為敬公者，如韓威侯即宣惠王，亦一君三謚也。

出公以下《史記》、《世本》、《紀年》三家異同表

《史記》			《世本》	《紀年》
〈晉世家〉	〈趙世家〉	〈六國表〉		

（昭公）	（雍戴子）	（忌）	哀公驕
（昭公）	（——）	（——）	懿公驕（昭公曾孫）
		哀公忌	懿公驕
（昭公）	（雝桓子）	（忌）	懿公驕
（昭公）			敬公（昭公孫）

敬公六年，當魏文侯元年。詳〈考辨〉第三八。敬公十八年卒，當〈世家〉哀公之年數。子幽公立。幽公十八年卒，《紀年》《史記》全同。子烈公立。烈公之立也，晉亂，幽公見殺。故烈公即以幽公見殺之年稱元年，不逾年而改元。晉烈公三年，當越朱句三十五年。詳〈考辨〉第四九。烈公十一年，當齊宣公五十年。詳〈考辨〉第五六。烈公二十七年卒，《紀年》《史記》全同。子桓公立，《史記》作孝公。桓公十九年，當魏武侯二十六年。詳本篇下節。明年，「桓公二十年，趙成侯韓共侯遷桓公於屯留。以後無晉事」。〈年表〉孝公十五年，〈世家〉十七年，其下有靜公，與《紀年》不同。今若依《索隱》所引《紀年》年數推之，則前後排比悉符。惟《索隱》於敬公

即哀懿公。幽公烈公三君，均不注《紀年》年數。蓋本與《史記》所列相同，故無事再著也。今本《偽紀年》作敬公二十二年，幽公十年，皆誤不足據。考論《紀年》者，於此諸君，往往從《偽紀年》之說，不悟《索隱》注書詳略之例，故尤糾紛不可理耳。參讀〈考辨〉第五六。

又按：《索隱》謂：「桓公二十年，趙成侯韓共侯遷桓公於屯留，以後無晉事。」蓋其時晉已不國也。然余考《史記》，證以《紀年》，知晉遷屯留，猶未全滅，晉事尚有可得而言者。〈趙世家〉：「成侯十六年，與韓魏分晉，封晉君以端氏。」考是年為梁惠王十二年。《水經．濁漳水》《注》引《紀年》：「梁惠成王十二年，鄭取屯留尚子涅。」前韓趙遷桓公於屯留，至此十一年，而韓取屯留，可證晉君遷端氏之說不誣也。又〈趙世家〉：「肅侯元年，奪晉君端氏，徙處屯留。」前韓趙分晉，取屯留，封晉君端氏。至此又十年，〈晉世家〉《索隱》引〈趙世家〉：「列侯十六年，即成侯。與韓分晉，封晉君端氏；其後十年，肅侯徙晉於屯留。」即謂此也。是晉自屯留徙端氏，又自端氏徙屯留矣。

又考〈韓世家〉：「昭侯十年，韓姬弒其君悼公。」是年正趙肅侯元年，疑悼公乃晉君。

前十年韓取屯留而遷端氏，今趙取端氏而復遷屯留，韓大夫遂弒之也。然則晉自桓公後尚有悼公，或即〈晉世家〉所謂靜公矣。前人於「韓姬弒悼公」一語，不得其解，梁氏《志疑》頗主其為晉君，而未能據〈趙世家〉為說，又誤信《偽紀年》，故所論多舛。陳逢衡《紀年集證》亦疑悼公即靜公，然亦未能參合趙韓兩〈世家〉為之說明，故重為論定之如此。

又《水經・沁水》《注》引《紀年》：「惠成王十九年，晉取玄武濩澤。」其事尚在韓姬弒晉君前三年，固知晉君至是尚在。雷氏《義證》亦定其時晉君即靜公，謂：「泫氏在今山西高平縣東十里，濩澤在今陽城縣西三十里，二邑已屬韓趙，晉襲取之。靜公亦可謂不量力，所以卒廢絕。」其言信矣。余考其時正梁惠王拔趙邯鄲後一年，梁趙之兵結而不解，故晉君亦乘時奮起。明年，梁即歸趙邯鄲，與盟漳水上，自是晉君復被遷逐，而乃見弒。疑玄武濩澤其時或屬趙，因韓與梁合，晉君或不敢加兵也。又按：陳逢衡《集證》，謂《御覽》一百六十三引《紀年》：「惠王九年晉取泫氏。」《太平寰宇記》四十四引同。「泫」以脫去水旁而為「玄」，「武」與「氏」形似而誤。事在惠十九年。脫去十字，故云「九年」。凡此皆桓公遷屯留後晉事之可得而言者。

又按：顧觀光《七國地理考》：「屯留長子，《漢・志》並屬上黨；三卿分晉，惟此二邑尚為晉有。梁惠王元年，韓趙遷晉桓公於屯留，而長子歸趙，故趙成侯五年，韓與我長子。蓋趙成侯五，正當梁惠王元也。至惠王十二年，韓取屯留長子，於是晉無一邑，而桓公寄居於韓。其子悼公，為韓昭侯所弒，故〈韓世家〉云：『昭侯十年，韓姬弒其君悼公也。』《史》與《紀年》大致相合，惟《史・表》以桓公為孝公，悼公為靜公，而孝公卒於安王二十四，靜公卒於安王二十六，則韓趙兩〈世家〉之文，皆不可通矣。」又曰：「《水經》引《紀年》：『梁惠成王元年，韓共侯趙成侯遷晉桓公於屯留。』較〈趙世家〉肅侯元年先二十一年。據《史・表》，三卿分晉在周安王二十六年，遷晉屯留不宜遲至二十餘年後。疑《竹書》得其實。」今按：顧氏論趙韓分晉事極析，以孝公為桓公，靜公為悼公，與余說皆合。惟不信趙肅侯元年遷晉事，則以《水經・沁水》《注》引《紀年》一條說之，可以知其誤矣。

余既考晉桓公、悼公事，猶憾不得其年數。因讀〈晉世家〉：「孝公十七年卒，子靜公俱酒立，是歲齊威王元年也。」據〈六國表〉，靜公俱酒元在齊威王二年，立後之明年稱元年，故與〈世家〉差一年。

惟《史記》齊威王元，誤前二十二年，其時尚為晉桓公之十二、十三年，知靜公俱酒之卒應尚在後。今姑依《紀年》，齊威王元在梁惠成王之十四年。若是年晉靜公立，則桓公（即孝公。）實得三十二年，而靜公（即悼公。）有九年。晉取泫武濩澤，乃悼公六年事。或史公所記，「齊威王元年晉靜公俱酒立」一語並不誤，而特誤其年世。惟無他證，姑存以備一說也。

桓公以下晉事表

桓公十四（《史・表》作孝公。）	趙敬侯十一 韓哀侯元 魏武侯二十一 韓滅鄭（《索隱》引《紀年》。）	按：是年實韓滅鄭之歲，而史公誤以為三家滅晉，見《史・表》及魏趙韓三〈世家〉。
桓公十五	趙敬侯十二 韓哀侯二 魏武侯二十二 晉桓公邑哀侯於鄭（《索隱》引《紀年》。）	
桓公二十	趙成侯五 韓共侯五	

	桓公三十一 悼公？（《史》作靜公。）	桓公？ 悼公	悼公
梁惠王元 趙韓遷桓公於屯留（《索隱》引《紀年》。） 韓與趙以長子（〈趙世家〉）	趙成侯十六 韓昭侯十四 梁惠王十二 趙與韓分晉，遷晉君端氏（〈趙世家〉） 韓取屯留長子涅（《水經注》引《紀年》。）	趙成侯二十三 韓昭侯十一 梁惠王十九 晉取玄武濩澤（《水經注》引《紀年》。）	趙肅侯元 韓昭侯十四 梁惠王二十二
	按：是年晉為桓公抑悼公，無考。若仍是桓公，則為桓公之三十一年也。	按：是年晉君何人尚無考，或是悼公，而又疑其是悼公之六年，語詳前。	按：悼公為晉最後一君，被弒於韓，惟未詳其立年，或此乃悼公九

趙奪晉君端氏，徙處屯留（〈趙世家〉）

韓姬弒其君悼公（〈韓世家〉）

年也，晉至是始滅。

又按：崔述《考古續說・趙韓魏之侯》一條，亦論三家分晉事云：「按：〈晉世家〉靜公二年：『魏武侯韓哀侯趙敬侯滅晉後而三分其地。』〈趙世家〉敬侯十一年：『魏韓趙共滅晉，分其地。』即晉靜公二年事也。而成侯十六年，又云『與韓魏分晉』。夫既於敬侯之世滅晉而分之，成侯之世何又分焉？此文必有一誤。按：如余上所考定，則崔氏此論不足信。《竹書紀年》云：『趙成侯韓共侯遷晉桓公於屯留。』考其時乃成侯五年，魏武侯卒之歲。按：〈晉世家〉《索隱》引《紀年》：「魏武侯以桓公十九年卒，韓哀侯趙敬侯並以桓公十五年卒。桓公二十年，趙成侯韓共侯遷桓公於屯留，以後無晉事。」崔據此為說。惟時為魏武侯卒後一歲，崔云武侯卒歲，蓋亦誤。是時魏罃方與公子緩爭國，故韓趙得乘間，而分晉耳。蓋晉六卿中韓趙為睦，《春秋傳》載之詳矣。而魏文侯尊賢重義，號為令主；其子武侯，亦尚能守家法。故秦嬴之亂，魏文侯以兵誅之，而立烈公止；攻周之役，分周之舉，皆韓趙連兵，而魏獨不與。竊疑晉室既衰，魏獨忠於公室；是以文侯武侯既卒，韓趙無所顧忌，然後敢遷晉君而分周室。揆其時勢，似《紀年》所載為近情理。然則晉當為桓公，不當為靜公；分晉者當為趙成侯韓共侯，不當有魏武侯。其事當在周烈王之六年，（即趙成侯五年。）不當在周安王之二十六年（即趙敬侯十一年。）矣。《史記》旁採他書，傳聞不一，是以前後往往自相矛盾，似未可以《史記》一篇之文，遂據為信史也。」今按：崔氏據《紀年》糾《史記》，其說尚頗疏。然謂分晉無魏，則自有見。至謂晉室既衰，魏獨忠於公室，而不悟魏文稱侯，亦獨視韓趙為先。大概其時三晉惟魏最強，故既自稱侯，猶虛戴晉君以抑韓趙，並亦常三晉相聯以應外敵，而魏為三晉之領袖。武侯卒，惠成王幼弱，韓趙遂遷晉君，又謀兩分魏政，而後三晉之勢遂不可復合矣。（晉四卿，知氏外趙最強。知氏圍趙晉陽三年，而韓魏乘其敝，故知氏亡而趙亦病。魏文侯又賢主，故得獨強，先稱侯。）

又陳逢衡《竹書紀年集證》論晉幽公見弒事云：「幽公見弒，必有使之者。雖三強並立，不能定為誰氏。然觀《史記．晉世家》：『幽公淫婦人，夜竊出邑中，盜殺幽公。魏文侯以兵誅晉亂，立幽公子止，是為烈公。』則〈年表〉書『魏誅晉幽公』，蓋實錄，非脫字也。其曰『淫婦人，出邑中』者，欲加之罪也。盜者誰？晉大夫秦嬴也；使之者誰？魏文侯也。但以兵誅晉亂，未聞殺秦嬴以正國法，此與趙盾之曲護趙穿，如合一轍。其能免弒逆之惡哉？蓋誅亂者即首亂之人也。《索隱》引《紀年》作『夫人』，非是。」今按：秦嬴自是夫人之名。幽公淫婦人，其見弒在高寢之上，則秦嬴為夫人益信。國君見弒而國亂，魏文侯誅定其亂，而立烈公。秦嬴乃君夫人，秦乃大國，魏文何得誅及秦嬴哉？〈年表〉或有脫誤。然《紀年》魏史，其記魏事不能無所飾。或《史記》所載，誠如陳氏之揣，本與《紀年》不同。而陳氏強引秦嬴為盜名而疑《索隱》，則失之也。

三七　魏文侯為魏桓子之子非孫其元年為周貞定王二十三年非周威烈王二年辨

《史記》：「魏桓子與韓康子趙襄子共伐滅智伯，分其地。桓子之孫曰文侯都。」《索隱》《系本》：「桓子生文侯斯。」《集解》：「徐廣曰：『《世本》云：「斯也。」』」是《史記》誤「斯」為「都」，誤「子」為「孫」也。考〈年表〉，魏桓子與韓康子趙襄子滅知伯，在周定王十六年，下去魏文侯元二十九年，其間不著桓子之子名字，及始立年歲。蓋桓子之子即文侯斯，《史記》誤移文侯之年於後，疑其相差過遠，因謂文侯乃桓子孫，然竟亦不能確指其子為何名也。余考文侯元年，實在周定王二十三年，去桓子滅知伯祇七年，明其為父子矣。高誘注〈中山策〉，亦誤以文侯為桓子孫。又《韓詩外傳》七：「魏文侯之時，子質仕而獲罪，去而北遊，謂簡主曰」云云；文侯立在知伯滅後七年，趙滅知伯係襄子，此稱簡子必誤。簡子死在魯哀二十年前，下距魏文侯立近三十年；又語與陽虎同，李氏《尚史》亦辨之。知文侯元在周定王二十三年者，〈年表〉文侯三十八年，武侯十六年；而《索隱》引《紀年》，文侯乃五十年，武侯二十六年，兩世相差，凡二十二年。依《紀年》則文侯元在貞定王二十三年也。《史記》於周貞定王以下，記載闊略，世次多舛。顧亭林所謂：「自《左傳》之終，至周顯王之三十五年，前後凡一百三十三年之間，史文闕軼，考古者為之茫昧也。」見《日知錄》卷十三。即如〈年表〉，於威烈王二年，魏文侯韓武子趙桓子同年稱元。考之上一年，惟趙書襄子卒，而魏韓兩家均闕。蓋〈年表〉於此段最疏，三晉尤甚；惟趙〈表〉較有依據，而韓最闕佚。韓魏〈表〉首書獻子宣子，其時獻子死已三十三年，宣子死且三十八年，其疏謬至此。余本《索隱》所引《紀年》，合之當時情事，參伍鉤稽，而知《紀年》之可信，《史記》之多疏。為之逐條糾正，凡得數十事，雖史實不詳，而年世差明矣。

又按：〈晉世家〉《索隱》引《紀年》：「出公二十二年，趙韓魏共殺智伯，盡併其地。二十三年，出公奔楚，乃立昭公之孫，是為敬公。魏文侯初立，在敬公十八年。」據《索隱》他處引《紀年》推算，知文侯初立，去智伯見殺七年，是敬公之六年也。「六」字與「十八」字相似，又涉下正文「十八年幽公淫婦人」句而誤。《索隱》原本當係六字，否則不應自為乖錯十二年之多。今本《偽紀年》誤據《索隱》誤字，謂魏文立在晉敬十八年，故以考王七年為魏文元年，較《史・表》移前十年；而文侯卒年，仍據《史・表》，在安王十五年，則前後凡得四十八年。然又據《索隱》，謂魏文在位五十年，疏謬之迹，昭昭甚著。後人猶多信者，則以考年論世之學，久不為學人所重也。

三八　子夏居西河教授為魏文侯師考

《史記・孔子弟子列傳》：「孔子既沒，子夏居西河教授，為魏文侯師。」洪邁《容齋續筆》云：「按：《史記》，子夏少孔子四十四歲。孔子卒時，子夏年二十八矣。魏始為侯，去孔子卒時七十五年。文侯為大夫二十二年而為侯，又六年而卒。姑以始侯之歲計之，則子夏已百三歲矣。方為諸侯師，豈其然乎？」今按：魏文初立，實周定王二十三年，去孔子之卒三十三年，子夏年六十三也。孔子卒，子夏年二十九。為文侯師，自是後人追述之語，何必定計魏文始侯以往哉？〈年表〉載：「文侯受經子夏，過段干木之閭常式。」在十八年，此亦有故。〈世家〉先一年十七年。伐中山，使子擊守之。「子擊逢文侯之師田子方於朝歌，引車避，下謁，田子方不為禮」云云。《韓詩外傳》亦載其事而稍異。蓋為先秦舊說，二子各採所聞也。史公於前一年書田子方事，因於下一年載子夏段干木，亦連類而及，非謂必於是年文侯始受經式閭也。

《志疑》云：「受經式閭之事，〈世家〉書於二十五年，〈年表〉在十八年，不同。蓋元不可以年定。」其說是矣。顧謂「〈世家〉書於二十五年」，則亦誤讀《史記》，（《志疑》又謂〈世家〉載卜相事於二十五年，亦同誤。）不可不辨。《史記》於魏文侯元年以下，分年紀事，至二十五年，「子擊生子罃」句而止，以下「文侯受子夏經藝」云云一長節，乃總敘文侯早年尊賢禮士得譽諸侯之事，非謂其事統在二十五年也。此下自「二十六年，虢山崩，壅河」以下至「三十八年文侯卒」，又為逐年紀事之文。此本甚為明白，而不憚詳辨者，緣昔人讀書，於此等處每易誤。如〈孔子世家〉敘適周見老子，本不定在何年，而酈道元注《水經》，指為孔子十七年適周，實由誤讀《史》文，見其前為「孔子年十七，魯大夫孟釐子病且死」云云也。而史公此文，亦由誤讀《左傳》，乃以為孔子年十七而孟釐子卒焉。余意文侯賢者，其初即位，子夏年已六十二。方孔子之未死，子夏固已顯名，至是則巍然大師矣。文侯師子夏，雖不可以年定，而其在早歲可知。余又考魏文二十二年始稱侯，子夏若尚存，年八十四。壽考及此，固可有之。

三九　子夏居西河在東方河濟之間不在西土龍門汾州辨

〈仲尼弟子列傳〉：「孔子既沒，子夏居西河教授。」《索隱》：「西河在河東郡之西界，蓋近龍門。劉氏云：『今同州河西縣有子夏石室學堂是也。』」《正義》則云：「西河郡今汾州也，子夏所教處。《括地志》云：『謁泉山一名隱泉山，在汾州隰城縣北四十里。注《水經》云：「其山壁立，崖半有一石室，去地五十丈，頂上平地十許頃。《隨國集記》云此為子夏石室，退老西河居此。」有卜商神祠，今見在。』」《困學紀聞》、《郡國利病書》、《方輿紀要》、孫星衍《校水經注》均從《正義》說。陳玉澍《卜子年譜》辨之云：「子夏西河，戰國時屬魏，不屬趙。謁泉山今屬文水縣，趙大陵地也。《史記．趙世家》，肅侯十六年，武靈王十六年，皆游大陵。《正義》曰：『《括地志》云：「大陵城在并州文水縣北十三里。」』《文獻通考》：文水有大陵城。《一統志》：大陵故城在太原府文水縣東北二十五里。文水縣既不屬魏，則文水西南二十五里之謁泉山，不屬魏國何疑。謁泉山北屬文水，南屬汾州府汾陽縣。汾陽亦趙地。《文獻通考》、《輿地廣記》、《寰宇記》皆謂汾州春秋時晉地，六國時屬趙，是也。謁泉山既與魏無涉，即與子夏之西河無涉，故《困學紀聞》閻《注》、沈欽韓《左傳地名補注》皆辨之。」至《索隱》之說，蓋本鄭注〈檀弓〉，謂：「西河自龍門至華陰之地。」又《水經．河水》《注》：「細水東流，注於崌谷。側溪山南有石室，東廂石上猶傳杵臼之蹟，似是栖遊隱學之所。昔子夏教授西河，疑即此也，而無以辨之。」又云：「河水又南逕子夏石室，東南北有二石室，臨側河崖，即子夏廟堂也。河水又南逕汾陰縣西，又南逕郃陽城東。」故《禹貢錐指》謂：「子夏石室在今郃陽縣界。郃陽縣北為韓城縣，《寰宇記》謂子夏石室在韓城者，即《水經注》所言崌谷之石室也。」然孔子弟子，不出魯衛齊宋之間。孔子死，而子貢居齊衛，子游子張曾子在魯，何以子夏獨僻居郃陽韓城，黃河之西，龍門之附近？其地在戰國初尚無文教可言，謂子夏教授其地，事殊可疑。則韓城郃陽之石室，猶之謁泉之石室，謂子夏居之者，胥出後人附會，不足信也。

考《史記・孔子世家》，衛靈公問孔子：「蒲可伐乎？」對曰：「可。」「其男子有死之志，婦人有保西河之志。吾所伐者，不過四五人。」《索隱》曰：「此西河在衛地，非魏之西河也。」《集解》引王肅曰：「公叔氏欲以蒲適他國，而男子欲死之，不樂適他。婦人恐懼，欲保西河，無戰意。本與公叔同畔者，不過四五人。」據是言之，西河即指匡蒲迤北之大河而言。渡河乃走晉境，婦人恐懼，無戰守意，欲逃西河，就強援天險自保也。《竹書紀年》：「王放季子武觀於西河，武觀以西河叛，彭伯壽帥師征西河。武觀來歸。」《戰國策》：「齊伐魏，取觀津。」高《注》：「故觀邑臨河津，故曰觀津。」《漢書・地理志》東郡有畔觀縣，應劭曰：「夏有觀扈，世祖更名衛國。」是觀在東郡，而據西河以叛，西河亦應近東郡矣。今考春秋衛蒲邑，在今河北長垣縣境；東郡之觀，則今山東觀城縣境，南北相距不二百里。大河故瀆，流經其西，其在當時，殆必有西河之稱。《管子・小匡》：「西征，攘白狄之地，遂至於西河。方舟投柎，乘浮濟河，至於石沉。縣車束馬，踰大行，與卑耳之貉，拘秦夏，西服流沙西虞，而秦戎始從。」語又見《齊語》，管子注：「西河謂龍門之西河。」此誤；韋昭曰：「西河白狄之西。」亦未是。蓋此西河亦指在大行以東者言也。《隋圖經》：「安陽有西河，即卜子夏田子方段干木所游之地，以趙魏多儒，在齊魯鄒之西，故呼西河。」《太平寰宇記》亦謂：「相州安陽有西河。」胡渭《禹貢錐指》引：「宋李垂上《導河形勢書》：『請自汲郡，東推禹故道，出大伾上陽三山之間，復西河故瀆。』即酈元所謂宿胥故瀆也。《濬縣舊志》：『故瀆在縣西十里，亦曰西河。』」《孟子》：「王豹處於淇，而河西善謳。」河西即西河也。趙岐注：「北流河之西。」以別於龍門西河，在南流河之西也。《太平御覽》八十三引《竹書紀年》：「河亶甲整即位，自囂遷於相。」而《呂氏．音初篇》云：「殷整甲徙宅西河。」則子夏居西河，不在西土，而在東方相州之安陽，可見矣。酈氏《水經注》不能辨，乃以龍門說之。趙東潛獨舉《寰宇記》、《隋圖經》駁斥，可為卓識也。《說苑》：「田子方渡西河，造翟璜。」「造」疑「遇」字形誤。《韓非．外儲說右下》述此事云：「田子方從齊之魏，望翟璜」云云，此西河在齊魏間一證也。《文選》任彥昇〈為范始興作求立太宰碑表〉《注》，引《七略》：「子夏西河，燕趙之間。」下語似未的，然為指東方之西河則一。

又按：《藝文類聚》六十四，《文選》左太沖〈招隱詩〉《注》，劉孝標〈辨命論〉並引《尚書大傳》：「子夏對夫子云：『退而窮居河濟之間。』」今《偽孔叢子．論書》二亦有之。此又子夏退老在東方不在西土之證。〈檀弓〉：「子夏喪其子而喪其明，曾子弔之，曰：『吾與汝事夫子於洙泗之間，退而老於西河之上，使西河之民疑汝於夫子，爾罪一也。』」謂「退老於西河之上」，即猶謂「窮居河濟之間」也；謂「西河之民疑汝於夫子」，亦決非龍門華陰之西河矣。龍門華陰僻在西土，文教之所不及，儒澤之所未被，無所謂「疑汝於夫子」；且若子夏辟居郃陽韓城，老而喪子，曾子亦復老矣，豈渠不遠千里而赴弔？若謂「退老龍門，又歸於魯而喪子」，陳玉澍說如此。則又不得謂之「退老」。且子夏溫人也，其退老，何不於故鄉文物之邦，而遠至郃陽韓城，荒陬水溢，又復築石室而居，此豈退老之所堪？參讀〈考辨〉第二九。凡此皆甚不通之說。故知謂子夏退老在龍門附近，河濱石窟之間者，皆後世之妄說也。

《史記・魏世家》：「李克謂翟璜曰：『魏成子東得卜子夏田子方段干木。』」夫稱東得，則又子夏退居，不在西土韓城郃陽之一證矣。且魏文居鄴，魏武居魏縣，亦與子夏居河濟之間者為近，而與西土龍門之河為遠。《聖門志》：「子夏墓在山東兗州府曹州西四十里卜堌都。」則子夏之終，亦在東方也。據此諸端言之，子夏居西河教授，決不在龍門華陰之間，而實在東土；當在今長垣之北，觀城之南，曹州以西，一帶之河濱。〈王制〉云：「自東河至於西河，千里而近。」蓋〈王制〉之所謂東河，殆即〈檀弓〉所稱子夏退居教授之西河。《隋圖經》之說，決非偶然。陳玉澍乃以此說古今引者絕少，遂謂殆無足辨，可謂不知別擇矣。

四〇 魏文侯禮賢考

魏文以大夫僭國，禮賢下士，以收人望，邀譽於諸侯，遊士依以發迹，實開戰國養士之風。於先秦學術興衰，關係綦重。《韓非・外儲左上》：「王登為中牟令，上言於襄主曰：『中牟有士曰中章胥己。』襄主使為中大夫。中牟之人，棄田耘，賣宅圃，而隨文學者，邑之半。」其事又見《呂覽》。則襄主下士，猶在魏文之先。惜載籍闊略，無可詳徵。《史記・趙世家》又載趙烈侯時，相國公仲連進賢士牛畜荀欣徐越三人，則在魏文晚世。茲略敘梗概，以徵世變。

子夏

田子方

名無擇。見《莊子・田子方篇》。學於子貢。見《呂氏春秋・當染篇》。魏文侯友之。見《呂氏・舉難》、〈察賢〉，又《說苑・尊賢篇》。《史記・魏世家》則謂：「文侯師田子方。」要之子方在文侯朝，甚見敬禮。其名輩在子夏段干木間也。嘗使齊。《說苑・奉使篇》，有舍人毋擇，為魏文侯獻鵠於齊侯，疑即子方。魏文滅中山，子方尚在。〈世家〉云，太子擊遇田子方，「引車避，下謁。田子方不為禮。子擊因問曰：『富貴者驕人乎？且貧賤者驕人乎？』子方曰：『亦貧賤者驕人耳。諸侯驕人則失其國，大夫驕人則失其家。貧賤者行不合，言不用，則去之楚越，若脫屣然，奈何其同之哉。』」其事信否無可必。然戰國傳說，凡言士階級之高自位置，以氣節跨君卿貴族之上，大概託始於田子方子思之倫。則亦約略可以推見當時士談方張，學者得勢，已非往昔孔墨初興之比矣。又史載子擊謁田子方在擊守中山後。擊守中山年始十七，（詳〈考辨〉第四六。）則魏文之四十一年也。（詳〈考辨〉第五四。）其年世輩行，當與孔伋曾申相隨。若以魏文滅中山，子方年七十計，則生當周元王之元，與墨子略同時。子貢時年四十六。若子貢七十而卒，子方年二十六，固得師事矣。又按：《莊子・田子方篇》載，子方自稱師東郭順子。《荀子・法行篇》有南郭惠子問於子貢曰：「夫子之門，何其雜也？」《尚書大傳・略說》作「東郭子思」，《說苑・雜言篇》作「東郭子惠」。又《墨子・非儒》有「子貢之齊，因南郭惠子見田常」。馬敘倫《莊子義證》謂：「檢《風俗通・姓氏篇》：『東郭氏，東郭牙，齊大夫。』《左》哀十一年《傳》，齊有東郭書；則齊有東郭氏，《尚書大傳》《說苑》作東郭者是。『惠』、『順』脂真對轉，《詩》『終溫且惠』《傳》，『惠於宗公』《箋》，〈晉語〉『若惠於父』注，皆訓『惠』為『順』；是『東郭惠子』即『東郭順子』。以《呂氏》『田子方學於子貢』推之，東郭順子蓋子貢弟子，田子方為子貢再傳矣。」今按：馬說亦可通。然據《荀》《墨》二書，未見東郭順子固為子貢之弟子也。且齊亦自有東郭南郭二氏，田子方師東郭子順，亦無害其師子貢。則仍依舊說為得。

段干木

姓段干，焦氏《孟子正義》，謂：「《史記・老子列傳》云：『老子之子名宗，為魏將，封於段干。』（參讀〈考辨〉第七二。）《集解》曰：『此云封於段干，段干應是魏邑名也。而〈魏世家〉有段干木、段干子，〈田完世家〉有段干朋，疑此三人是姓段干也。本蓋因邑為姓。《風俗通・氏姓》《注》云：姓段名干木，恐或失之。』」晉國之大駔也。學於子夏。見《呂氏・尊賢篇》。魏文侯欲見段干木，段干木踰垣而避之。見《孟子》。魏文侯過段干木之閭而式。見《呂氏・期賢篇》。秦興兵欲攻魏，或曰：「魏君賢人是禮，未可圖也。」見〈魏世家〉。〈期賢篇〉亦曰：「秦欲攻魏，司馬唐諫曰：『段干木賢，魏禮之，不可加兵。』」余謂文侯所禮，不止一木，不應僅言段干賢。（又按：秦魏交兵，據〈秦本紀〉最先在秦靈公六年，其時已當魏文侯二十八年，其前秦魏勢力尚未相觸，司馬唐之諫，應猶在後；或者子夏之倫已先卒歟。）白圭曰：「文侯師子夏，友田子方，敬段干木。」見《呂氏・舉難篇》。蓋段干年序當較子方稍後，與李克同事子夏，而或者視克為長也。《高士傳》：「段干木少貧賤，心志不遂，乃師事卜子夏與田子方。李克翟璜吳起等居於魏，皆為將，惟段干木守道不仕。」此記干木世次最得。

魏成子

文侯弟，名成。《集解》：「徐廣曰：『《說苑》作季成子。』」〈人表〉誤分公季成、魏成子為二人。食祿千鍾，什九在外。東得卜子夏田子方段干木，文侯以為相。見〈魏世家〉。魏文卜相事，又見於《韓詩外傳》、《說苑》，語均略同；惟《外傳》謂「魏成子食祿日千鍾」，則妄說也。《史記》載孔子在魯衛，俸粟六萬，《索隱》云：「六萬石，似太多，當是六萬斗。」今魏成子祿千鍾，至齊宣王時，陳戴祿萬鍾，皆以年計。遞後則仕祿遞高。此雖未必盡信，亦足覘世變之一斑矣。又孔子以遊仕至衛，故衛人致俸粟。今陳成子親文侯弟，亦稱食祿千鍾，疑是無封土。蓋晉已無公族，行縣制，三家繼之，乃不復有分封也。封建之制，至此大壞，是亦一證。又魏文一朝大臣，惟成子乃親族，此亦貴族世卿制至此已不行之一證也。《新序．雜事四》，有「公季成論田子方，文侯曰：『非成之所議也。』」公季成自退於郊三日，請罪」。與〈世家〉文不合，恐無據。

又按：《韓非．五蠹》：「十仞之城，樓季弗能踰，千仞之山，跛牂易牧。」〈李斯傳〉亦言之。《集解》：「許慎曰：『樓季，魏文侯之弟。』」《王孫子》曰：「『樓季之兄也。』」今按：「樓季之兄也」句疑有脫誤。枚乘〈七發〉：「秦缺樓季為之右。」李善注：「季，魏文侯弟；右，車右也。」《韓非．難一》：「魏兩用樓翟而亡西河。」舊注樓緩翟璜也。《史記．始皇本紀》《索隱》亦以樓緩為魏文侯弟，似誤。梁氏《人表考》據許說以樓季魏成子為一人，則是也。

翟璜

名觸。見《說苑》。吳起樂羊西門豹李克屈侯鮒《韓詩外傳》作趙蒼。皆其所進。見〈魏世家〉。又論任座之忠。見《呂氏．自知篇》。《新序．雜事》第一，作翟黃對而任座論其忠，未知孰是。又按：《呂氏．下賢篇》云：「魏文侯見段干木，立倦而不敢息。及見翟璜，踞於堂而與之言。翟璜不悅。文侯曰：『段干木官之則不肯，祿之則不受。今女欲官則相位，欲祿則上卿，既受吾實，又責吾禮。無乃難乎？』」文侯明君，璜亦賢者，豈有如此語？特後人襲貧賤驕人之意而虛造此說耳。又《韓非子．內儲說下》：「翟璜善於韓，乃召韓兵令之攻魏，因請為魏王構之，以自重。」此乃以後縱橫之士所為，魏文明主，翟璜賢臣，又在早世，風氣尚淳，烏得有此？亦妄說也。（沈欽韓《漢書疏證》，對此兩條均有辨。）又《淮南・道應訓》：「惠子為惠王為國法，以示翟煎。」《御覽》六百二十四引作翟璜。余考惠施至魏，在惠王二十七、八年後，翟璜不能至是猶存，《御覽》誤也。

翟角

主謀伐中山，亦翟璜所薦。《韓非・外儲說左下》：「田子方從齊之魏，望翟黃乘軒騎駕出，方以為文侯也，移車異路而避之，則徒翟黃也。方問曰：『子奚乘是車也？』曰：『君謀欲伐中山，臣薦翟角而謀得。果且伐之，臣薦樂羊而中山拔。得中山，憂欲治之，臣薦李克而中山治。是以君賜此車。』」又為將，敗齊於龍澤，入長城。《水經・瓠子水》《注》：「晉烈公十一年，田布圍廩丘，翟角趙孔屑韓師救廩丘，及田布戰于龍澤，田師敗逋。」又《水經・汶水》《注》：「晉烈公十二年，王命韓景子趙烈子翟員伐齊，入長城。」翟員蓋即翟角字誤。時當魏文侯四十一，四十二兩年。蓋角之為將，當李克已老，樂羊不用之後。雷氏《義證》誤以翟角為地名，謂是廩丘之近邑，其說大謬。其人與任座同為〈世家・卜相篇〉所未及。

吳起

衛人，或曰衛左氏中人也。見《韓非・外儲說右上》。先仕魯。詳〈考辨〉第五〇。聞魏文侯賢，遂來仕魏，為西河守，見《呂氏・觀表》。令民債表立信。見《呂氏・慎小》；《韓非・內儲說上》謂徙車轅、赤菽，與商鞅徙木事略類，而吳起事在前。今不知孰實孰虛，或兩實，或兼虛，而今人則徒知商君徙木事矣。《漢・藝文志》有《吳起》四十篇。

李克

子夏弟子，見《漢・藝文志》班固《注》。《釋文》云：「子夏傳《詩》於曾申，申傳魏人李克。」傳《詩》事未必信。李克與子夏同時，以班氏說為是。為中山守。見〈魏世家〉。《水經注》引李克書：「魏文侯時，克為中山相。」中山為魏別封，而克為之相，相即守也。此即漢制王國有相之先例。《漢・志》有《李克》七篇，在儒家；又有「李悝為魏文侯作盡地力之教」，見《漢書・食貨志》。蓋即李克也。《史記・貨殖列傳》、〈平準書〉皆云：「李克務盡地力。」而〈孟荀列傳〉及《漢書・食貨志》作李悝，《索隱》、《志疑》辨《史》之誤，崔適《史記探源》則謂：「『悝』、『克』一聲之轉，古書通用，非誤也。」余按：如顏讎由之為顏濁鄒，申棖之為申黨，古多有其例。《漢・志》有《李子》三十二篇，而別出《李克》七篇者，如法家有《商君》二十九篇，而兵家復有《公孫鞅》二十七篇之類；分部別出，一篇中亦屢見其例，兵家中又有《李子》十篇，沈欽韓曰：「疑李悝。」未足即為二人之證。或至班氏始誤分為二人也。〈人表〉李悝在三等，李克在四等，此如公季成、魏成子亦為二人。司馬遷已不能辨老聃、太史儋、老萊子，宜班固不能知李悝、李克矣。且魏文時賢臣，已盡見於〈卜相〉一文，苟別有李悝，何獨不見稱引？《御覽》七百四十五引《韓子》：「李悝為魏文侯北地之守，欲民之善射，乃令民有狐疑，射杓中者勝，不中者不勝，民皆習射，與秦戰，大敗之。」〈年表〉：「秦簡公二年，與晉戰，敗鄭下。」林春溥《戰國編年》以悝此事系之。教射勝秦，因傳兵書，是亦悝、克一人之證也。《漢・志》《李子》三十二篇，班注：「名悝，相文侯，富國強兵。」班氏於李克亦云：「相魏文侯。」《淮南・泰族訓》：「田子方段干木輕爵祿而重其身，不以欲傷生，不以利累形，李克竭股肱之力，領理百官，輯穆萬民，使其君生無廢事，死無遺愛，此異行而歸於善。」是亦謂克曾相魏。《淮南・道應訓》：「魏武侯問於李克。」高注：「李克，武侯之相。」則克殆繼相兩君者耶？《晉書・刑法志》：「律文起自李悝，撰次諸國法，著《法經》。以為王者之政，莫急於盜賊，故其律始於盜賊。盜賊須劾捕，故著〈網經〉一篇。其輕狡，越城，博戲，假借，不廉，淫侈踰制，以為〈雜律〉一篇。又以其律具其加減，是故所著六篇而已。商君受之以相秦。」其說本於桓譚。桓氏當西漢晚世，博學與揚子雲劉子駿並驅，必有所見。惜史公未載，遂不為後人注意也。又按：《韓詩外傳》二，晉文侯使李離為大理，過聽殺人，自拘請死。文侯止之，李離不聽，卒服劍而死。竊疑此晉文侯乃魏文侯，李離即李悝也。其果服劍而死，不及相魏武與否，則莫可參稽耳。要之李克為法家祖，此亦一旁證也。又按：商君生，已值李克晚世，或先卒，商君不及見，蓋聞聲私淑。

西門豹

為鄴令，見〈魏世家〉及〈魏策〉。引漳水以溉鄴。見《史記・河渠書》。《志疑》云：「引漳溉鄴，《漢書・溝洫志》據《呂氏春秋・樂成篇》，以為史起，有史起譏豹不知漳水溉鄴語。《續滑稽傳》謂豹引河水溉鄴。然考《後漢書・安帝紀》，初元二年，修理西門豹所分漳水為支渠以溉民田。《水經・濁漳水》《注》亦云，豹引漳以溉鄴，其後至魏襄王，以史起為鄴令，又堰漳以溉鄴田。《呂氏》恐不足據。左氏〈鄴都賦〉所謂『西門溉其前，史起溉其後』也。」今考《御覽》六百二十八引《淮南》，西門豹治鄴，亦翟璜所任。又八百四十二引《呂氏春秋》，吳起為鄴令，民歌之曰：「終古斥鹵生稻粱。」今《呂氏・樂成篇》、《漢書・溝洫志》，皆云歌史起，《御覽》誤。鑿十二渠。見《史記・滑稽傳》褚少孫補。余意李悝盡地力，西門豹興水利，同為東方田制一大興革。井田隨封建為存廢，理亦然也。《周官》以井田與溝洫並說，似亦誤。（參讀〈考辨〉第七三。）《韓非・難言篇》稱其「不鬭而死人手」，則豹乃不得其死者。

樂羊

為將伐中山。見〈魏世家〉，〈魏策〉，及《呂氏・樂成篇》。

又按：鄒陽〈上書〉云：「白圭戰亡六城，為魏取中山。中山人惡之魏文侯，文侯投以夜光之璧。」張晏曰：「白圭為中山將，亡六城，君欲殺之，亡入魏，文侯厚遇，還拔中山。」余考白圭不及仕文侯，（詳〈考辨〉第八二。）鄒陽殆由樂羊誤記，而張氏亦誤承鄒陽之說也。然則樂羊本中山將，亡而走魏，其子尚在中山。中山人乃烹而殺之。又鄒陽云：「中山人惡之魏文侯。」蓋樂羊叛其故國，又親啜其子之羹，其為人之忍，不徒中山人惡之，魏人亦多疑之。故中山亡而文侯示樂羊以謗書兩篋也。文侯之用樂羊，亦特以就其一時之功，其後乃不見任使。

屈侯鮒

為太子傅。見〈魏世家〉，《說苑》。

趙蒼唐

為太子傅。見〈魏世家〉。《韓詩外傳》作趙蒼，《說苑》作屈侯附，而二人均見於〈魏世家〉。史公僅亦捃摭雜說，未定其為一人或二人也。茲姑仍之。

余又考魏文時賢臣，盡見於〈世家・卜相〉一文。又見《韓詩外傳》，《說苑》。其略曰：「文侯卜相於李克，曰：『所置非成則璜，二子何如？』李克對曰：『君不察故也。居視其所親，富視其所與，達視其所舉，窮視其所不為，貧視其所不取，五者足以定之。何待克哉？』文侯曰：『先生就舍，寡人之相定矣。』李克出，過翟璜之家。璜曰：『聞君召先生卜相，果誰為之？』李克曰：『魏成子為相矣。』翟璜作色曰：『臣何負於魏成子？西河之守，臣之所進也。君內以鄴為憂，臣進西門豹。君謀欲伐中山，臣進樂羊。中山已拔，無使守之，臣進先生。君之子無傅，臣進屈侯鮒。臣何負於魏成子？』李克曰：『子之言克於君，豈將比周以求大官哉？且子安得與魏成子比？魏成子食祿千鍾，什九在外。東得卜子夏田子方段干木，此三人者，君皆師之。子之所進五人者，君皆臣之。子惡得與魏成子比？』翟璜逡巡再拜，曰：『璜鄙人也。』」〈卜相〉之文如此，而此文實吳起之徒潤飾為之，非當時信史也。知者，《史記》、《韓詩外傳》列序諸臣，如西門豹樂羊李克屈侯鮒之屬，皆名，獨西河守不名。西河守即吳起，明是起徒所為矣。《說苑》云：「西河之守，觸所任也；計事內史，觸所任也。」計事內史無考，《史記》、《外傳》皆無之。劉氏博採，非原文矣。且敘述諸臣，吳起居首，亦見推尊之私。否則自樂羊攻中山，李克守之，屈侯鮒為傳，皆依事序。起之守西河，乃在得中山後，何獨先列於前？若論輩行，起實晚進。此中痕跡宛然，其出起徒所為無疑。起先學於曾子，習儒者之業。又仕魏文侯，為崇儒之主。慮其好文學，多稱述，如今傳西河之對，文采斐然。昔人疑《左傳》成於起手，此亦足為助證也。《說苑》又有「田子方渡西河，與翟璜論賢」一節，此全襲〈卜相〉文，而稍易其面目，不足據。

且〈卜相〉一文，其非當時信史，尤有可論者。《史・表》載此事於文侯二十年。余按《紀年》文侯紀元，當移前二十三年，而用吳起，滅中山，均在晚世。伐中山，在趙烈侯元年，魏文侯之三十九年也。三年而滅之，則四十一年矣。詳〈考辨〉第五四。卜相之事，應又在後。魏成子，賢臣也，又親文侯之弟，豈至四十一年後而始相？且翟璜李克均相文侯，應猶在魏成子後。豈有文侯於晚節十年之間，三易其相，而皆賢者；而以前四十年，誰何人為相，顧漠無一聞於後耶？余意子夏田子方段干木皆在文侯早年，三人中段干木又稍後。而魏成子進之。魏成子之為相，應在前。吳起樂羊西門豹李克屈侯鮒皆在文侯中晚，而翟璜進之。翟璜之為相，應在後。似無同時卜相二人之事。至吳起守西河顯名，子夏之倫，或已謝世。魏文一朝賢者，先後輩行，必有不及同事其主者矣。若〈卜相〉文中語，花團錦簇，顯出後人潤飾，非信史也。然〈年表〉卜相李克翟璜爭，在魏文二十年者，亦自有故。竊謂魏文以十七年伐中山，三年而克，乃十九年。樂羊為將，吳起助之。起為西河守，宜在二十年後。李克守中山，屈侯鮒傅太子，皆其時。慮西門豹之守鄴，或稍在前，〈年表〉：「秦靈公八年，初以君主妻河。」時當魏文侯三十年。魏俗為河伯取婦，其風未知視秦孰先後，然竊疑其時西門豹或尚未治鄴，秦魏兩國媚河之俗，蓋一時東西並盛。豹之治鄴，革鄴俗，自應在魏文三十年後也。然亦大略同時。滅中山後一年，翟璜與韓趙兩君聯師伐齊，則翟璜在當時，蓋為魏相，故謂諸賢盡其拔用。而魏成子之相，則自在前，至李克為相，則猶在後，此均約略可推者。今於諸人年世，既未能一一詳定，因為綜述於此，以見一時之風會。而先後之間，粗為論別，為考史者要覽焉。

魏文禮賢，其可考見者，略如上述。其間有二端，深足以見世局之變者：一為禮之變，一為法之興。何言乎禮之變？當孔子時，力倡正名復禮之說，為魯司寇，主墮三都，陳成子弒君，沐浴而請討之。今魏文以大夫僭國，子夏既親受業於孔子，田子方段干木亦孔門再傳弟子，曾不能有所矯挽，徒以踰垣不禮，受貴族之尊養，遂開君卿養士之風。人君以尊賢下士為貴，貧士以立節不屈為高。自古貴族間互相維繫之禮，一變而為貴族平民相對抗之禮，此世變之一端也。何言乎法之興？子產鑄《刑書》，叔向譏之；晉鑄刑鼎，孔子非之。然鄭誅鄧析而用其《竹刑》，刑法之用既益亟。至魏文時，而李克著《法經》，吳起僨表徙車轅以立信，皆以儒家而尚法。蓋禮壞則法立，亦世變之一端也。劉向《別錄》云：「刑名者，循名以責實，其尊君卑臣，崇上抑下，合於六經。」得此中之消息矣。《國策》：「安陵君曰：『吾先君成侯，受詔襄王，以守本地，手受《大府之憲》。《憲》之《上篇》曰：「子弒父，臣弒君，有常刑。國雖大赦，降城亡子，不得與焉。」』」明董說《七國考》謂：「此是李悝以前魏國相仍之法。」亦足為劉說證佐也。要以言之，則由於貴族階級之頹廢，與平民階級之崛興。

四一　公輸般自魯遊楚考

《墨子・魯問篇》：「昔者楚人與越人舟戰於江，楚人順流而進，迎流而退，見利而進，見不利則其退難；越人迎流而進，順流而退，見利而進，見不利則其退速。越人因此亟敗楚人。公輸般自魯南遊楚，焉始為舟戰之器，作為鉤強之備。楚之兵節，越之兵不節，楚人因此亟敗越人。」據此，則越自滅吳，與楚接壤，沿江舟戰，已非一日。初屢越利，逮公輸至楚，而楚乃得勝算也。公輸與楚惠王同時。孫氏《閒詁》謂：「《史記・楚世家》惠王時無與越戰事，蓋《史》失之。」今考：〈楚世家〉云：「惠王十六年，越滅吳。四十二年，楚滅蔡。四十四年，楚滅杞。是時越已滅吳而不能正江淮北，楚東侵廣地至泗上。」此即惠王時與越戰事，豈得謂《史》失之？江淮北者？《正義》謂：「廣陵縣徐泗等州也。」則楚之東侵，遵江沿淮，皆不能無水戰。然則公輸之遊楚，宜在惠王四十四年前矣。〈越世家〉：「句踐已平吳，乃以兵北渡淮，與齊晉諸侯會於徐州。已去，渡淮南，以淮上地與楚，歸吳所侵宋地於宋，與魯泗東方百里。」此與〈楚世家〉所載絕異。一謂越以淮上地與楚，一謂楚東侵廣地至泗上，一在句踐時，一在句踐卒後二十年。《志疑》引顧氏《大事表》，力辨句踐棄地之不可信。然以繫之〈楚世家〉東侵廣地之下，而曰「〈越世家〉亦云以淮上地與楚」云云，兩事併為一談，實為疏失。蓋其誤始裴氏《集解》，而顧氏、梁氏不能辨也。參讀〈考辨〉第三五。

汪中《墨子序》云：「〈檀弓下〉，季康子之母死，公輸般請以機封，此事不得其年。季康子之卒，在哀公二十七年。按：康子於哀三年始見《傳》。楚惠王以哀公七年即位，般固逮事惠王。」今假定公輸生於魯哀元年，康子母死，公輸年當二十許。〈檀弓〉：「康子母死，公輸若方小，斂，般請以機封。」鄭注：「般，若之族。」劉端臨《經傳小記》云：「若疑般之字。」王引之《春秋名字解詁》從之，曰：「鄭公子班字子如，《廣雅》：『如，均也。』《孟子》：『若是班乎？』趙注：『班，齊等之貌。』是班亦均也。公輸般即《孟子·離婁篇》《注》所謂魯班也。《漢書·揚雄傳》：『般、倕棄其剞劂兮。』顏《注》般讀與班同。公輸班字若，與公子班字子如同義，若猶如也。」今按：〈檀弓〉既云「公輸若方小」，則其時般年決不在二十五以上。至楚惠王四十四年，公輸年當五十，至遲不逾六十也。楚既得志江淮之北，般以有功見用，遂獻攻城之器而圖宋，則為惠王四十五年以後事矣。

四二　墨子止楚攻宋考

墨子止楚攻宋，本書不云在何時。鮑彪《國策注》謂當宋景公時。《閒詁》譏其疏謬。余考攻宋之謀，自公輸之製雲梯。而公輸來楚，在惠王四十四年前，其獻雲梯，則在四十四年東侵得志之後。何者？楚既廣地至泗上，遂北向而窺宋，此自地理言之而可信也。且證之《墨子》書。〈公輸篇〉云：「公輸般為楚造雲梯之械成，將以攻宋，子墨子聞之，起於齊，（畢云：「《呂氏春秋．愛類篇》云：『自魯往。』是。」）行十日十夜而至於郢，見公輸般。」則墨子來楚，與公輸初相見，正楚方圖宋之時也。又〈魯問篇〉：「公輸子謂子墨子曰：『吾未得見之時，我欲得宋。自我得見之後，予我宋而不義，我不為。』」此公輸與墨子事後之談。公輸既不欲宋，必不復思侵越，此製鉤強在製雲梯之先也。又：「公輸子善其巧，以語子墨子曰：『我舟戰有鉤強，不知子之義亦有鉤強乎？』」此尤公輸製鉤強，早在遇墨子之先，故聞墨子論義而以此為詢也。本此三文，公輸製雲梯圖宋在製鉤強破越之後，又斷然矣。故余定楚謀攻宋在惠王四十五年後也。

又考〈公輸篇〉：「墨子赴楚，使禽子諸弟子三百人守宋。」禽子即禽滑釐。〈備梯篇〉：「禽滑釐事墨子，三年而後問守道。」孫氏〈墨子傳略〉謂：「墨子止楚攻宋，年未及三十，正當壯歲。」則禽子年又當更輕於墨子，而已為諸弟子長。墨子以早歲即學成行尊，致弟子三百人。又師弟子皆年少，預人國事，疑未然也。余定墨子止楚攻宋時，年不過四十，否則亦不能「百舍重繭」，語見〈宋策〉。「裂裳裹足，日夜不休，十日十夜而至於郢」。《呂氏春秋》禽子年三十左右。循是推其生卒年壽，亦無不合。又魏文侯元年，當楚惠王四十三年，〈考辨〉第三七時子夏年六十二，曾子年六十，子貢若尚在，年七十五，子思年三十四五以上，略當墨子。墨子與曾西顓孫子莫田無擇相比伍，而或稍前，而已與其前輩子夏曾子抗顏，為並世大師。禽子年未及三十，為弟子領袖。當時儒墨情勢，約略如是。

又按：余知古《渚宮舊事》卷二：「楚惠王五十年，墨子至郢，獻書惠王，王受而讀之，曰：『良書也，寡人雖不得天下，樂養賢人。』墨子辭，曰：『書未用，請遂行矣。』將辭王而歸，王使穆賀以老辭。」孫詒讓《墨子閒詁》謂：「余書乃本《墨子・貴義篇》，而今〈貴義篇〉文則已多脫佚。其云『五十年』，亦疑本《墨子》舊《注》。」余謂墨子止楚攻宋，與其獻書惠王，蓋一時事。初本為止楚攻宋而來，楚既聽其說，乃獻書期大用；既不得意，乃遂歸魯。其事至晚不逾惠王五十年，則差可定也。

又按：楚〈曾侯鐘〉文：「惟王五十有六祀，徙自西陽。楚王能章作曾侯乙宗彝，寘之於西陽，其永時用享。」《積古齋鐘鼎款識》曰：「能通熊。《左傳》楚昭王於魯定公六年遷鄀。《漢・志》若屬南郡，《注》云：『楚畏吳，自郢徙此，後復還郢。』師古曰：『《春秋傳》作鄀，其音同。』此云徙自西陽，當即自鄀還郢之時。西陽《漢・志》屬江夏郡，去鄀甚近。」林春溥《戰國紀年》據此，定楚還遷郢，在惠王之五十六年。今按：昭王自郢遷鄀，其後並無還郢事，《漢・志》誤也。參讀〈考辨〉第一二七。《史記・楚世家》：「惠王以四十二年滅蔡，四十四年滅杞，東侵廣地至泗上。」時方大啟疆土，北爭中原，決無南遷舊郢之理。《漢・志》江夏郡西陽，王先謙《補注》引《清一統志》：「故城在今黃岡縣東。」則於鄀不能謂近。自鄀還郢，亦不過此。竊疑〈曾侯鐘〉之西陽，不當以《漢・志》西陽為說。《史記・楚世家》昭王十二年「去郢，北徙都鄀」。《正義》引《括地志》：「楚昭王故城在襄州樂鄉縣東北三十三里，在故都城東五里，此故都疑指鄀郢言。」《水經・沔水》《注》：「沔水過宜城縣東，故城鄀郢之舊都，沔水又經鄀縣故城南，古鄀子之國也。縣北有大城，楚昭王為吳所迫，自紀郢徙都之，即所謂鄢鄀盧羅之地也。」高士奇《春秋地名考略》謂鄢，楚之別都，後楚徙郢於鄀，兼稱鄢郢。楚又嘗自鄀徙鄢，逾年而復。竊疑楚自昭王遷鄀，自後又徙鄢，遂稱鄢郢，絕無重返江陵舊郢之事；而鄀亦不得稱鄢郢，高說復誤。宜城有西山，楚先王冢墓所在，此西陽殆即指宜城西山之陽而言。或楚都屢徙，而要不出此鄢郢盧羅之區，則可斷言也。參讀〈考辨〉第一二七。則墨子十日十夜自魯至郢，亦宜城之郢耳，固未深歷江漢奧區，達於江陵之郢也。《路史》：楚文都南郢，即江陵，又謂故郢。昭王避吳遷鄀，今宜城，為北郢，即郢州。惠王遷鄢，在宜城。鄢非久都，故惠王沒，墨翟重繭趨郢。此謂惠王遷鄢，是也。而不知墨子至郢，正即鄢郢，非南郢，則《路史》復誤。又墨子晚年居楚魯陽，《漢・志》在南陽郡；《清一統志》故城今魯山縣治，其地在方城之北，河南之中部。然則墨子居楚，其足跡亦未遠離中原，而至江域也。墨子時越都琅邪，則墨子弟子遊越，亦未遠涉江南。

四三　三晉始侯考

《史記・楚世家》：「簡王八年，魏文侯韓武子趙桓子始列為諸侯。」而〈年表〉無之。〈年表〉：「楚聲王五年，魏韓趙始列為諸侯。」而〈世家〉無之。考之〈魏世家〉云：「魏文二十二年，魏韓趙列為諸侯。」〈趙世家〉云：「烈侯六年，魏韓趙皆相立為諸侯，追尊獻子為獻侯。」〈韓世家〉云：「景侯六年，與趙魏俱得列為諸侯。」〈周本紀〉云：「威烈王二十三年，命韓魏趙為諸侯。」〈燕世家〉云：「釐公立歲，三晉列為諸侯。」皆與〈年表〉「楚聲王五年」之說合，故後人多信是歲為三晉始侯之歲，而不取「簡王八年」之說。然余考魏文年代，《史・表》皆誤移在後。楚簡王八年，正當魏文侯二十三年。今《史・表》誤作魏文元年者，〈魏世家〉云：「魏文以二十二年為侯。」則二十三年，乃稱侯後之元年。如

〈秦本紀〉秦惠文王以十三年四月戊午稱王，（詳〈考辨〉第一〇〇。）而明年更為元年也。今《史記》誤以稱侯更元之年為魏文元年，遂誤遺其前之二十二年；猶如以梁惠王徐州稱王更元之年為魏襄王元年，而誤遺其後之十六年也。兩事本一例，惟後事之誤，自和嶠荀勗以來，往往能言之，而前事則千古未有能道其誤者。今即本《史記》為說，以證《史記》致誤之由，而後《紀年》與〈六國表〉之得失，可以為定論。然則楚簡王八年，特為魏文稱侯之元年，而《史》誤以為魏文侯趙桓子韓武子始列為諸侯者，猶如徐州之會，僅齊魏相王，而〈魏世家〉誤以為諸侯之相王也。（桓子武子皆稱「子」，即未稱侯之證。）《史》既誤以魏文稱侯之元為始立之元，誤後二十二年，遂以文侯為桓子之孫，又下割武侯十年為魏文之年。凡此皆本〈楚世家〉一語痕跡，而可推尋為證者。

至威烈王二十三年，命三晉為侯之說，考之〈燕世家〉《索隱》引《紀年》：「智伯滅在燕成公二年，成公十六年卒，（此語據《史記》，而《索隱》無文，知《紀年》與《史記》合。）文公二十四年卒，簡公立十三年，而三晉命邑為諸侯。」核計其年，正值周威烈王二十三年，則《紀年》與《史記》合。前二十二年，魏已為侯，此又稱「三晉命邑為諸侯」者，猶如魏齊會徐州相王之後，魏韓又相王，又有五國相王也。然〈韓世家〉《索隱》云：「韓景侯，《紀年》及《世本》皆作景子。」則韓猶未稱侯；此後三年景子卒，其子列侯乃稱侯。此或如趙武靈王時，五國相王，趙在其內，而趙獨不稱王，此由武靈年少新立，特以沽譽。參讀〈考辨〉第一〇五。而韓則勢最微弱，故稱侯亦獨遲也。〈韓世家〉云：「與趙魏俱得列為諸侯。」措辭亦顯有分別。

《水經注》引《紀年》：「晉烈公十二年，王命韓景子趙烈子翟員伐齊。」是年尚在周威烈王二十三年之前二年，故趙君亦稱子，不稱侯。《史記・魏世家》《索隱》引《紀年》云：「魏武侯元年，當趙烈侯之十四年。」是年在周威烈王二十三年後八年，故趙烈子已改稱烈侯。據此兩事，則趙之稱侯，始自烈子。獻侯於《紀年》稱獻子，《史記》謂追尊為獻侯，其語不足信。同時魏韓皆無追尊事。又〈趙世家〉：「烈侯九年卒，弟武公立，十三年卒。」梁氏《志疑》云：「武公前為列侯，後為敬侯，不應武獨稱公。《大紀》稱武侯，是也。」然《索隱》引譙周云：「《系本》及說趙語者，並無武公事。」而《索隱》引《紀年》，烈侯尚有十四年，見上引。

是烈侯並非九年即卒。《史》載烈侯名籍，烈侯子敬侯名章，獨武公無名，知趙實無此君。史公誤說，故不得其名。此例甚多。如魏文侯父無名，（〈考辨〉第三七）韓文侯無名，（見下節。）魏哀王無名，（〈考辨〉第一一九）細考皆實無其人，而史公誤說也。是蓋烈侯亦以稱侯後改元，《史》遂誤分為兩人耳。若然，則烈侯以六年立為侯，應在七年改元，何以《史記》之誤又為九年與十三年乎？今按：〈趙世家〉又云：「獻侯十年中山武公初立。」此中山武公乃魏文侯滅中山而復封者。詳〈考辨〉第五四。趙獻侯十年尚在魏文伐中山之前，此必誤。或係趙烈侯之十年，史公不深考，遂誤疑是年為趙武公元，又誤移中山武公初立於獻子之十年也。此兼採近人楊寬說。余考魏文侯召太子擊，改封少子摯於中山，應在趙烈侯之七年。〈考辨〉第四六而此又稱烈侯之十年者，乃至是中山始正式復國，列為諸侯，故以是年為中山武公之初立也。

又按：〈趙世家〉：「烈侯太子章立，是為敬侯。其元年，武公子朝作亂，不克，出奔魏。趙始都邯鄲。」〈六國表〉略同。又云：「是年魏襲邯鄲，敗焉。」〈魏世家〉稱：「趙敬侯初立，公子朔為亂不勝，奔魏，與魏襲邯鄲，敗而去。」單稱公子朔，朔、朝形近，未審孰誤。然並不謂其乃前君之子，似較〈趙世家〉為得實。然則今〈趙世家〉武公子朝亦因前武公而誤。今《史・表》韓景侯、列侯、文侯，趙烈侯、武公、敬侯，兩國三世六君，元年皆同，無如此巧合事。

又按：《史記・韓世家》：「武子卒，子景侯立。」《索隱》云：「《紀年》及《世本》皆作景子，名虔。」此景子時韓未稱侯之證。又云：「景侯卒，子列侯取立。」《索隱》云：「《系本》作武侯。」「列侯卒，子文侯立。」《索隱》云：「《紀年》無文侯，《系本》無列侯。」今考《史記》、《世本》、《紀年》三家異同，則《史記》失景侯名，故《索隱》引《世本》、《紀年》補之。今〈世家〉云：「子景侯立。景侯虔元年。」下「虔」字疑後人補入，非本文。《史記》已載列侯名，故《索隱》不復引《世本》、《紀年》。《史記》又失文侯名，而《索隱》亦不引《世本》、《紀年》以補者，知《世本》、《紀年》同無此名也。然則其時韓君實止兩人，一名虔，即景子；一名取，則《史記》之所謂列侯與文侯，亦即《世本》之所謂武侯也。戰國時一君兩謚三謚者頗有之。如韓宣惠王即威侯，〈考辨〉第一〇二楚頃襄王又稱莊王〈考辨〉第一三一則《史記》之韓列侯、文侯，與《世本》之武侯，實即《紀年》之列侯一人也。今《史・表》分作兩人者，蓋亦由其稱侯改元而誤。

然則今表列侯元年，乃其君即位稱元之年；文侯元年，乃其君稱侯改元之年。是年正齊田和始立為侯之歲。前一年，田和會諸侯於濁澤，蓋韓人亦於此會後與田齊同時稱侯也。又是年趙敬侯初立，內亂，魏趙不睦，或魏引韓為重，而助之稱侯。然則三晉之侯，魏最先，趙次之，韓又次之。周威烈二十三年，特趙人始侯之年。其前二十二年，魏已稱侯。其後十六年，韓始稱侯。此三晉稱侯之始末也。《史記．楚世家》「簡王八年」，乃魏事；「聲王五年」，乃趙事；獨韓最微弱，故其稱侯不見於他國之載述焉。

韓武子以下《史記》、《紀年》、《世本》三家異同表

《史記》	《紀年》	《世本》
景侯	景子虔	景子虔
列侯取	列侯	無
文侯	無	武侯

又按：《呂氏春秋．下賢篇》稱：「魏文侯好禮士，故南勝荊於連隄，東勝齊於長城，

虜齊侯，獻諸天子，天子賞文侯以上聞。」梁曜北云：「《國策》、《史記》皆不見文侯勝荊齊之事，上聞舊本作上卿，訛。《史》《漢》〈范噲傳〉『上聞爵』，如淳《注》引此語作『上聞』。張晏曰：『得徑上聞也。』晉灼曰：『名通於天子也。』」今按：勝齊長城事，即《水經》引《紀年》翟員帥師伐齊入長城者也。參讀〈考辨〉第四〇，又〈考辨〉第五六。自是以往，周室震於魏文之威，賜以上聞之禮，故魏史誇之，於是役也，曰王命。而《史記》謂周威烈王二十三年，三晉命為侯，蓋是年當魏文侯四十四年。其前二年，即勝齊長城之歲。賜以上聞，或即命為諸侯矣。校其年，亦合。又按：魏勝齊長城，當齊宣公卒，康公立。虜齊侯獻諸天子之說，恐無據。

四四　宋信子罕之計而囚墨翟考

《史記・鄒陽傳》云：「宋信子罕之計而囚墨翟。」《漢書・鄒陽傳》作「子冉」，誤。考子罕有二人：一在春秋魯襄公時，《呂氏春秋・召類篇》，稱其「相平公元公景公，以仁節終其身」者也，其事迹詳《左傳》；一在戰國初年，韓非〈二柄〉、〈外儲右下〉、〈說疑〉諸篇李斯〈上二世書〉，見《史記》本傳。韓嬰《詩外傳》七劉安《淮南・道應》劉向《說苑・君道》諸氏書，言其劫君而擅政者也。《韓非・內儲》：「皇喜與戴驩爭權，遂殺宋君而奪其政。」《左傳》子罕，樂喜字，則此子罕乃皇喜字也。「殺」者，《孟子》「殺三苗於三危」，〈虞書〉作「竄」；《左》昭元，「周公殺管叔而蔡蔡叔」，《注》：「蔡，放也。」「殺」、「蔡」互通，謂竄逐放之耳。子罕劫君當為昭公，宋前後亦有二昭公，《韓詩外傳》六、《賈子・先醒篇》並有昭公出亡反國事，皆指後昭公言。而高誘注《呂覽》，謂春秋時子罕殺宋昭公。見〈召類〉。此當由戰國時子罕與後昭公同時，擅權逐君，高氏誤記，遂謂在春秋時也。梁玉繩《呂子校補》則謂高注子罕殺昭公為無據。據此則墨翟當與宋後昭公同時。《史記・孟荀列傳》：「墨翟為宋大夫。」鮑彪謂當景公昭公時，孫詒讓則斷為正在昭公時。〈年表〉昭公薨在周威烈王二十二年，孫氏〈墨子年表〉云：「疑昭公實被放弒，墨子之囚，殆其末年事。」余考昭公末年在周威烈四年，去墨子止楚攻宋已逾二十年，墨子若仕宋，應即在止楚攻宋後。子罕劫君擅政，並不在昭公之晚節，則宋囚墨翟，烏見其必在昭公之末年乎？大體在昭公三十一年以後，則頗可定也。

四五　宋昭公末年在周威烈王四年非二十二年辨

〈宋世家〉景公六十四年卒，〈年表〉作六十六；據《左傳》宋景卒在魯哀二十六年，是四十八年卒也。其明年，為周定王元年，昭公之元當在此年；〈年表〉書於齊宣公六年，周定王之十九年，誤後十八年。昭公在位四十七年，〈年表〉、〈世家〉並同，則卒年當在威烈王四年；〈年表〉在威烈二十二年，亦誤後十八年。孫氏〈墨子年表〉昭公元已移前至周定王元年，而仍舊於威烈王二十二年書昭公薨，則昭公在位六十五年矣，是又誤多十八年也。此屬孫〈表〉疏忽，今依《志疑》駁正。

又按：「諡法」：「恐懼從處曰悼。」如晉悼公楚悼王，其前一君皆被弒，詳〈考辨〉第三五。昭公後為悼公，則此昭公疑實為被弒之君也。《韓非．外儲說右》謂：「子罕殺宋君而奪政。」

〈說疑〉云：「子罕弒其君。」則昭公之被弒信矣。又〈內儲說下〉：「皇喜殺宋君而奪其政。」皇喜即子罕。而《韓詩外傳》、賈子《新書》皆曰：「宋昭公出亡，革心易行，晝學道而夕講之，二年，美聞於宋，宋人迎而復位，卒為賢君，諡為昭公。」則又若昭公非被弒者。就其在位之久，或先被逐，而又得反國，而終見弒，如魯哀公之見逐於季孫氏，雖反國而終不得其善終也。詳〈考辨〉第三五。韓嬰賈誼皆漢人，恐可信不如韓非書。戰國以來，宋以弱小，史料殘缺，蓋不可得而詳定矣。

四六　魏文侯二十五年乃子擊生非子罃生魏徙大梁乃惠成王九年非三十一年辨

閻若璩著《孟子生卒年月考》，論《紀年》不足信，舉兩事。一曰：「《紀年》云：『惠成王九年，徙都大梁。』不知是年秦孝公甫立，公孫鞅未相，公子卬未虜，地不割，秦不偪，魏何遽遷都以避之？」又曰：「〈六國表〉、〈魏世家〉並云子罃生於文侯二十五年辛巳，三十八年文侯卒，武侯立，凡十六年而後惠王立，是年已三十。若如《紀年》，文侯五十年卒，武侯二十六年卒，以生辛巳計之，惠王元年，已五十三；立三十六年卒，已八十八；更以襄王十六年為改元後之年，不一百四歲乎？《紀年》不可信如此。」今按：《紀年》與《史》牴牾，閻氏以《史》說繩《紀年》，宜其不可通也。余考魏滅中山，在文侯四十一年，詳〈考辨〉第五四。其時子擊尚年少，故文侯見中山使者趙倉唐，而曰「中山君長短若何」也。《韓詩外傳》，《說苑》疑《史》書二十五年「子擊生子罃」者，是年實子擊生。史公既博採雜說，誤謂伐中山在十七年，而子擊之生轉在其後，顯屬舛乖，故乃謂子擊又生子罃也。其實擊生於文侯之二十五年，至四十一年滅中山，擊年十七，始守中山。後三年，倉唐為使，則擊年二十左右。其少子摯《韓詩外傳》作「訢」，此從《說苑》。當十五六以下，正舐犢愛厚時矣。是年召子擊，改封子摯，即中山武公也。詳〈考辨〉第四三又五四。據此則武侯年二十六始立，立二十六年，五十二歲而卒。至惠王年歲無可考。惟武侯之卒，猶未立嫡，惠王與公中緩爭立，在位又五十二年，則其即位在壯歲可知。此不得謂《紀年》之誤。

其前一事，細按知亦《史》誤。惠王十八年，魏圍趙邯鄲，齊救趙。孫臏教田忌曰：「救鬭者不搏撠，形格勢禁則自解。今梁趙相攻，輕銳竭於外，老弱罷於內，君不若引兵疾走大梁，據其街路，衝其方虛，彼必釋趙而自救。」《魏志・王昶傳》，高貴鄉公三年三月，王昶增邑遷官詔：「昔孫臏佐趙，直湊大梁。」則其時魏已都大梁也。若猶在安邑，大梁乃外鄙，何為釋其久圍必得之趙，而渡河遠救乎？〈世家〉魏徙大梁在三十一年，而三十年魏伐韓，齊田忌救韓，亦直走大梁。龐涓太子申去韓還救，涓死申虜。語均詳〈孫吳列傳〉。此又情勢之至顯者。使大梁非魏都，何以大將、太子，傾國奔救，若此之惶促耶？《通鑑》於此兩役，皆云直走魏都，易去大梁字，蓋亦已疑《史》說之不可通，而不知《史》言大梁固不誤，特誤於不知其時大梁之已為魏都耳。又〈秦紀〉：「孝公十年，即魏惠十九年。衛鞅為大良造，將兵圍魏安邑，降之。」〈年表〉、〈商君傳〉均載此事，而獨不見於〈魏世家〉。蓋安邑魏都，其君在焉，豈得圍而便降？而徙都猶在十二年後。殆史公亦自知其不可安而滅去之者。《通鑑》於周顯王十七年書「秦大良造伐魏」，不書「安邑降秦」，亦為〈魏世家〉所惑。《志疑》覺其不可通，而謂安邑乃固陽字誤，（《日知錄》亦謂是字誤，然不應三處皆誤也。）則亦曲為彌縫，而不悟其破綻之不止於此也。又〈秦策〉：「魏伐邯鄲，因退為逢澤之遇。」（此即〈齊策・說閔王篇〉從十一諸侯以朝天子事。詳〈考辨〉第八三。）《通鑑》：「顯王二十六年，秦會諸侯於逢澤以朝王。」胡《注》引《括地志》曰：「逢澤在汴州浚儀縣東南二十四里。」據此則逢澤近大梁。〈秦策〉云：「退為逢澤之遇。」知其時魏已都大梁。否則渡河而南，遠至逢澤，何云退？故知《史記》三十一年徙都大梁之說必誤，不得據以疑《紀年》也。且其前趙徙邯鄲，韓徙鄭，亦豈得以見逼而遷為說？又是年與秦戰敗少梁，公叔見虜，即謂見逼而遷，亦正合情事。閻氏考古精博，而論孟子年歲多疏。以自來治先秦史，多不信《紀年》，閻氏亦未能免也。

胡朏明論《紀年》，謂：「此書乃戰國魏哀王時人作，往往稱謚以記當時之事。如魯隱公及邾莊公盟于姑蔑，晉獻公會虞師伐虢，滅下陽，周襄王會諸侯於河陽，明係春秋後人約《左傳》之文，倣經例而為之，與身為國史承告據實書者不同。」閻若璩則謂：「《史記・魏世家》《索隱》引《紀年》曰：『二十九年五月，齊田朌伐我東鄙，九月，秦衛鞅伐我西鄙，十月，邯鄲伐我北鄙，王攻衛鞅，我師敗績。』此非當時史官據實書當時之事乎？與《春秋》曷異乎？」今按：二氏說皆是也。蓋《紀年》於戰國事多可信據，春秋以上，容多傳聞異說，不可信者。正由戰國時事，乃出當時史官據實而書，其前則由雜採他書傳說而成故也。呂東萊《大事記》亦云：「《竹書》蓋魏國當時之史，其載前世治亂，雖多詭謬，至於書戰國事，必可信。」此論最確。

余既辨《史記．魏世家》梁惠王徙都在三十一年之誤，其後得讀朱右曾《竹書紀年存真》，則已先辨之，而其論有余所未及者。謂：「惠王之徙都，非畏秦也，欲與韓趙齊楚爭強也。安邑迫於中條太行之險，不如大梁平坦，四方所走集，車騎便利，易與諸侯爭衡。趙之去耿徙中牟，又徙邯鄲，志在滅中山以抗齊燕。韓之去平陽徙陽翟，又徙新鄭，志在包汝潁以抑楚魏。豈皆為避秦哉？〈東周策〉：秦興師臨周而求九鼎，齊王大發師以救之，秦兵罷。齊將求九鼎，顏率曰：『夫梁之君臣，欲得九鼎，謀之暉臺之下，沙海之上，久矣。鼎入梁，必不出。』暉臺沙海，皆大梁地。按：《元和志》：「沙海在汴州開封縣北二里。」是時為東周惠公。惠公薨於梁惠王十一年，則梁之徙都在前，彰彰明矣。本書三十一年『為大溝於北郛，以行圃田之水』，傳聞者乃以為溝之歲為遷都之年，而史遷又巧為安邑近秦之說，遂不知《竹書》之為實錄矣。」據朱說，魏徙大梁年，自以《紀年》為信。惟《水經・渠水》《注》、《漢書・高帝紀》《注》引《紀年》，皆作「六年四月甲寅，徙都於大梁」，而《史記集解》、《孟子疏》引，皆作九年，兩說相岐。朱氏據《水經注》編入六年，余則依《索隱》定在九年，此其異。

余草《諸子繫年》稿粗定，乃博涉諸家考論《紀年》諸書以相參證，最後惟雷氏學淇《紀年義證》未得見。雷氏書亦能辨《紀年》真偽，當與朱氏王氏《存真》、《輯校》同列，非陳氏《集證》以前諸賢之見矣。然余猶得讀其《介菴經說》，略窺一斑。其論孟子時事，蓋亦得失參半，粗具涯略，未盡精密。而論魏徙大梁，則其說猶在朱氏《存真》之前；朱氏之說，雷氏又復先言之，茲再鈔錄，以見考古之事，雖若茫昧，而燭照所及，苟有真知，無不同明，有相視而笑，莫逆於心者，而亦所以志余之陋也。雷氏之言曰：「魏徙大梁之說，當從《竹書》。魏之遷都，不必定因秦虜太子，地東至河，逼近安邑也。戰國時，秦及韓趙皆嘗遷都，豈皆有所逼乎？且〈世家〉謂襄王五年，始予秦河西地，七年，始盡入上郡於秦。是惠王三十一年時，秦地亦未嘗東至河也。若云遷都之歲，秦實虜其太子，則〈年表〉亦有『九年與秦戰少梁，虜我太子』之說，此史遷之所以誤此為彼歟？考《竹書》九年遷都後，與趙榆次陽邑，發逢忌之藪以賜民。韓人來伐，軍於皛澤，王與釐侯會於巫沙。十三年，又歸鄭侵地，釐侯數來朝。二十八年，齊敗我馬陵。三十一年，為大溝於北郛，以行圃田之水。按：惠王十年先已入河水於圃田，又為大溝而引圃水，見《水經・渠水》《注》。顧棟高云：「圃田澤在今開封府中牟縣西北七里。」此實皆九年遷都之證。蓋惠因遷都而睦鄰惠下，韓疑其逼近相并故來伐，即《史記》敗韓於澮之事也。澮即鄶水皛澤，乃韓梁界上之地，今在尉氏西南。韓既敗而就趙，遇於上黨，原注：見〈趙世家〉。使為解和，故與釐侯會於巫沙也。馬陵之戰，《國策》稱申為梁太子。《史記》謂齊使田忌將而直走大梁，龐涓聞之，去韓而歸。設非九年遷都，此何以云耶？蓋子長誤以三十一年公子卬之事為虜太子座，又誤以三十一年北郛之役謂即遷都也。」原注：《索隱》疑遷都當在二十九年師敗於秦之後，亦誤。遷都在四月，敗在十月。越一年，得見雷氏《義證》寫本，其議論與《經說》大同。雷氏《義證》初無刻本，其家以稿本送北京大學蔡孑民校長，請求傳刻，由象山陳漢章教授為之校字。余見其稿於北平圖書館，迻寫一通，嗣為排印流傳。適值抗戰軍興，遂不及有所題識也。余復節錄十數條，散入諸篇，間加商訂。又越月，得見其《考訂》十四卷，議據略同，而不如《經說》、《義證》之詳。又按：謂《史記》誤以北郛之役為徙梁之年，周廣業《孟子四考》亦先言之。

余又考魏源《古微堂外集・孟子年表》亦辨此事，謂：「《史記・魏世家》惠王九年，與秦戰少梁，虜我將公孫座，而〈年表〉則曰虜我太子，蓋誤以是年虜公孫座之事為〈世家〉三十一年秦虜公子卬之事，因又誤以是年徙都大梁之事移於三十一年。」此說亦與雷氏相似，皆主梁於九年遷都也。再觀於雷氏「睦鄰惠下，韓疑逼來伐」之說，則遷梁之年，固當以九年為定。又閱張宗泰《竹書紀年校補》，謂六年之說，與近本在顯王四年者同，當從之。然今本或自據《水經注》、《漢書》定在六年，今本之去取，不足即為九年、六年說之定讞。

又按：《漢書・地理志》魏縣，應劭曰：「魏武侯別都。」王先謙《補注》引〈續志〉：「魏縣故城內有武侯臺。」元城，應劭曰：「魏武侯公子元食邑於此，因而遂氏焉。」《水經・河水》《注》：「河水左會浮水故瀆，昔魏徙大梁，趙以中牟易魏。故〈志〉曰：『趙南至浮水繁陽，即是瀆也。』」據此，魏之去安邑，且不自惠王始。武侯已徙魏縣，其公子元食邑元城，亦正與武都密邇。至惠王益徙而南，遂越大河而居梁。趙以中牟易其故都。決不為避秦而徙，益以顯矣。中牟有河南、河北兩處。河南中牟近大梁，時蓋趙地，故以易之魏也。

又按：《水經・濁漳水》《注》：「鄴，本齊桓公所置也。故《管子》曰『築五鹿中牟鄴以衛諸夏』也。後屬晉，魏文侯七年始封此地，故曰魏也。」然則魏文初年，先曾都鄴矣。（西門豹治鄴，屢見稱述。《魏世家・卜相》一文：「西河之守，臣所進也。君內以鄴為憂，臣進西門豹。」於鄴稱內，正以其為魏都。故《寰宇記》（卷五十五〈相州下〉）云：「《史記》曰，魏文侯出征，以西門豹守鄴。」即為魏都也。而〈魏策〉「西門豹為鄴令，辭乎文侯」云云，《淮南子》「西門豹治鄴，文侯身行其縣」云云，則似西門豹治鄴，魏文已不居鄴，則或仍居安邑。要之其時諸侯都邑，遷徙無常，又不一其居，固不得以後世之事相比例。）《漢・志》謂魏絳自魏徙安邑，至惠王而徙大梁，其實亦疏說耳。（〈秦策〉：「汾水利以灌安邑，絳水利以灌平陽。魏桓子韓康子肘足接于車上，而智氏分。」則魏至桓子時固尚居安邑。）方氏《通雅》云：「趙自晉獻賜趙夙耿，趙襄子居原，簡子居晉陽，獻侯居中牟，敬侯元年始都邯鄲。」屢遷其居，正與魏似。

又〈濁漳水〉《注》同條引《紀年》曰：「梁惠成王元年，鄴師敗邯鄲師於平陽。」考之〈魏世家〉：「武侯卒，子罃與公中緩爭為太子。公孫頎謂韓懿侯曰：『魏罃與公中緩爭為太子，今魏罃得王錯，挾上黨，固半國也。因而除之，破魏必矣。』懿侯說，乃與趙成侯合軍伐魏，戰於濁澤。（雷氏《義證》云：「濁澤近安邑。《括地志》所謂『濁水，源出蒲州解縣東北平地者』也。」）魏氏大敗。趙欲立公中緩，割地而退；韓欲兩分魏。趙不聽，韓不說，以其少卒夜去。」《索隱》云：「《紀年》：『武侯元年，封公子緩。趙侯種韓懿侯伐我，取蔡；《水經．沁水》《注》、《路史．國名紀》皆作「葵」，《索隱》作「蔡」，乃字誤。司馬彪《郡國志》：「山陽有郟城。」京相璠曰：「山陽西北六十里有郟城。」雷氏《義證》云：「今故址在河南修武縣西北界上。」而惠成王伐趙圍濁陽。《義證》云：「濁陽，趙邑，即上黨濁漳水北之邑名也。」七年，公子緩如邯鄲以作難。』是說此事也。」王氏《竹書輯校》云：「武侯元年，當作惠成王元年，據本文自明。」余考魏武侯立年二十六，公子緩又惠成王弟，誠不能於武侯元年封。王氏辨是也。竊疑惠王元年封緩蓋居鄴，而惠成王則居安邑；一為文侯武侯舊都，一則魏絳以來所居。東西分踞，對抗之勢已成。故公孫頎謂其「挾上黨，固半國也」。七年，公子緩如邯鄲作難，雷氏《考訂》謂是七月之誤。惠成王封緩七月而緩與趙謀，結韓伐魏，欲殺罃自立也。惠王封緩本出不獲已，非情欲封之。云鄴師，正指公中緩而言，否則《紀年》魏史，不應自稱本朝為鄴。韓人主兩分魏地，雖不能行，而緩之與罃固已東西對峙，儼若兩國。公中緩居鄴近趙，趙主立緩，無緣相攻。蓋韓以與趙不合而去，魏惠遂得敗趙鄴之師。疑《水經注》所引，當作「敗鄴師邯鄲師於平陽」。《後漢．郡國志》：鄴「有平陽城」。《水經．濁漳水》《注》：「漳水又經平陽城北。」即此。《義證》：「平陽故址，在鄴城西北二十五里。」是平陽即在鄴。趙鄴之聯軍既敗，惠王乃得固其位。〈世家〉所謂：「惠王之所以身不死，國不分者，二家謀不和也。」二家謀不和，明指趙韓而言。趙韓聯軍，故先敗魏於濁澤及葵。及韓退而趙敗，魏以得全，然亦未能并鄴。自是魏縣、鄴城終入於趙，魏不得復有之。即《水經．河水》《注》所謂「魏徙大梁，趙以中牟易魏」也。而此後韓與惠王睦，魏乃修宿仇，卒拔邯鄲，胥於此種其因。此雖推測之辭，亦差可補逸史之闕文。而鄴之曾為魏都，亦可藉作助證也。陳氏《集證》亦疑《水經注》此條，而云「原文當作敗鄭師邯鄲師於平陽」，則未是。雷氏《義證》謂「邯鄲之師取道於鄴而歸，鄴之守令要而擊之」，更屬強說。又按：《太平寰宇記》卷五十五引《竹書紀年》云：「梁惠成王敗邯鄲之師於平陽。」足為我說之證。

又按：〈魏世家〉：「武侯二年，城安邑王垣。」《索隱》引《紀年》：「十一年，城洛陽及安邑王垣。」朱右曾《紀年存真》云：「洛陽當作洛陰，《史記》文侯攻秦，還築雒陰是也。故城在陝西同州府大荔縣西。安邑故城在山西解州夏縣北。王垣故城在山西絳州垣曲縣西。徐文靖《統箋》「洛陽疑當作汾陽」，不如朱說為審。蓋皆邊秦兵爭之地，故為城之。」此亦足證其時魏都決不在安邑，否則當時史官，亦不如此為記。

四七　魯繆公元乃周威烈王十一年非十九年亦非十七年辨

《史記・魯世家》載魯哀公以下列君年數，與《年表》多異，而曰：「平公立時，六國皆稱王。平公十二年，秦惠王卒。文公七年，楚懷王死於秦。頃公二年，秦拔楚之郢。」皆據秦事為說，其語或本之《秦記》。余為之考其異同得失，而知《世家》之可信，《年表》之不可依也。惟《世家》於悼公稱三十七年，《集解》徐廣曰：「一本云悼公即位三十年，乃於秦惠王卒，楚懷王死年合。」今自秦惠王卒年上推，悼公當得三十一年，乃符。疑《集解》本作三十一年，而今本誤脫之。今定悼公元甲戌，三十一年終甲辰。元公元乙巳，二十一年終乙丑。翌年丙寅，為魯繆公元，則威烈王之十一年也。較今《年表》移前八年。

《史》載子思年六十二，而繆公元年，距孔子卒已七十五年。（即依今《世家》，較《年表》前兩年，亦七十三年。）子思生，孔子未死，何及為繆公師？即謂伯魚遺腹生子思，年六十二乃八十二之誤，然子思之卒，至晚亦在繆公六年八年間耳。繆公初元，子思年已逾七十矣，而孟子猶謂：「繆公無人乎子思之側，則不能安子思。」其事頗難信。又繆公子思同世既不久，何以為後人稱述如此？今若移前繆公元八年，則諸疑可釋。

又〈檀弓〉：「陳莊子死，赴於魯。魯繆公召縣子而問。」余考陳莊子卒，在齊宣公四十五年。詳〈考辨〉第五一。依〈年表〉繆公元在齊宣四十九年，相差已四年。即據今〈世家〉繆公元移前兩年，在齊宣公四十七年，亦與莊子卒歲相隔一年，與〈檀弓〉所記皆不符。檀弓魯人，記魯事，又乃七十子弟子。胡寅曰：「檀弓，曾子門人。」與繆公世隔非遙，不應有誤。若改悼公在位三十一年，則繆公元乃齊宣公四十一年，田莊子卒，乃繆公之五年。

上舉兩例，證今〈世家〉悼公三十七年，實不如作三十一年為審。其他論〈魯世家〉記魯君年數可信諸證，散見於後，此不並著。參讀〈考辨〉第一〇六、一一二、一五三、一五四諸篇。

四八　魯繆公禮賢考

繆公禮賢，屢見於孟子之稱述，然捨此則無考。茲姑據《孟子》書，列其梗概如次：

曾申

陸德明《經典釋文》：「曾申字子西，曾參之子。」（趙岐朱子以曾西為曾子孫，誤。《困學紀聞》有辨。）雷學淇《介菴經說》：「曾西乃曾子次子也。」（按：長子乃曾元。）《禮記・檀弓》：「穆公之母卒，使人問於曾子。對曰：『申也聞諸申之父曰：「哭泣之哀，齊斬之情，饘粥之食，自天子達。」』」是穆公時曾參已死。（穆公元年參在，當年九十一。）吳起仕魯，正在穆公初年。《史記・吳起傳》：「起事曾子，母死不歸，曾子薄之，而與起絕，起乃之魯，事魯君。」劉向《別錄》記《左傳》源流云：「左邱明授曾申，申授吳起。」則起師申，非師參也。惟《呂氏・當染篇》云：「子貢子夏曾子學於孔子，田子方學於子貢，段干木學於子夏，吳起學於曾子」云云，則起又師參，非師申。《通鑑》亦云：「起事曾參。」今以吳起年世校之，《呂氏》殆誤。又按：《闕里文獻考》：「曾子年七十而卒。」若其說而信，則曾子卒年，應為魯元公之元年。黃式三《周季編略》依《文獻考》定在周安王四年，誤也。據〈檀弓〉，子夏設教西河而喪明，曾子尚在。曾子卒當魏文侯十二年，亦近是。下距吳起仕魯尚二十年外，起不及事曾子，亦可於此而斷。又〈檀弓〉：「曾子卒，樂正子春與曾元曾申同侍。」

子思

孟子曰：「昔者魯繆公無人乎子思之側，則不能安子思。」「繆公之於子思，亟問，亟餽鼎肉。子思不悅，於卒也，摽使者出諸大門之外，曰：『今而後知君之犬馬畜伋。』」又曰：「繆公亟見於子思，曰：『古千乘之國以友士，何如？』子思不悅，曰：『古之人有言曰「事之云乎」，豈曰「友之云乎」？』」則繆公之敬子思，與子思之高自位置，俱可見。《孔叢子》云：「曾子謂子思曰：『昔者吾從夫子巡守於諸侯，夫子未嘗失人臣之禮，而猶聖道不行。今吾觀子有傲世主之心，無乃不容乎？』子思曰：『時移世異，人有宜也。當吾先君，周制雖毀，君臣固位，上下相持，若一體然。夫欲行其道，不執禮以求之，則不能入也。今天下諸侯，方欲力爭，競招英雄，以自輔翼。此乃得士則昌，失士則亡之秋也。伋於此時，不自高，人將下吾；不自貴，人將賤吾。舜禹揖讓，湯武用師，非故相詭，乃各時也。」《孔叢》偽書，固不可信，曾子從遊，亦在孔子歸魯之後，然其論足以徵儒家稱禮之推移，行己之不同，發明世局之變。故坿著焉。

公儀休

相繆公。淳于髡曰：「魯繆公之時，公儀子為政，子柳子思為臣，魯之削也滋甚。」今按：〈年表〉：「齊宣公四十四，伐魯莒及安陽；四十五，伐魯取都；四十八，取魯郕。齊康公十一，伐魯取最，韓救魯；康公十五，魯敗齊平陸；康公二十，伐魯破之。」皆值繆公世。又龔畏齋《四書客難》云：「《史記》魯悼公時，三桓勝，魯如小侯。悼公卒，季昭子孟敬子見檀弓，三桓猶無恙。不知元公二十一年中，三桓廢興何以大相懸？以《通鑑》考之，穆公二年，（按：實八年。）齊田和取成，似孟孫已奔邾，鄒孟子為孟氏裔可證。季孫似已據費卞東野等邑為小國君，費惠公師子思亦可證。叔孫則無可考。」按：如龔說，三桓衰微，惟存一家，又離魯獨立，則魯之削弱可知。《史記・循吏傳》：「公儀休，魯博士，以高第為魯相。」博士始見此，其制或亦繆公創之？賈山祖父祛，為魏王時博士弟子，應在後。魏亦尊儒，則博士本由儒生。《宋書・百官志》：「六國時有博士，掌通古今。」亦謂秦漢博士，原自六國。《說苑・政理篇》：「公儀休相魯，魯君死，左右請閉門。公儀休曰」云云，似公儀休卒穆公後。《孔叢》書有公儀潛，砥行不仕，蓋自公儀休而誤。沈欽韓《漢書疏證》有此說。

泄柳

孟子曰：「段干木踰垣而避之，泄柳閉門而不內。」魯繆公元年，當魏文侯三十二年，二人年世正相值，而輩序亦相當也。淳于髡云：「魯繆公之時，公儀子為政，子柳子思為臣。」《鹽鐵論・相刺章》作「公儀為相，子柳子原為之卿」。盧文弨《群書拾補》云：「子原，《說苑・雜言篇》作子庚，乃泄柳字。」今按：《說苑》作子思子庚，子庚為泄柳字，疑或近是；至子原乃子思字譌。云子柳子原，則子原非柳字明矣。盧說誤也。

申詳

子張子。見〈檀弓〉《注》。宋翔鳳《孟子趙注補正》云：「子張姓顓孫，合言為申也。」孟子曰：「泄柳申詳，無人乎繆公之側，則不能安其身。」今按：孟子既謂「泄柳閉門而不內」矣，又云此者，將以顯子思之見敬禮，而故加輕重於其間。余又考中詳字子莫，孟子謂之「執中無權」者，詳〈考辨〉第八一。

墨子

《墨子・魯問篇》：「魯君謂子墨子曰：『吾恐齊之攻我也，可救乎？』墨子曰：『可。吾願主君上尊天事鬼，下愛利百姓，厚皮幣，卑辭令，徧禮四鄰諸侯，敺國而事齊，患可救也。非此，顧無可為者。』」孫詒讓曰：「以時代考之，此魯君疑即繆公。」今按：孫說是也。其事當在繆公初年，詳〈考辨〉第五七。墨子年德已高，譽聞亦大，故繆公咨以國事。然儒墨既相擯，繆公弗能用，而墨子遂至齊。

南宮邊

《呂覽・長利篇》有辛寬南宮括論於魯繆公前。梁玉繩《漢書人表考》：「南容即南宮适，字子容，亦曰南宮縚。适又作括，縚又作韜，魯人。《呂覽》南宮括見魯繆公，未知即南容否。」今考《論語》：「子謂南容：『邦有道不廢，邦無道免於刑戮。』以其兄之子妻之。」則南容在孔子時，年已不甚弱，殆與子貢子賤相伯仲。曾子最幼，魯繆世已不在。魯繆一朝，如子思曾西申詳，皆七十子之後，烏宜有南容哉？《呂覽》所記自誤。《說苑・至公》作辛櫟南宮邊子。〈人表〉有南宮邊，正與子思公儀休泄柳申詳魯穆公同時。梁氏僅云見《說苑・至公》，未能據正《呂覽》之誤，亦其疏。又繆公時有縣子，屢見稱述，亦賢者。

四九　越滅郯乃晉烈公三年非四年六年辨

附　越滅滕考

《史記・越世家》《索隱》引《紀年》：「晉出公十年十一月，於粵子句踐卒，次鹿郢立。六年卒，不壽立。十年見殺，朱句立。三十四年滅滕，《路史・國名紀》《注》引作朱句三十年，未能詳定。三十五年滅郯，三十七年朱句卒。」據此，越朱句滅郯，去句踐卒五十一年。鹿郢六，不壽十，朱句三十五，合五十一。自晉出公十一年後，五十一年，當晉烈公之三年也。出公二十三年卒，敬公幽公均十八年。出公十二，敬公十八，幽公十八，烈公三，亦合五十一。

而《水經．沂水》《注》引《紀年》云：「烈公四年，越滅郯。」此「四」乃「三」字之誤。今本《偽紀年》，越滅郯在周威烈王十二年，上距周貞定王四年句踐卒，凡五十一年是也。是年正晉烈公之三年。而今本《偽紀年》為烈公六年，蓋由今本《紀年》誤以敬公為二十二年，幽公為十年故也。參讀〈考辨〉第四三。

張宗泰《孟子七篇諸國年表》，論《紀年》於越滅滕事云：「《竹書紀年》於越滅滕在朱句三十四年。朱句立於周貞定王二十一年，孟子無由得與滕君言，是滕非滅於越也。《戰國策》有宋康公滅滕伐薛之文，又杜預《春秋釋例》據《世本》，以為春秋後六世，為齊所滅。今考宋為齊滅，滕為宋滅，義得相通，《世本》較《紀年》為有據矣。」余謂楚靈滅陳蔡，魏文滅中山，後皆復封。滕滅復見，疑亦此例。則《紀年》之說，亦不為不可信。

又按：《春秋正義》：「滕三十一世為楚所滅。」《通志》：「滕魯隱公以下，春秋後，至公邱二十一世，為秦所滅。」〈宋世家〉載王偃事，不及滅滕。《通鑑》於赧王二十九年載齊湣王與魏楚伐宋，殺王偃而三分其地，因載《國策》滅滕伐薛云云，亦不能定在何年。若依張氏說，則滕殆再滅於宋，而繼分於齊楚兩國者耶？國小史略，無可詳覈矣。

五〇　吳起仕魯考

《史記・吳起傳》：「起，衛人也。好用兵，嘗學於曾子，事魯君。齊人攻魯，魯欲將吳起。起取齊女為妻，魯疑之。起欲就名，遂殺妻以明不與齊。魯卒以為將，攻齊，大破之。魯人或惡吳起，曰：『起，猜忍人也，少時以游仕破家，殺其鄉黨謗己者三十餘人，與母齧臂而盟，曰：「不為卿相，不復入衛。」遂事曾子。母死，起終不歸。曾子薄之而與起絕。起又殺妻以求將。夫魯小國，而有戰勝之名，則諸侯圖魯矣。』魯君疑之。謝吳起。起聞魏文侯賢，遂去之魏。」今考〈年表〉：「齊宣公四十四年，伐魯莒及安陽，〈田齊世家〉作葛及安陵。《志疑》云：「安陵安陽皆非魯地，疑有誤。而『葛』乃『莒』字之誤。」洪頤煊《讀書叢錄》云：「〈項羽本紀〉『行至安陽』，《索隱》、《後魏書・地形志》『己氏有安陽城』，今宋州楚丘西北四十里有安陽故城是也，其地與魯莒相近。」四十五年，伐魯取都。」〈世家〉云：「取一城。」齊宣公四十四年，當魯繆公之四年。《史・表》誤為魯元十七年，詳〈考辨〉第四七。其後三年，為周威烈王十七年。吳起為魏將伐秦，詳〈考辨〉第五三。則起之將魯破齊，正在魯繆四年也。其去魯，至晚在魯繆五年六年間。魯繆雖禮賢，而尊信儒術，觀或人讒起之言，皆本儒道立說，宜乎魯繆之疑起矣。起至魏，「魏文侯問李克：『吳起何如人也？』克曰：『起，貪而好色，然用兵，司馬穰苴不過。』」穰苴在吳起後，此史公文飾之詞耳。《史記．穰苴傳》及《晏子春秋》、劉向《說苑》皆以穰苴為景公時，誤也。詳〈考辨〉第八五。於是文侯以為將。則文侯雖亦尊儒，然其用人行政，固與魯繆不同。起仕魯年當近三十，下至楚悼王卒歲，起與俱死，相距三十一年，則起壽亦且六十矣。《韓非．說林上》：「魯季孫新弒其君，吳起仕焉，或人說之，吳起乃去之晉。」考諸〈魯世家〉，魯君無被弒者，此當指魯哀公。詳〈考辨〉第三五。然下距楚悼卒，凡八十七年，吳起決不若是之壽，亦復與魏文年世不相及。蓋韓子誤記，不足信。汪中《經義知新記》云：「《韓非．喻老篇》：『魯季孫新弒其君，吳起仕。』其時蓋當悼公之世。悼之為謚，其以此歟？」今

按：悼之為謚，蓋因前君被弒，已詳〈考辨〉第三五。汪說誤也。且覈其年代時事亦不合。悼公卒，在周考王四年，（《史．表》誤後八年，詳〈考辨〉第四七。）下距楚悼之死五十六年。循此推算，起之仕楚，已及八十，而觀其治績，精練強悍，殊為不類。又《韓非》書謂吳起即去魯之晉，而悼公卒，當魏文侯十年，（《史．表》尚在魏文前七年。）與余考吳起為魏伐秦、滅中山事皆不符。又其時齊魯交兵事亦無徵。〈檀弓〉：「悼公之喪，季昭子問孟敬子：『為君何食？』」觀二子之言，亦見悼公非被弒之君。汪氏說不足據。或《韓非》書本謂季孫自弒費君，非魯君，則益無考。

五一　田莊子卒年考

《史記．田齊世家》：「田莊子相齊宣公。宣公四十三年，伐晉，毀黃城，圍陽狐。明年，伐魯葛及安陵。明年，取魯之一城。莊子卒，子太公和立。」《索隱》引《紀年》：「齊宣公十五年，田莊子卒，明年，立田悼子。悼子卒，乃次立田和。是莊子後有悼子，蓋立年無幾，所以作《系本》及《史記》者不得錄也。」今按：據《史記》，田莊子卒在齊宣公四十五年，《索隱》引《紀年》，僅明莊子後尚有悼子一世，未言莊子卒歲有異。又謂悼子「立年無幾」，此自據《紀年》為說，而《紀年》悼子死在宣公五十年。（詳〈考辨〉第五六。）若莊子以宣公十五年卒，下至宣公五十年，凡三十五年，豈得謂立年無多？（張宗泰《竹書紀年校補》誤據《索隱》，謂：「莊子卒於齊宣公十五年，宣公五十一年田悼子卒，是悼子立三十六年。」不悟與立年無多說相舛。朱右曾《紀年存真》亦同誤。）故知《索隱》所引「宣公十五年田莊子卒」者，本亦為四十五年，而誤脫一「四」字也。考諸他籍，亦有可證。《呂氏春秋．順民篇》：「齊莊子請攻越，問於和子。和子曰：『先君有遺令曰：「無攻越，越猛虎也。」』莊子曰：『雖猛虎也，而今已死矣。』」林春溥《戰國紀年》云：「田莊子之時，越王死者惟朱句。而朱句滅滕滅郯，故有猛虎之喻。」嚴可均《三代文》以猛虎指句踐，相距太遠，蓋誤。今按：朱句卒在齊宣公四十四年，此越朱句卒而田莊子尚在之證一。〈檀弓〉：「陳莊子死，赴於魯，魯人欲勿哭，繆公召縣子而問」云云。魯繆公元在齊宣公四十一年。詳〈考辨〉第四七。〈年表〉誤後八年。田莊子死，為繆公之五年。此田莊子死而魯繆已立之證二。《周季編略》未能辨證今本《索隱》之有脫字，而據以校〈檀弓〉，謂：「莊子乃悼子之誤。」疏矣。朱右曾《紀年存真》亦與黃氏同誤。余故知《索隱》所引《紀年》，本亦為四十五年無疑也。《繹史》卷百一云：「魯繆公立，在齊宣公四十七年，據〈檀弓〉是無田悼子。」故〈表〉列莊子死，子和代立於齊宣公四十六年，亦誤。

五二　田齊為十二世非十世辨

《莊子．胠篋篇》：「田成子弒齊君，十二世有齊國。」《鬼谷子》亦有此語。《史記》自成子至王建之滅祇十世。〈田齊世家〉《索隱》引《紀年》：「田莊子卒，立田悼子。悼子卒，乃次立田和。」又云：「齊康公二十二年，田侯剡立。後十年，齊田午弒其君。」則尚有悼子及侯剡，適得十二世，與《莊子》合。蓋《史記》誤也。《釋文》：「十二世，自敬仲至莊子九世，知齊政。自太公和至威王三世，為齊侯。」雖亦得十二世，然敬仲奔齊，豈得遽謂有齊國？且《莊子》文明自成子起算，豈得遠引敬仲？〈胠篋〉為戰國晚世作品，殆已無疑，亦不應捨宣湣以下，而以威王為斷。即謂是《莊子》原書，莊子亦下逮齊宣、湣，何勿之及？陸氏之說，蓋存心迴護而自陷者也。

朱右曾《紀年存真》謂：「莊周當齊威、宣時，《鬼谷》書蘇秦所述，不應豫知湣襄王建，」因謂：「田之稱侯自田郯始，則『有齊國』者當亦指郯，自郯以前有十二世也。」信如其說，當曰：「田成子弒齊君，五世而有齊國。」乃為近是耳。不然，自敬仲至剡，則十二世而始有齊，不得謂「田成子弒君，十二世有齊」也。此亦由不知〈胠篋〉為晚周偽品，《鬼谷》尤非真蘇秦作，故乃強為之說。

五三　吳起為魏將拔秦五城考

《史記・吳起傳》：「起去魯之魏，魏文侯以為將，擊秦，拔五城。」繼敘為卒吮疽事。考《韓非・外儲左上》：「吳起攻中山，軍人有病疽者，起自吮其膿。」《說苑・復恩篇》云：「吳起攻中山，為卒吮膿，其母泣曰：『吳子吮此父之創涇水之戰，（「涇」字或誤作「注」。）不旋踵而死。今又吮之，知何戰而死？』」《藝文類聚》、《御覽》引《韓子》，亦云涇水。按：諸《史記・魏世家》：「魏文侯十六年，伐秦，築臨晉元里。十七年，西攻秦，至鄭而還，築雒陰合陽。」《水經・河水》《注》：「河水又經郃陽城東，周威烈之十七年，魏文侯伐秦至鄭，還築汾陰郃陽，（「汾陰」乃「洛陰」字譌。）即此城也。故有莘邑矣，為大姒之國。《詩》云：『在郃之陽，在渭之涘。』又云：『纘女維莘。』謂此也。」郝懿行陳逢衡均謂：「《水經》此條不云出《紀年》，想係脫誤。」今本《偽紀年》有之，據此則事在周威烈王十七年，而《史》誤以為魏文之十七年也。實當魏文三十八年。陳氏《集證》謂在三十二年者誤。又〈年表〉在威烈十八年，誤後一年。是年當秦簡公六年。〈秦本紀〉孝公謂：「往者厲躁簡公出子之不寧，三晉攻奪吾河西地。」是矣。其時正當吳起去魯後。《志疑》：「洛陰郃陽，其地皆在同州。」《正義》：「雒，漆沮水也，城在水南。郃陽，郃水之北。」《括地志》云：「郃陽故城在同州河西縣南三里，雒陰在同州西也。」又按：《地里志》：「京兆鄭縣，鄭桓公邑，魏文侯伐秦至鄭而還，即此。」推其地理，亦與涇水相當。《說苑》所謂「涇水之戰」，〈起傳〉所謂「拔秦五城」者，殆即其事。陳氏《集證》亦謂：「吳起為將擊秦拔五城，即此時。」惟未有證說。又《水經・汝水》《注》引司馬彪曰：「河南梁縣有注城，《史記》魏文侯三十二年敗秦於注者也。」今按：秦簡公時，秦地不能至河南梁霍之間，參證上列諸條，知酈氏之誤。又〈魏世家〉記魏伐中山在魏文十七年伐秦至鄭之前。余考魏伐中山，當在周威烈王十八年。且《國策》諸書，皆言樂羊圍中山三年而拔，則中山之滅，猶在後。蓋樂羊主其事，而吳起將兵助攻。據《說苑》所云，固當在涇水一戰之後也。

五四　魏文滅中山考

魏文滅中山，〈年表〉在十七年，實周威烈王十八年。據《紀年》，是年乃魏文侯三十九年。魏文二十二年始稱侯，以二十三年稱元年，則是年正魏文稱侯始元後之十七年也。中山之伐，當在其時。知者，中山事跡附見於〈趙世家〉。《史記》載三晉初年事，惟趙最詳，而差少誤，蓋趙史或有存者。烈侯元年，魏文伐中山，載於〈趙世家〉，足資旁證，一也。中山之役，吳起預其事。前年起初仕魏，為魏擊秦拔五城。若中山見伐，移前至魏文十七年，則與吳起事跡不符，可為反證，二也。又魏文滅中山，使子擊守。余考其事，亦當在魏文四十一年，即稱侯改元後之十九年，詳〈考辨〉第四六。三也。又《呂氏春秋》載晉太史屠黍與周威公論中山亡徵，〈周紀〉考王封其弟於河南，是為桓公。桓公卒，子威公立。威公亦正當威烈王時，四也。若依《史記》，則魏文伐中山，其時尚未稱侯，而子擊已稱中山君，參讀〈考辨〉第四六。益不合，五也。然則〈年表〉魏伐中山，在周威烈王十八年，實不誤，特誤以文侯稱侯改元後之十七年，為即文侯即位後之十七年耳。凡此之謂誤其年而得其世。如齊魏會徐州相王，〈表〉列周顯王三十五年，本不誤，而誤以齊威王為宣王，梁惠王為襄王，此亦誤其年而得其世也。孫氏〈墨子年表〉魏滅中山在周威烈王二十年，《周季編略》亦然，蓋據樂羊圍中山三年而克言之。

又〈中山策〉：「魏文侯欲殘中山，常莊談《寰宇記》引作張孟談。謂趙襄子曰：『魏并中山，必無趙矣。公何不請公子傾以為正妻，因封之中山，是中山復立也。』」〈年表〉文侯立，襄子已卒，鮑因改襄為桓。今按：襄子卒實魏文侯二十二年，〈考辨〉第三七魏之處心積慮於中山，非一日，不能據此疑《策》文之誤。惟其「請公子傾以為正妻」云云，則實與襄子不類。然鮑改桓定誤，後人謂當改烈侯，庶為近之。今其事已不可詳說，要之中山復立，趙必與其事，則無疑也。

又《韓非・說林》：「魏文侯借道於趙而攻中山，趙肅侯將不許。」肅侯在惠成王圍邯鄲後，豈得上及魏文？其誤則甚。

附　中山武公初立考

〈趙世家〉及〈六國表〉：「獻侯十年，中山武公初立。」雷學淇《紀年義證》云：「《世本》：『中山武公居顧，桓公徙靈壽。』《漢書・人表》謂中山武公是周桓公子。《史記音》謂初立之年，當周威烈王十二年。其立之七年，為魏文侯十七年。似武與桓立七年而即滅。周威公即桓公之子，與中山武公實係兄弟。」沈欽韓《漢書疏證》辨其事云：「按：〈本紀〉：『桓公卒，子威公代立為西周君耳。河南之外，一民尺土，皆非周有，何得為中山之君乎？』此層蘇氏《古史》亦辨之。〈魏世家〉：『文侯伐中山，使子擊守之。』《說苑》：『文侯出少子摯封中山，而復太子擊。』又〈魏世家〉：『中山君相魏。』此是魏所封，趙滅之。蓋姬姓之中山滅於魏文侯，魏所封之中山又滅於趙主父。而〈趙世家〉及〈年表〉皆倒置中山武公之文於文侯伐中山之前，故迷惑難考。何以明之？若中山武公尚是舊時之君，則彼不數年而亡，史取之何義？按：謚武亦不合。呂氏《大事記》謂：「是時中山勢益強，遂建國，備諸侯之制，與諸夏抗」仍指其為春秋鮮虞之中山，蓋誤。若以為中山本未嘗亡，則魏克其地而守之者又何處？是中山武公為魏所始封，以其大事，故記之耳。〈人表〉所注上下文不相連，有脫誤。徐廣不知，襲之以注《史》。今按：沈說甚是。

又按：《索隱》引《世本》：「中山武公居顧，桓公徙靈壽，為趙武靈王所滅。」此以武公後之中山滅於趙，是也。然其時中山已稱王，參讀〈考辨〉第一〇五。何來復有桓公？《水經・滱水》《注》：「中山為武公之國，周同姓，其後桓公不恤國政，周王問太史餘曰：『今之諸侯孰先亡？』對曰：『中山其先亡矣。』後二年，果滅，魏文侯以封太子擊。」此以桓公為武公後仍誤，然謂桓公中山滅於魏，則是也。參讀〈考辨〉第一四六。《索隱》此處，僅引《世本》，不及《紀年》，此見司馬貞之不知別擇。而史文缺佚，後人紛紛考訂而無所詳定。然參稽以求，中山桓公滅於魏，中山武公之後滅於趙，則猶可推證也。

又按：《呂覽・先識》：「晉太史屠黍見晉之亂，以其圖法歸周。周威公問曰：『天下之國孰先亡？』對曰：『晉先亡。』居三年，晉果亡，威公又問曰：『孰次之？』對曰：『中山次之。』居二年，中山果亡。」高誘《注》以屠黍為晉出公之太史，此決誤。依今推之，魏文滅中山在西周威公立後之九年。越三年，三晉命邑為諸侯，參讀〈考辨〉第四三。當時殆以此定晉運之亡，則與中山滅國適相先後也。《呂氏》蓋因屠黍由晉歸周，隨文落筆，故以晉亡先中山，高誘因中山滅亡前後無晉亡事，故妄引知伯晉出公事說之。若據此推算，則太史屠黍由晉歸周，當在西周威公之七年前後。

余又疑中山武公初立應在趙烈侯十年，而非趙獻侯之十年。今《史記》誤以趙烈侯十年為趙武公元，而又於趙獻侯十年誤列中山武公初立之文，遂使讀《史》者迷惑而難考耳。參讀〈考辨〉第四三又四六。

又按：《寰宇記》卷六十，兩引《史記》云：趙敬侯救燕，與中山公戰於房。其時中山以別封稱公，故有中山武公。則當時公稱視侯轉卑。

五五　甯越考

《漢・志》儒家有《甯越》一篇。班固云：「中牟人，為周威王師。」今按：《呂覽・博志篇》：「甯越，中牟之鄙人也。苦耕稼之勞，謂其友曰：『何為而可以免此苦也？』其友曰：『莫如學。學三十年，可以達矣。』甯越曰：『請以十五歲。人將休，吾不敢休，人將臥，吾不敢臥。』十五歲而周威公師之。」此班說之所據也。又《呂覽・不廣篇》：「齊攻廩丘，趙使孔青將，大敗之，甯越教孔青歸齊尸。」考其事在周威烈王二十一年。周威公立在威烈王十二年。據《外紀》，《大事記》。相距凡十年。其時正魏文魯繆尊儒禮賢，子思仕魯衛，吳起仕魯魏之際也。游仕漸得勢，故甯越亦苦耕稼而從學問。其事雖微，足徵世變，故特考而著之。又《呂氏・先識篇》謂：「晉太史屠黍《說苑・權謀》作屠餘。與周威公論中山亡而君繼之，威公懼，求長者，得義蒔田邑史驎趙駢。」《說苑》作錡疇、田邑、史理、趙巽。《莊子》記田開之見周威公，及公問祝腎養生，則威公亦好士之主也。今姑以周威公立，甯子年三十計之，則其輩序，蓋在段干木泄柳之後，而與李克吳起為伯仲。賈誼〈過秦論〉：「甯越徐尚蘇秦杜赫之屬為之謀。」甯越之謀，殆即指教孔青歸齊尸事之類，然其人尚在早世，與後來戰國之局無關，此文家煊染耳。又高誘云：「甯越趙中牟人。」蓋河南中牟，時猶屬趙。參讀〈考辨〉第四六，第一六三。

五六　田和始立在齊宣公五十一年非四十五年辨

《史記．田齊世家》：「宣公四十五年，田莊子卒，子太公和立。」中間漏去悼子一代。宣公四十五年，乃悼子始立，非田和始立，已詳〈考辨〉第五一。顧悼子卒於何年，《索隱》不著，今考《水經．瓠子水》《注》引《紀年》：「晉烈公十一年，田悼子卒。田布殺其大夫公孫孫，公孫會以廩丘叛於趙。田布圍廩丘。翟角趙孔屑即《呂覽》孔青。韓師救廩丘，及田布戰於龍澤，田師敗逋。」又〈汶水〉《注》引《紀年》：「晉烈公十二年，王命韓景子、趙烈子、翟員伐齊，入長城。」而〈田齊世家〉《索隱》引《紀年》：「宣公五十一年，公孫會以廩丘叛於趙。」三說相參，知為一時事。翟員即翟角字譌。晉烈公十一年，當齊宣之五十年。是年田悼子卒，去其即位前後五年也。然《水經》《注》引公孫會以廩丘叛在晉烈公十一年，既為齊宣公之五十年，而《索隱》引《紀年》，乃在齊宣公五十一年者？竊意《索隱》此條，實因《史記》本文而誤衍一「一」字。《索隱》原文當為：「《紀年》，宣公五十年，公孫會以廩丘叛於趙。十二月，宣公薨，於周正為明年二月。」蓋《紀年》魏史，用夏正。宣公卒在十二月，以魏史言，尚為宣公之五十年；而以周正計之，則已為五十一年。《索隱》故特著「於周正為明年二月」之語，以見《紀年》之五十年，與《史記》之五十一年，雖異而實同。自今本《索隱》誤衍「一」字，則宣公之卒，以周正計，已為五十二年。《索隱》何更無一言以明著《紀年》、《史記》之異同耶？故知今《索隱》五十一年云云，乃涉《史記》本文之五十一年而誤也。初疑《索隱》引宣公年，特自其立年數之，故與《史記》以即位後翌年改元者差一歲。嗣細讀《索隱》本條全文，似不如今說為審。據此又知悼子之卒，田會之反，皆在齊宣公未死前。今《史記》書田會反於宣公卒後，此亦微誤。〈齊太公世家〉亦云：「宣公五十一年卒，子康公貸立，田會反廩丘。」雷氏《義證》云：「宣公之卒在會叛之後，〈世家〉誤以悼子之卒為宣公。」而兵事則延及翌年，或在宣公後矣。又按：

《史記・趙世家》：「敬侯三年，救魏於廩丘，大敗齊人。」徐文靖《紀年統箋》云：「即敗齊田布事。救廩丘者乃烈侯；〈世家〉云敬侯，誤。」余考晉烈公十一年，適當趙烈侯之三年。然則史公所云敬侯三年敗齊廩丘者，實係烈侯三年之誤也。

又今本《紀年》田悼子卒，田會以廩丘反，在周威烈王十七年；魏師及韓景子趙烈子入齊長城，在十八年，較余考定前兩年。以今本《紀年》於晉敬公、幽公年數皆誤，故也。參讀〈考辨〉第三六。若如今本《紀年》之說，則田悼子卒，尚在齊宣公四十七年，與《索隱》引《紀年》「宣公五十一年悼子卒」之說絕不同，故余知〈晉世家〉《索隱》不列敬公幽公烈公年數者，為所見《紀年》本與《史記》合。而今本《紀年》所載晉諸侯年數實誤，不足據，即本此事，亦足為證。且周威烈王十八年，趙烈侯韓景侯皆新立，又魏方伐中山，亦知無三國聯軍入齊長城事。

今既定田悼子卒在齊宣公五十年，則田和立為齊宣公之五十一年也。下至康公二十年田和卒，凡二十一年。

五七　墨子遊齊考

《墨子．魯問篇》載墨子見齊大王，孫詒讓《閒詁》引蘇俞說，云：「即太公田和也。其後子孫稱王，亦尊其祖為『大王』。」孫云：「安王十六年，田和始立為諸侯；墨子見大王，疑當在田和為諸侯之後。」今按：安王十六年，墨子已卒。〈考辨第三一〉且和立為侯，初非稱王。大王之號，自是後人追述，豈必謂墨子見田和在其為侯後哉？考和立在齊宣公五十一年，〈考辨〉第五六　當周威烈王二十一年。明年為齊康公元年，在墨子卒前十三四年。知墨子見田和，必在和之早歲。又〈非樂篇〉載齊康公興樂萬，《閒詁》云：「齊康公與田和同時，墨子容及見其事。但康公衰弱，屬於田氏，卒為所遷廢，恐未必能興樂如此之盛。竊疑其為景公之悞，惜無可校諭也。」今按：不能主國政，未必不能縱淫樂，此不必疑者。《史記．田齊世家》云：「康公淫於酒婦人，不聽政。」與墨子興樂之說足相證，尤可明其無悞。而孫氏〈墨子傳略〉又據此推齊康公卒時，墨子猶存，則誠大悞矣。昔人於此等處每易悞。如子夏為魏文侯師，則謂必在魏文始侯之歲，墨子見齊大王，則謂必田和列為諸侯之後，此據〈非樂篇〉載齊康公興樂，因謂墨子卒後康公，皆是也。

〈魯問〉載墨子見齊大王，先見項子牛。牛為齊將，三侵魯地，墨子弟子勝綽三從，墨子退之。孫云：「三侵魯不知在何年。以《史記・六國年表》及〈田齊世家〉考之，魯元公十八年，伐魯葛及安陵，（按：實繆公四年，當作莒及安陽。）二十年，取魯一城，（實繆公五年。）穆公二年，齊伐魯，取郕，（實繆公八年。）十六年，伐魯取最，（實繆公二十二年。）或即三侵之事。」今按：取最在齊康公十一年，當鄭繻公被弒後兩年，其明年墨子與魯陽文君論伐鄭事，其時墨子已老，不久而卒。余疑齊伐魯取最之歲，墨子已在楚。且其事與取郕以上三役相距已遠，則三侵殆取郕前事，乃當田莊子悼子時。（參讀〈考辨〉第五一、五六。）墨子來齊，則取郕以後三四年，值和子當國時也。〈魯問〉又載魯君問墨子曰：「吾恐齊之攻我，可救乎？」墨子說以事齊。其事當在之齊之先。孫云：「魯君疑即穆公。」是也。及其至齊，而諫項子牛齊大王勸毋伐魯，則猶如止楚攻宋，亦先見公輸般，後見惠王矣。（參讀〈考辨〉第四七。）

五八　子思生卒考

附　顏般　王慎　長息

〈孔子世家〉云：「伯魚年五十，先孔子卒。伯魚生伋，字子思，年六十二，嘗困於宋，作《中庸》。」子思生年無考，伯魚之卒，在周敬王三十七年。（〈考辨〉第二六）或謂遺腹生子思，則子思生，至遲亦在周敬王三十七、八年也。〈檀弓〉：「子思之哭嫂也為位，婦人倡踊。」是子思有嫂也。子思既有嫂，則知其有兄矣。（袁枚《隨園隨筆》引宋白《續通典》：「子思兄死，使其子白續伯父。」未知何據。）「子伯魚早卒，而子思有兄，則子思之生，不能甚前。或謂其親受業於孔子，決不然矣。（《孔叢子》有孔子子思問答，不可信。又謂子思從孔子於郯，遇程子；又「孔子卒，子思為喪主，四方來觀禮」，若子思年既長，尤非也。）相傳伯魚生一子子思，未為得實，而年壽亦可疑。《孟子》記魯繆公尊禮子思。《漢・藝文志》《子思》二十三篇，班氏云：「為魯繆公師。」余考繆公元年，在周威烈王十一年，（詳〈考辨〉第四七。）去孔子之卒六十四年。若子思年六十二，無緣值魯繆。或謂六十二，乃困於宋作《中庸》之歲，或謂六十二乃八十二之誤，此毛氏《四書賸言》載王草堂復禮辨，及孔繼汾《闕里文獻考》之說。此皆無證。然《中庸》偽書出秦世，則前說尤不足信。《孔叢》稱「子思十六困于宋，作《中庸》」，益荒誕。《孟子》稱：「子思居於衛，有齊寇，或曰盍去之？子思曰：『如伋去，君誰與守？』」衛齊之事，不審在何年。〈年表〉繆公元年，實已魯繆公之九年，詳〈考辨〉第四七。齊伐衛，取毋丘，以前則無考。然孟子曰：「子思臣也，微也。」觀魯繆之重敬子思，知子思居衛當在中年壯歲。大抵子思先曾事衛，歸老於魯，乃當繆公世也。《孔叢》：「子思居衛，魯穆公卒。」其誤不待辨。卒年亦難定。若以壽八十二計，則最晚不出繆公十四年，乃在周威王末年，其年世與墨子正相當。《孔叢子》：「子思遊齊，陳莊伯與登泰山。」陳莊伯即田莊子，其卒當魯繆公之五年。惟《孔叢》不足據，子思果遊齊與否，其遊齊而見莊子，當在何時，今亦無可詳定也。《通鑑》據《孔叢》，書子思言苟變於衛侯，在周安王二十五年，去孔子卒百二年，此決誤。《孔叢》舊注謂衛敬公，亦未詳所據。何孟春《餘冬序錄》論其事云：「子思居衛，必是衛悼敬昭公時。昭公時衛屬於晉、韓、趙、魏氏，賢者已自難安其國。懷亹慎頹皆弒君賊，衛非父母國也，子思忍復面其人，為之謀而不去耶？孟子曰：『繆公亟見於子思，曰：古千乘之國以友士，何如？子思不悅。』又曰：『繆公之於子思，亟問，亟餽鼎肉，子思不悅。』又曰：『繆公無人乎子思之側，則不能安子思。』繆公之尊禮子思如此，子思之自尊如此，子思是時年登期頤，於父母國有賢君焉，公儀休為相，泄柳申詳為臣，而子思顧不老焉，而適亂國，與逆賊語邪？子思居於衛，有齊寇，子思不去，孟子曰：『子思臣也，微也。』必子思少壯從仕時事。子思言苟變於衛，果有是事，必在悼敬昭公時，而記者誤耳。」《孔叢》又云：「田子方遺子思狐白裘。」二人年正相當，然事不足信。崔述已辨之。

《章太炎文錄・徵信論》有「辨子思不師曾子」一節，謂：「宋人遠跡子思之學，上隸曾參。尋〈制言〉、〈天圓〉諸篇，與子思所論述殊矣。〈檀弓篇〉記曾子呼伋，古者言質，長老呼後生則斥其名，微生畝亦呼孔子曰丘，非師弟子之徵也。〈檀弓〉復記子思所述，鄭君曰：為曾子言難繼，以禮抑之。足明其非弟子也。」今按：《漢・志》，曾子宓子皆著孔子弟子，李克子夏弟子，世子公孫子七十子弟子，獨子思云「孔子孫，為魯繆公師」，不云師曾子。雖章氏所據〈制言〉、〈天圓〉諸篇，未必真曾子書，〈檀弓〉亦難盡依信，然子思師曾子，其說不見於先秦，則誠可疑也。

又按：〈檀弓〉：「子思之母死於衛，柳若謂子思曰：『子聖人之後也，四方於子乎觀禮，子盍慎諸？』」鄭《注》：「子思，伯魚子。伯魚卒，其妻嫁於衛。柳若，衛人也，見子思欲為嫁母服，恐其失禮，戒之。嫁母齊衰期。」今按：子思曰：「吾何慎哉？有其禮，無其財，君子弗行也；有其禮，有其財，無其時，君子弗行也。吾何慎哉？」則子思之所憾，在於無財無時，不得盡其禮，未見欲為嫁母服恐失禮之意也。鄭《注》謂其嫁母者，乃據〈檀弓〉別章：「子思之母死於衛，赴於子思，子思哭於廟。門人至，曰：『庶氏之母死，何為哭於孔氏之廟乎？』子思曰：『吾過矣，吾過矣。』遂哭於他室。」鄭《注》：「子思母，嫁母也，姓庶氏，嫁母與廟絕族。」鄭謂子思母嫁母，特據本文「庶氏之母死，何為哭於孔氏之廟」而云也。然子思母既再嫁，則葬祭之禮，別有主其事者，柳若何以有「四方觀禮子其慎諸」之戒？子思亦何以有「無財無時不得備禮」之歎？此又不可通之說也。竊謂子思有兄，而子思亦非嫡。子思生母，殆非伯魚之正妻。《禮·喪服》：「庶子為父後者，為其母緦。」《傳》曰：「何以緦也？曰：『與尊者為一體，不敢服其私親也。』然則何以服緦也？有死於宮中者，則為之三月不舉祭，因是以服緦也。」又曰：「士為庶母緦。」庶妾不得與嫡妻比尊，即不得入於大宗之廟，故曰「庶氏之母死，何為哭於孔氏之廟」也，謂庶氏之母者，謂子思非嫡出，故子思生母乃庶氏之母耳。劉師培《左盦集》，謂本文「庶氏之母」當作「庶氏之女」，「母」涉注文「嫁母」而訛。《急就篇》卷一「庶霸遂」，顏《注》曰：「庶氏之先出衛之公族，以非正嫡，遂號庶氏。」《禮記》曰：「子思之母死於衛，庶氏之女也。」則唐初本經文作「女」，不作「母」。竊謂〈檀弓〉正文若果作「女」字，亦謂其非伯魚正妻，即義不得為妻，故曰庶氏之女耳。然子思母卒，年壽已高，或人豈得當子思面而稱之為庶氏之女乎？且鄭《注》「嫁母」，明是直順正文庶氏之母來，故又增曰姓庶氏，是謂其嫁庶氏。殆後人疑其不可通，於是又故說為庶氏女。非別有的據也。子思本居衛，故其母在衛。其母之死，子思適返魯，聞其赴，哭之。又至衛營喪葬，故柳若謂「四方於子觀禮」也。《正義》引張逸問：「舊儒《世本》，皆以孔子後數世皆一子，禮適子為父後，為嫁母無服。〈檀弓〉說子思從於嫁母服何？」鄭答云：「子思哭嫂為位，必非嫡子。或者兄早死無繼，故云『數世皆一子』。」鄭謂子思非適是也，謂其為嫁母服，則非。參讀〈考辨〉第一四八附篇。又張蒿菴《閒話》亦云：「昔者子之先君喪出母乎，出母者，所生之母也。呂相絕秦曰：『康公我之自出。』則出之為生明矣。」此辨出母乃謂所自出之庶母，與余說可相證。又《謝梅莊遺集・纂言外篇》謂：「子上不喪出母，庶子為父後也。門人『先君子喪出母』之問，謂孔子於顏夫人也。以自出為被出，以先君子為伯魚，此讀〈檀弓〉者之鹵莽。」又夏炘《檀弓辨誣》，亦辨孔門三世出妻之誣。李慈銘《越縵堂日記》謂：伯魚早死，故其妻改嫁。是聖門本無出妻事，康成《注》惟曰「伯魚卒，其妻嫁於衛」，見其精慎。既知非出妻，而又回護鄭《注》，是五十步與百步也。

又按：《孟子》：「費惠公曰：『吾於子思則師之矣，吾於顏般則友之矣，王順長息則事我者也。』」〈人表〉費惠公顏敢王慎長息同列四等；「敢」、「般」形近而誤，「慎」、「順」字通。費惠公即魯季氏之僭。《困學紀聞》八，參讀〈考辨〉第三五，第四八。《顏氏世系》云：「無繇生回，回生般。」則謂般乃顏子之子。又謂般與王順同師子思，則顏子之子，其年不下於孔子之孫，何乃師子思乎？其信否無可考。長息，公明高弟子，見趙岐《注》。

五九　列禦寇考

附　南郭子綦

《莊子．讓王篇》：「子列子窮，客言之鄭子陽，子陽令官遺之粟，列子辭。其卒，民果作難，殺子陽。」子陽之事，見《呂覽．適威》、〈首時〉，又見《淮南．氾論》。云：「子陽好嚴，舍人有過而折弓者，畏罪恐誅，則因猘狗之驚，而弑子陽。」高《注》均云：「子陽，鄭君也。一曰鄭相。」而《史記．鄭世家》則云：「鄭繻公二十五年，鄭君殺其相子陽。〈楚世家〉亦云：「悼王四年，伐鄭，（本作周，字誤。）鄭殺子陽。」〈年表〉同。故《志疑》謂：「鄭殺子陽，以說於楚。」二十七年，子陽之黨共弑繻公。」與《呂覽》、《淮南》異。據《史記》則列子乃周安王時人也。今《列子》書有劉向〈敘錄〉，以列子為鄭穆公時；柳宗元〈辨列子〉謂：「鄭殺子陽，當魯穆公十年，按：實魯繆公十八年。不知向言『魯穆公時』，遂誤為鄭耶？」然今《列子》書既出後人掇拾，如其書中言魏牟、孔穿、鄒衍，皆出列子後。向〈敘〉不在《七略》、《別錄》，後人自得偽為，無足深論。高氏《子略》謂：「太史公不傳列子，莊周末篇敘墨翟禽滑釐慎到田駢關尹之徒，以及於周，而禦寇獨不在其列，豈禦寇者，其亦所謂鴻濛列缺者歟？」然考〈韓策〉：「史疾為韓使楚，楚王問曰：『客何方所循？』曰：『治列子圄寇之言。』曰：『何貴？』曰：『貴正。』王曰：『楚國多盜，正可以圉盜乎？』曰：『可。』有鵲止於屋上者，曰：『請問楚人，謂此鳥何？』曰：『鵲。』曰：『謂之烏，可乎？』曰：『不可。今王之國有柱國、令尹、司馬、典令，其任官置吏，必曰廉潔勝任。今盜賊公行，而弗能禁，此烏不為烏，鵲不為鵲也。』」**則禦寇實有其人**。鄭為魏滅，而韓徙於鄭，史疾在韓，習聞其說。**蓋亦上承儒家正名之緒，一變而開道法刑名之端者**。《爾雅疏》引《尸子・廣澤》云：「列子貴虛。」蓋其道因名責實，無為而治，如史疾所言是也。《漢・志》「道家」《列子》八篇，晉有張湛《注》，後人多辨其偽。然時亦有先秦遺言，要在擇慎而取耳。

近人馬敘倫《莊子義證》，據〈德充符〉子產師伯昏無人，而〈田子方篇〉列禦寇為伯昏無人射；又《呂氏春秋．下賢》，子產見壺邱子林，高誘《注》：「子產，壺邱子弟子。」而〈應帝王〉稱列子歸告壺子，司馬彪曰：「壺子名林，列子師。」證列子與子產同時。又據《史記．老子傳》關令尹喜強老子著書，《漢書．藝文志》「道家」《關尹子》，班《注》：「名喜，老子過關，喜去吏而從。」《呂氏．審己》高《注》：「關尹喜師老子。」而〈達生篇〉子列子問關尹子，《呂氏．審己》子列子請於關尹子，推證列子與老子、關尹子同時，亦正與子產同時。謂：「〈讓王篇〉所謂子陽，疑當為子駟，亦子產時。傳其事者以子駟、駟子陽並為鄭相，又並不得其死，相涉而誤。」今考《漢書．古今人表》，列子在韓景侯魏武侯間，亦自以列子在戰國，不在春秋也。〈藝文志〉「道家」《列子》八篇，列《莊子》後；班《注》：「名圄寇，先莊子，莊子稱之。」僅據「莊子稱之」，而云「在莊子先」，亦不以為在春秋時。春秋主政不稱相，且子駟見殺，子產已為政，亦不得稱相子駟。以國相遺窮士粟，其事正當在戰國，子產時猶無有也。所謂壺邱子林、伯昏無人，縱非鴻濛、列缺之類，然《韓詩外傳》

七記狐丘丈人與孫叔敖問答，狐丘即壺丘也。（參讀〈考辨〉第七二。）孫叔敖與子產年世相距五六十載，壺邱及見孫叔敖，豈又為子產師？此等已難確定。伯昏無人尤渺茫，特以子產乃鄭之聞人，而列子亦鄭籍，故言兩人事多牽混。此如諸書言孔子師老萊子，又稱子思師老萊子，豈得證孔子子思同時？先秦書如此類者甚眾，馬氏據不可據以疑可據，何耶？老子關尹，其不可據，與壺邱伯昏亦同，（參讀〈考辨〉第七二。）否則楊朱師老聃，亦得謂楊朱與子產同時耶？竊意列禦寇，仍當列戰國為允。

又按：《莊子・齊物論》稱南郭子綦，其人蓋亦道家先宗也。〈徐无鬼〉：南伯子綦隱几而坐，仰天而噓。顏成子游入見，子綦告之曰：「吾嘗居山穴之中矣。當是時也，田禾一覩我而齊國之眾三賀之。」南伯子綦即南郭子綦也。則子綦乃齊人而當田太公時。田和之尊禮子綦，蓋亦如魏侯師田子方，友段干木，以大夫僭國，乃敬文學高士，以收譽而籠眾望。子綦正與列禦寇略同時。（今《列子・仲尼篇》，有子列子與南郭子連牆二十年不相請謁云云，南郭子即子綦也。）乃後世言道家，率言莊列，子綦之名，若淪若晦，若真與鴻濛列缺為伍矣。爰特表之於此焉。又按：〈大宗師〉，南伯子葵，《釋文》引李云：「『葵』當為『綦』，聲之誤也。」《莊》書三稱子綦，皆涉忘我之學，固知亦有所受，非虛矣。

又顏成子游，陸德明《音義》引李云：「子綦弟子，姓顏名偃，謚成，字子游。」〈齊物論〉成《疏》，謂子綦乃楚昭王之庶弟，楚莊王之司馬，誤妄不足信。

六〇　魏武侯元年乃周安王六年非十六年辨

《史記・魏世家》《索隱》引《紀年》：「魏文侯五十年，魏武侯二十六年。」則武侯元年，應在周安王六年，〈年表〉誤後十年，已詳〈考辨〉第三七。今按：〈年表〉記武侯年，顯有可疑者。一、武侯之元，去楚悼王之死僅五年。吳起先仕武侯，有西河之對，武侯善之，守西河甚有聲名。商文為相，此據《呂氏・執一》。《史記・吳起傳》作田文，與孟嘗君同姓名。吳起與之論功。大抵吳起仕魏，於文侯朝為晚進，而在武侯世則頗久。其去而之楚，歷時又當二三年。詳〈考辨〉第六六。今前後五年，實為短促不符。二、〈魏世家〉記魏武侯九年，使吳起伐齊至靈丘。〈年表〉亦載靈丘事。而其時楚悼已死三年矣，吳起又烏能為魏伐齊？考《索隱》引《紀年》云：「魏武侯元年，當趙烈侯之十四年。」而烈侯元在威烈王十八年，魏滅中山之歲。〈趙世家〉烈侯九年，武公十三年，共二十二年。譙周云：「《系本》及說趙語者，並無武公事。」今《索隱》引《紀年》有烈侯十四年，姑并武公為烈侯二十二年，則烈侯十三年，適當魏文五十年後一歲，即為武侯元年。而《索隱》稱武侯元當趙烈侯十四年者，《紀年》魏史，以魏紀元，故他國僅書即位，不計年數。《索隱》此說，乃自烈侯初立之歲數之；今以即位翌年紀元，故為十三年也。然則魏武侯使吳起伐齊，實有其事。依《紀年》武侯九年，乃周安王十四年，又七年而楚悼王始卒，則魏武九年時，吳起尚在魏。史公殆亦誤其世而未誤其年者耳。《繹史》〈年表〉列吳起奔楚於周安王十五年，亦無的據。顧謂是年魏文侯卒，吳起以譖奔楚，則誤於史說，若吳起不仕魏武矣。

六一　墨子遊楚魯陽考

《墨子・魯問篇》載魯陽文君與墨子論攻鄭曰：「鄭人三世弒其父。」《閒詁》引蘇云：「父當作君。據《史記・鄭世家》，鄭人弒哀公（哀公八年而弒，為周定王十四年，明年共公元，今〈年表〉皆脫去。）幽公繻公，是三世弒君之事。」黃式三《周季編略》又據本篇「三年不全」之語，以魯陽文君攻鄭在周安王八年，即鄭繻公被弒後三年。孫氏則謂：「二說俱可疑。據賈逵《國語注》、（《文選注》引。）高誘《淮南子注》皆云：魯陽文君即司馬子期之子公孫寬，而《左傳》子期死白公之難，在魯哀公十六年，（即孔子卒年。）次年，寬即嗣父為司馬，至少亦必已弱冠。下至鄭繻公之弒，相距已八十四年，文子若在，約計殆逾百歲。豈尚能謀攻鄭乎？」因疑「三世」當作「二世」，蓋在韓殺幽公之後。梁啟超〈墨子年代考〉謂：「幽公之弒，上距寬為司馬時亦已六十餘年。（今按：自白公作難，至韓殺幽公，凡五十六年，梁說誤。）若此則寬非惟不能見繻之弒，恐並不及見幽之弒。」因謂：「魯陽為寬封邑，固無可疑，然文子未必即寬。按：〈楚語〉：「惠王以梁與魯陽文子，文子辭，乃與之魯陽。」則魯陽乃文子始封。若謂文子未必即寬，如何又謂魯陽為寬封邑，可無疑耶？此亦梁說疏處。安知其不為寬之子？孫氏據漢人之注以改先秦古書，甚非當也。」今按：梁說亦疏。然疑文子未必即寬，則為有見。《淮南．覽冥訓》：「魯陽公與韓構難，戰酣，日暮，援戈而撝之，日為之反三舍。」高誘《注》：「魯陽，楚之縣公。楚平王之孫司馬子期之子，《國語》所稱魯陽文子也。」高氏此《注》，以魯陽公即魯陽文子，是也，顧謂即司馬子期之子，則非。何者？楚韓交兵，始自悼王之世。悼王二年，三晉伐楚。九年，伐韓，取負黍。是年為周安王九年，適當鄭殺繻公後三年。黃氏謂周安王八年，誤。前一年鄭負黍反韓，殆韓鄭交爭而楚收漁人之利也。後二年悼王十一年，三晉又敗楚；又後十九年，楚肅王十年，而魏取魯陽。援戈撝日，其語荒誕。然韓魯陽構難，其事當起楚悼之世，則無可疑者。其時去公孫寬為司馬已八十六年，而高《注》顧以為司馬子期之子，其失實可知。則梁氏疑文子未必即寬，固非虛矣。且幽公見殺於韓非鄭人自弒其君。若依孫說，改二世弒君謂當韓殺幽公後，則語氣情理益不合。知〈魯問〉所記，確係安王八九年事，墨子其時尚存；若生於孔子卒歲，至是已八十七年也。今綜述墨子生平，南至楚，見惠王，在四十前。遂仕宋昭公，見逐，當不出五十。其後殆常居魯。其至齊，見田和，已逾七十。重遊楚，見魯陽文君，則八十外老人。齊康元至鄭康三，凡十一年。墨子殆終於魯陽也。

六二　墨子弟子通考

儒、墨同為先秦顯學。《呂氏．尊師篇》謂：「孔墨徒屬彌眾，弟子彌豐，充滿天下。」今考孔子弟子七十人，而《淮南》書謂：「墨子服役者百八十。」〈公輸篇〉記墨子說楚王，謂「臣之弟子禽滑釐等三百人在宋城上」，是墨徒之盛，猶踰洙泗。此非孔墨有優劣，蓋時益晚而學益昌，亦可以覘世變也。惟孔子弟子，尚有史遷列傳，存其梗概，獨墨徒湮沒，莫為紀述。近世孫詒讓始為〈墨學傳授考〉，綴拾遺文，網羅墜緒。傳記所載，編次略盡。今特申其未備，糾其疏失。大體則詳原書，不具引也。

禽滑釐《困學紀聞集證》：「《墨子．耕柱篇》作駱滑氂；《呂氏．當染篇》作禽滑黶，〈尊師篇〉作禽滑黎；《列子．楊朱篇》作禽骨釐；〈古今人表〉作禽屈釐。」孫氏《閒詁》謂：正字當作屈氂，漢有丞相劉屈氂，氂當本作犛，謂彊曲毛也。

《呂氏・當染篇》：「田子方學於子貢，段干木學於子夏，吳起學於曾子，禽滑釐學於墨子。」《史記・儒林傳》云：「田子方段干木吳起禽滑釐之屬，皆受業於子夏之倫，為王者師。」此蓋承襲呂書，而下語未晰。云「子夏之倫」者，以子夏概子貢曾子墨子而言也。孫氏據以為禽子先與田子方段干木吳起受業於子夏，後學於墨子，乃大謬。又按：王厚齋《困學紀聞》已先誤。閻百詩《四書釋地又續》謂：「〈儒林傳〉子夏之倫，承上文子路子張子羽子夏子貢言。」亦誤。沈欽韓又譏史公為援墨入儒，此皆不識《史》文來歷，故臆測無當也。

楚惠王將攻宋，墨子使禽子諸弟子三百人持守圉器，在宋城上，待楚寇。其時禽子年當近三十，先吳起約三十年；時當吳起生年，或幼時也。

禽子與楊朱問答，語見《列子》。考楊朱曾見梁惠王，當在惠王早世；而惠王元年，去楚惠謀攻宋已逾七十年，去吳起之死亦逾十年。禽子至梁惠王元年，壽已逾九十，若楊朱與禽子相值，是楊朱早年值禽子之老壽也。然觀《列子》文，乃似禽子輩行轉後。偽書晚出，不可盡據。此特設為楊、墨兩家相難，寓言無實，猶如晏平仲問養生於管夷吾也。

孫氏博採，未加辨正。

高石子

墨子使管黔傲遊高石子於衛，衛君致祿甚厚，設之於卿，而言無行。高石子去之。墨子悅，曰：「倍祿鄉義，於高石子見之。」

公尚過

墨子遊公尚過於越，越王悅之，使迎墨子，墨子辭。《呂氏・高義》作公上。《潛夫論・志氏姓篇》，衛公族有公上氏，《廣韻》一東衛大夫有公上玉。疑過亦衛人。

耕柱子

墨子遊耕柱子於楚。

今按：墨子弟子事迹，少可考見。見者皆仕諸侯，又皆由墨子之遊揚。孔子主正名復禮，其學說若深帶貴族化之傾向。又曰：「不仕無義。」遑遑走天下，顧深不願其弟子之急於仕進。今墨子雖非禮樂，力斥貴族生活；其為學立說，雖若務為平民化，力與儒異趣。而顧汲汲遊揚其弟子，為之謀祿仕。即此亦足以覘世變。「有遊於子墨子之門者，欲使隨而學。曰：『姑學乎！吾將仕子。』勸於善言而學。朞年而責仕於子墨子。」（見〈公孟篇〉。）此可見來學者率志於仕祿也。故孔子曰：「三年學，不志於穀，不易得。」此孔墨之門人一也。「墨子遊耕柱子於楚，二三子過之，食之三升，客之不厚。二三子復於子墨子，曰：『耕柱處楚，無益矣。』子墨子曰：『未可知也。』毋幾何，而遺十金於子墨子。子墨子曰：『果未可知也。』」莊生謂：「河潤九里，澤及三族。」門徒之相望以仕進者，又儒墨之所同也。故覘仕為心理之同，游仕為世風之變，雖大師無如何。《史》稱吳起家累千金，游仕不遂，遂破其家。知游仕之風當盛於其時。

魏越

墨子使之遊越。

曹公子

墨子仕曹公子於宋，三年而反，睹墨子，曰：「始吾遊於子之門，短褐之衣，藜藿之羹，朝得之則夕弗得。今以夫子之故，家厚於始。」今按：墨學之興，適當曾子子夏子思得志顯名之際。儒術既煊赫於天下，而墨子乃以役夫刑徒之道倡，裘褐為衣，跂蹻為服，日夜不休，以自苦為極。慮其一時門徒相從，蓋多貧賤之士，故食之三升則同門怨，遺之十金則夫子悅。墨子之門，若曹公子之徒者蓋多。墨子之汲汲遊仕其弟子者，此亦其一端歟。

勝綽

墨子使事齊項子牛。

墨子魯人，其行跡所到，為楚宋衛齊四國。其遊仕弟子，亦惟見於楚越宋衛齊五國。魯雖宗邦，然以曾申子思為儒者大師，方見尊禮。魏文侯雖好賢，然子夏田子方段干木李克吳起皆儒者徒，故墨術沮焉。

隨巢子

〈藝文志〉有書六篇，班氏云：「墨子弟子。」

胡非子

〈藝文志〉有書三篇，班氏云：「墨子弟子。」葉德輝曰：「《元和姓纂》云：『陳胡公後有公子非。後子孫為胡非氏。』」按：《通志・氏族略》亦云然，胡非蓋齊人也。

今按：隨巢胡非，名字不見《墨子》書，其著書亦不傳，其雜見於他書稱引者，亦未見其必為墨子弟子也。《隋書・經籍志》云：「巢非似墨翟弟子。」則下語為慎矣。今《墨子》書如〈尚賢〉〈尚同〉〈兼愛〉〈非攻〉〈節用〉〈節葬〉〈天志〉〈明鬼〉〈非樂〉〈非命〉，皆稱子墨子曰，明其為門弟子所記。又每題各分三篇，或乃墨分為三後，各記所受於師者。《墨經》尤晚出，當在墨學二三傳以後。其書皆有條貫，不自為稱說，疑當時墨子門徒，並不自著書；隨巢胡非，殆出後世假托。馬國翰有輯本，謂：「《隨巢》書多言災祥禍福，其論鬼神之能，即《中庸》『體物而不可遺』之意。《胡非・五勇》一篇，與《莊子》相出入，〈說弓矢〉亦本《韓非子》『矛盾之喻』。戰國人文字相襲，往往而然。」據此，二書皆晚出無疑。至其人事跡全不詳，似不當與前列諸人並視也。

孫氏集墨子弟子，凡十五人，除上所稱引，餘皆僅見姓名，無補稽考，茲不贅。

《韓非・顯學篇》云：「自墨子之死也，有相里氏之墨，有相夫氏之墨，（《元和姓纂》作伯夫氏，或當作柏。）有鄧陵氏之墨，墨離為三。」《莊子・天下篇》云：「相里勤之弟子，五侯之徒，南方之墨者，苦獲已齒鄧陵子之屬，俱誦《墨經》，而倍譎不同，相謂別墨。」成玄英《疏》：「相里勤，南方之墨師也。」今按：《莊子》文於苦獲已齒鄧陵子之前，特冠以「南方之墨者」五字，（《姓纂》：「楚公子食邑鄧陵，因氏焉。」是鄧陵子乃楚人。越有大夫苦成，是苦獲亦南人。已氏無考，疑並楚人也。）則相里五侯蓋非南方之墨也。《姓纂》，晉大夫里克之後居相城，因為相里氏。後晉有建雄節度使相里金，并州人。今按：山西汾陽有大相里小相里二村，相里金墓在小相里之北，碑云：「晉大夫里克，其妻攜子避地居於相城，時人遂呼相里氏。」相里武為漢御史，相里覽為十六國前趙偏將軍云云。又考北齊寺碑題名，亦多相氏。又今安邑縣北亦有相里村，則相里勤疑乃北方之墨師也。孫詒讓云：「五侯蓋姓五，與『伍』同；古書伍子胥姓多作五。」按：春秋伍氏興於楚，而子胥之後有在齊者，五侯亦未必是南人。又按：《陶潛集・聖賢群輔錄》謂：「不累於俗，不飾於物，不尊於名，不忮於眾，此宋鈃尹文之墨。裘褐為衣，跂蹻為服，日夜不休，以自苦為極者，相里勤五侯子之墨。俱誦《墨經》而背譎不同，相謂別墨，此苦獲已齒鄧陵子之墨。」此言三墨又異。然其不以相里五侯為南方之墨，則殊可據也。又相里之弟子五侯之徒與鄧陵子同輩行，則相里蓋前輩。此如儒分為八，以子張氏與孟子孫氏並舉，輩行縣絕，則三墨亦未必同世也。

梁任公〈墨子年代考〉謂：「〈公孟篇〉記墨子與告子語，而告子又曾與孟子論性，參合兩書言論，其為一人無疑。孫氏據趙岐《孟子注》，謂告子曾學於孟子，疑其年代不相及，因謂當是兩人。按：《孟子》本文，無以證明告子為孟子弟子，恐直是孟子前輩耳。墨子卒下距孟子生不過十餘年，告子弱冠，得見墨子之晚年，告子老宿，得見孟子之中年，並非不相及。」今按：梁氏以告子定墨孟之年距，是也。余考墨子卒在安王十年左右，而孟子生在安王十三四年以下。或孟子之生，竟及墨子之未死，則《墨》《孟》書中告子之為一人，尤無可疑。觀〈公孟篇〉所記二三子請棄告子，而墨子曰不可，則告子殆亦墨子弟子，墨子主尚同一義，而曰義自天出，此即告子義外之說所本也。沈欽韓《漢書疏證》謂：「孟子稱告子，乃辭而闢之，非同時問答。」今按：孟子云：「率天下而禍仁義者，必子之言夫。」明是當面稱呼。下孟子兩質，告子兩曰然，明是當面問答。沈說非也。

六三　孟子生年考

世傳《孟氏譜》，孟子以周定王三十七年四月二日生，赧王二十六年正月十五日卒，壽八十四歲。此譜未詳來歷。周定王無三十七年。又謂孟子生當孔子後三十五年，則為貞定王二十五年。然孟子生年，決不如此之早。或謂「定」乃「安」字之訛。安王在位二十六年，下至赧王二十六年，凡八十八年。《譜》謂孟子壽八十四，逆推之當生於烈王四年。後人多信其說。惟《譜》記生年既不足信，則其記卒年及壽數，未必盡可信。今捨其生年，據其卒年與其壽數，而更推其生年，其未必信明矣。《孟子．離婁》：「予未得為孔子徒也，予私淑諸人也。」朱子《集註》：「自孔子卒，至孟子遊梁時，方百四十餘年，而孟子已老。然則孟子之生，去孔子未百年也。」朱子博學多識，其為《四書集註》，尤精力所萃。今觀其推論孟子生年，知其時尚未有《譜》，故為朱子所未見，否則以為不足憑，抑且不屑辨數也。以此推之，《譜》之不可信尤益顯。顧孟子遊梁，去孔子之卒，實已百六十年，詳〈考辨〉第一一五。朱子亦復誤；則其推論孟子之生，去孔子未百年者，亦未必可信也。周廣業《孟子四考》，又據朱子未百年之說，湊會以八十四之壽，謂：「舊《譜》生年，當改『定』字，去『三』字，為『安王十七年』；則上距孔子卒九十五年，其卒當在赧王十三年或十二年，而《譜》倒為二十，又衍『六』字也。」夫《年譜》既不可信，《集註》又未可據，今兩憑其說，而奮改其舊，其為不足信尤甚矣。其他論孟子年世者，紛紜之說，不一而足。顧余考齊宣王梁惠王世次，《史》、《策》既多誤，諸家據以論孟子，則宜其治絲而益棼矣。今既於齊梁宋滕諸國世系年代，一一重為釐定，而孟子遊仕先後，亦詳加審核。參伍錯綜，斟酌情事，而定孟子生年，最早當在安王之十三年，最晚當在安王二十年。乃與朱子周氏之所推定，亦若相符。然其立論造斷之所以然，則固自不同。且尤有進者，知人論世，貴能求其並世之事業，不務詳其生卒之年壽。今謂孟子生於烈王四年，或謂生於安王十七年，前後相去不越十五年，此不過孟子一人享壽之高下，與並世大局無關也。苟既詳考孟子遊仕所至，並世情勢，及列國君卿大夫往來交接諸學士，則孟子一人在當時之關係已畢顯，可無論其年壽之或為七十或為八十矣。無徵不信，必欲穿鑿，則徒自陷於勞而且拙之譏，又何為者？余茲所陳，固非以為定論，而摧廓舊說，開陳新義，亦足以見考古之意。至於援證之細，將逐事備詳於後，此不具也。魏氏《古微堂外集．孟子年表》云：「《史記索隱》謂孟子卒于周赧王二十六年壬申，《闕里志》從之，而謂壽九十有七歲，逆推之，當生於安王十七年。惟近日《索隱》本誤作生于周定王三十一年，當以《闕里志》所據《索隱》原本校正。」今按：《索隱》並無孟子生年，未曉魏說何據。

又按：孟子名軻，其字趙岐已云未聞，徐幹〈中論序〉云：「孟軻荀卿，懷亞聖之才，著一家之法，皆以姓名自書，至今厥字不傳，原思其故，皆由戰國之士，樂賢者寡，不早記錄耳。」

六四　田和始立為侯考

《史記·田齊世家》：「康公貸立十四年，太公遷康公於海上。明年，魯敗齊平陸。三年，太公與魏文侯會濁澤，求為諸侯。」《集解》徐廣曰：「康公之十六年。」《索隱》云：「徐廣蓋依〈年表〉為說，而不省此上文，貸立十四年，又云明年會平陵，又三年會濁澤，是十八年。〈表〉及此《註》並誤。」張文虎《史記札記》謂：「依《索隱》，似三年上有『又』字。」今按：據下文：「魏文侯乃使使言周天子及諸侯，請立齊相田和為諸侯，周天子許之。康公之十九年，田和立為齊侯，列於周室，紀元年。和立二年而卒。」則《索隱》十八年之說是也。蓋十八年會濁澤，其時為魏武侯十年，今稱魏文侯者誤。翌年十九年，田和始列為侯，紀元年。田和之二年，則為康公二十年，而田和卒也。

六五　齊康公二十一年乃田侯剡立非桓公午立辨

《史記·年表》：「齊康公二十年，田和卒。二十一年，田和子桓公午立。」按：〈田齊世家〉《索隱》引《紀年》：「齊康公五年，田侯午生。二十二年，田侯剡立。後十年，田午弒其君及孺子喜而為公。」並引《春秋後傳》為證。〈年表〉漏去剡一世，併前漏去田悼子一世，自田常以下，田齊祇得十世，與《莊子》「十二世有齊國」之語不符。當依《紀年》。又田和以齊康公二十年卒，田剡即以是年立，〈年表〉書之隔歲，依人君即位翌年稱元之例也。《索隱》引《紀年》作齊康公二十二年田剡立，誤衍一「二」字。知者，〈魏世家〉《索隱》據《紀年》，謂：「桓公立十九年，當梁惠王之十三年。」則桓公弒君自立，在魏武侯二十一年。周安王二十六年。自此逆溯而上十年，正為齊康公之二十年。周安王十七年。知《史記》於此乃誤其世系而未誤其年也。

六六　吳起去魏相楚考

《史記．吳起傳》：「田文既死，公叔為相，害吳起，起懼得罪，遂去之楚。」今按：〈魏策〉：「公叔痤為魏將，與韓趙戰澮北，禽樂祚。魏王賞田百萬，座以讓吳起之後。」其事〈年表〉在惠王九年，吳起已死十九年矣。其年公叔亦卒。明年，商鞅遂入秦。觀公叔之待商鞅，不似害賢者。《呂氏．觀表》、〈執一〉諸篇，言譏起者乃王錯。考〈魏策〉：「魏武侯與諸大夫浮西河，王鍾侍。」姚云：「『鍾』一作『錯』。」即此王錯。魏武自矜河山之險，而錯附之，為吳起所折。魏武盛獎起，王錯之忌起，當肇於此。〈魏世家〉《集解》徐廣引《紀年》：「惠王二年，大夫王錯出奔韓。」即此人。《史記》吳起奔楚之由，蓋誤。又起為魏武侯伐齊至靈丘，在武侯九年，〈考辨〉第六〇則去魏當在十年以後。據《說苑．指武篇》起至楚先為宛守，《說苑》云：「起為宛守，行縣適息，問屈宜臼，屈公不對」云云。今按：《說苑．權謀篇》有屈宜咎論韓昭侯不獲出高門。《史記．六國表》、〈韓世家〉皆作屈宜臼，「臼」、「咎」古字通。然考韓昭侯築高門在昭侯二十九年，距此當五十年，疑不能為一人。《淮南．道應訓》作吳起為楚令尹，適魏問屈宜若。「若」亦「咎」之誤文也。恐屈宜臼之告吳起，特後人模效趙良之告商君而造為之，屈子固不與吳起同時也。居一年，乃為令尹。不識其前又曾為他職否。其為令尹，《史記》載其政績云：「起相楚，明法審令，捐不急之官，廢公族疏遠者，以撫養戰鬬之士。要在強兵，破馳說之言縱橫者。於是南平百越，北并陳蔡，卻三晉，西伐秦，諸侯患楚之強。故楚之貴戚盡欲害吳起。」今按：陳滅在惠王十一年，蔡滅在四十二年，何待悼王？〈楚世家〉於悼王十一年後，即書二十一年悼王卒，更不記平越卻晉伐秦之事。檢諸〈越世家〉，楚破越在威王世，亦與悼王無涉。則卻三晉而伐秦者，其語殆同為無稽也。且其時亦尚無縱橫之言，《史》蓋誤襲〈秦策〉蔡澤語耳。或《史》本作：「起相楚，明法審令，捐不急之官，廢公族疏遠者，以撫養戰鬬之士，故楚之貴戚盡欲害吳起。」前後文氣本相承接，中間「用兵」一段，係後人據〈秦策〉妄增也。《淮南．道應訓》記吳起之語曰：「起將衰楚國之爵，而平其制，損其有餘，而綏其不足。砥礪甲兵，時爭利於天下。」《說苑．指武篇》同。可與《史》文互證。知蔡澤之語，乃策士潤飾，欲明功成身退之理，故盡以惠威二王前後戰績，一歸於起。此如記燕昭王得賢，乃云「鄒衍自齊往，劇辛自趙往」矣。《呂氏．貴卒篇》云：「吳起謂荊王曰：『荊所有餘者地也，所不足者民也。今君王以所不足益所有餘，臣不得而為也。』於是令貴人往實廣虛之地，皆甚苦之。」此又吳起治楚不主以兵力擴地之證也。其徙貴人墾荒，殆秉李克盡地力之教。《韓非・和氏篇》稱其教悼王曰：「楚國之俗，大臣太重，封君太眾，不如使封君之子孫，三世而收爵祿，絕滅百吏之祿秩，損不急之枝官，以奉選練之士。」此起之所以治楚而招貴戚大臣之忌者。《淮南・泰族訓》亦云：「吳起為楚張減爵之令，而功臣畔。」孔子以正名復禮繩切當時之貴族，既不得如意，後之言治者，乃不得不捨禮而折入於法。是亦事勢所驅，不獲已也。且禮之與法，其本皆出於糾正當時貴族之奢僭，李克吳起，親受業於子夏曾西，法家淵源，斷可識矣。起治楚政績，略如此。《呂氏・義賞篇》：「郢人以兩版垣，吳起變之而見惡。」《注》云：「教之用四。」可見吳起為治注重民生之一斑。《韓非・和氏篇》云：「悼王行之期年而薨，吳起枝解。」大則起為令尹期僅一年，愈徵楚無擴地之事。推迹以求，起之在楚，蓋不出三、四年也。枝解之說，又見《墨子・親士》，「吳起之裂其事也。」《韓非・問田》，「吳起支解，商君車裂。」《淮南・繆稱》，「吳起刻削而車裂。」〈主術〉，「吳起張儀，車裂支解。」張儀疑商鞅之誤。及《韓詩外傳》卷一。「吳起削刑而車裂，商鞅峻法而支解。」本傳不書，蓋失之。

六七　吳起傳左氏春秋考

附　鐸椒考

《漢書·藝文志》六藝《春秋》類，有《左氏傳》三十卷。自劉向、劉歆、桓譚、班固皆以《左傳》出左邱明。左邱明受經孔子，而傳《春秋》，魏晉以來儒者無異議。至唐趙匡啖助，始謂左氏非邱明。宋後諸儒，相繼並起；其著者如王荊公，王應麟《困學紀聞》，載王荊公有《春秋解》一卷，疑左氏為六國時人者十一事。陳振孫《書錄解題》，稱《左氏解》專辨左氏，為韓魏趙殺智伯事，去孔子六十七年，決非邱明。此當為十一事中之一。今《左氏解》既不傳，《荊公集》亦無考，其所疑十一事，不可詳矣。葉石林，葉氏《春秋考》，謂：「春秋終於哀十四年，而孔子卒。《傳》終二十七年，後孔子卒十三年，辭及韓魏知伯趙襄子之事，而稱魯悼公楚惠王。以年考之，楚惠王卒，去孔子四十七年；魯悼公卒，去孔子四十八年；趙襄子卒，去孔子五十三年。察其辭，僅以哀公孫于越，盡其一世之事為經終。泛及後事，趙襄子為最遠，而非止於襄子。不知左氏後襄子復幾何時。豈有與孔子同時，非弟子，而如是其久者？以左氏為邱明，自司馬遷失之也。今考其書，雜見於秦孝公以後事甚多，殆戰國周秦之間人無疑。」鄭漁仲，鄭氏《六經奧論》謂左氏非邱明，為六國時人，凡舉八驗。其說曰：「《左氏》終紀韓魏知伯之事，又舉趙襄子之謚。自獲麟至襄子卒，已八十年。使邱明與孔子同時，不應孔子既沒七十八年之後，邱明猶能著書。此左氏為六國人，明驗一也。《左氏》『戰于麻隧，獲不更女父』，又云：『秦庶長鮑、庶長武率師及晉師戰于櫟。』秦至孝公時立賞級之爵，乃有不更、庶長之號，明驗二也。《左氏》云：『虞不臘矣。』秦至惠王十二年初臘，明驗三也。《左氏》師承鄒衍之誕，而稱『帝王子孫』，明驗四也。《左氏》言『分星』，皆準堪輿，案韓魏分晉之後，而堪輿十二次始於趙分曰大梁之語，明驗五也。《左氏》云：『左師展將以公乘馬而歸。』案三代時有車戰，無騎兵。惟蘇秦合從六國，始有『車千乘、騎萬匹』之語，明驗六也。《左氏》序呂相絕秦，聲子說齊，其為雄辯狙詐，真游說之士，捭闔之辭，明驗七也。《左氏》之書，序晉楚事最詳，如『楚師熸』、『猶拾瀋』等語，則左氏為楚人，明驗八也。」朱晦庵，朱子亦謂，「虞不臘矣」為秦人語。皆疑《左氏》非孔子時書。至清儒崔述則謂：「昭襄之際，文字繁蕪，遠過文宣以前，而定哀間反略，率多有事無詞。哀公之末，事亦不備。此必定哀之時，紀載之書行於世者尚少，故爾。然則作書之時，上距定哀未遠，亦不得以為戰國後人也。」姚鼐則謂：「《左氏》書非出一人，累有坿益，而由吳起之徒為之者蓋尤多。據劉向《別錄》，左邱明傳曾申，申傳吳起，起傳其子期，期傳楚人鐸椒，椒傳趙人虞卿，卿傳荀卿，則《左傳》源流誠與吳起有關。吳起始仕魏，卒仕楚，故《傳》言晉楚事尤詳，而為三晉之祖，多諱其惡而溢稱其美。又善於論兵謀。其書於魏氏事造飾尤多。魏絳在晉悼時，甫佐新軍，在七人下，安得平鄭賜樂，獨以與絳？獻子合諸侯干位，而述其為政之美。〈魏風〉至季札時，亡久矣，與〈邶〉、〈鄘〉、〈檜〉等，而札獨美之，曰：『以德輔此，則明主也。』此與魏大名，公侯子孫必復其始之談，皆造飾以媚魏君。又忘明主之稱，乃三晉篡位後之稱，非季札時所有也。」諸家之說，愈辨愈精，而尤若以姚氏為最得。又《左氏》書好為預言，其言有驗有不驗。顧氏《日知錄》卷四舉其事，如：「三良殉死，《左氏》云『君子是以知秦之不復東征』，此至孝公以後即不驗。又季札至魯，聞〈鄭風〉，以為其先亡，而鄭至三家分晉後始滅於韓。按：鄭滅尚有晉君，顧氏此條微誤，參讀〈考辨〉第三六。渾罕言：『姬在列者，蔡及曹滕其先亡乎。』而滕滅於宋王偃，在諸姬為最後。按：滕先滅於越，顧氏此條亦微誤，參讀〈考辨〉第四九。衛遷帝丘，卜曰三百年，而衛至秦二世元年始廢，歷四百二十一年。」日人狩野直喜為《左氏辨》，文收《高瀨博士還曆紀念支那學論叢》。據此推論，謂：「《左氏》預斷秦孝公以前事皆有驗，孝公後概無徵，則《左氏》時代從可推斷。」又謂：「王孫滿『卜年七百，卜世三十』語，自成王定鼎後七百餘年，當在威烈王三十一世。安王三十二世。時。其言『卜世三十』，特舉成數。」以狩野此論，會之姚說，兩節適符。吳起死於威烈王二十一年，周室日卑，正切卜年七百，卜世三十之數。時蔡曹滕皆已滅，鄭滅惟在吳起死後五年。自吳起之卒上推衛遷帝丘已及二百八十年。所謂「卜年三百」者，亦恰肖。則顧氏之疑辨，狩野氏之推測，豈不正為姚氏說之證成耶？此《左氏傳》出吳起不出左邱明之說也。顧亭林《日知錄》卷四「春秋闕疑之書」一條，亦主《左氏》成者非一人，錄之者非一世，而夫子當時未必見。

啖助之言曰：「邱明，夫子以前賢人，如史佚遲任之流。焚書之後，學者見《傳》及《國語》，俱題左氏，遂以為邱明。自古豈止一邱明姓左乎？」崔述曰：「《史記》但以《傳》為左邱明所作，不言為何時人，而亦未有親見孔子之文。不知二人姓名之偶同耶？抑相傳為《左氏春秋》，而司馬氏遂臆料以為《論語》之左邱明耶？說《論語》者，以左邱為複姓，與公羊穀梁正同。乃傳經者云公羊氏、穀梁氏，而此獨云左氏，不云左邱氏，又似作《傳》者左氏而非左邱氏也。然則傳《春秋》者，其姓名果為左邱明與否，固未可定。」此又疑因書名《左氏春秋》而傳者遂誤以為出左邱明也。葉夢得曰：「古有左氏，左丘氏。太史公稱：『左丘失明，厥有《國語》。』今《春秋傳》作左氏，而《國語》出左邱氏，則不得為一家。文體亦自不同，其非一家書明甚矣。」今按：葉氏此說，分辨左氏、左丘氏，別成一解。然古人居丘稱某氏，「氏」、「丘」義通，如「乘丘」漢稱「乘氏」，則左邱氏即左氏耳。惟謂《左傳》、《國語》非一家書，則是也。近人或疑《左氏傳》由劉歆自《國語》中分出，殊無據。參讀〈考辨〉第一四七。

余考諸《韓非》書，「吳起，衛左氏中人也」。然則所謂《左氏春秋》者，豈即以吳起為左氏人故稱，而後人因誤以為左姓者耶？此層章炳麟氏曾論及。其言曰：「《韓非．外儲說右上》曰：『吳起，衛左氏中人也。左氏者，衛邑名。』〈內儲說上〉

曰：『衛嗣君之時，有胥靡逃之魏，因為襄王之后治病。衛嗣君聞之，使人請以五十金買之，五反而魏王不予，乃以左氏易之。』《注》：『左氏，都邑名也。』《左氏春秋》者，固以左公名，或亦因吳起傳其學，故名曰《左氏春秋》。猶《詩傳》作於大毛公，而《毛詩》之名因小毛公而題與？以『左氏』名《春秋》者，以地名也。則猶《齊詩》、《魯詩》之比與？或曰：本因左公得名，及吳起傳之，又傳其子期，而起所居之地，為左氏學者群居焉，（猶齊之稷下。）因名其地曰左氏。以人名地，則黨氏之溝之比也。因有以《韓非》之文證《左傳》為吳起所作者，發此二義正之。」（見章氏《春秋左傳讀》。）章氏必擁護《左氏》成於邱明，故曲為之辨如此。

又按：〈藝文志〉，《易》有《淮南・道訓》，《詩》有《魯說》、《齊雜記》，《論語》有《燕傳說》；《五經異義》，《易》有《下邳傳》。此皆以地名繫者，則亦何疑於《左氏》。

《說苑》：「魏武侯問元年於吳子。」此亦吳起傳《春秋》之證。吳起「西河之對」，亦與《左》昭四年司馬侯對晉侯之辭相似。

晉汲縣人發魏襄王塚，有《師春》，即採《左氏》，亦可見《左氏》書與魏之關係焉。雷氏學淇《介菴經說》謂：「吳起以《左傳》傳其子期，魏人多與聞者，故襄王時史臣述《紀年》，師春言卜筮，石申言天象，多與《左傳》符同。」洵不虛也。全祖望《經史問答》：「鬼神之說，始於《墨子》。故《漢・志》數《墨子》宗旨凡數條，而右鬼其一也。《左氏》蓋亦惑於《墨子》，《內傳》載之不一而足，《外傳》不知出《左氏》與否；而鬼神之說，則相為表裏。如杜伯射宣王事，紀之自《墨子》，而《外傳》首載之。」今按：全氏此說，亦似主《左氏》出《墨子》後。然《墨子》言鬼，本引《百國春秋》，此乃古之史職。（參讀汪中《述學・左氏釋疑》。）惟《左傳》既多及鬼事，則目可謂近染《墨》說也。又《韓非子》：「孔子之後，儒分為八，有樂正氏之儒。」陶潛曰：「樂正氏傳《春秋》為道，為屬辭比事之儒。」樂正子春乃曾子弟子，傳孝道，與曾申同學。陶氏謂其傳《春秋》，亦《春秋》出曾氏，與吳起有淵源一旁證。

《史記・十二諸侯年表》：「鐸椒為楚威王傳，為王不能盡觀《春秋》，采取成敗，卒四十章，為《鐸氏微》。」《漢・志》有《鐸氏微》三篇。王應麟《考證》引《別錄》云：「左邱明授曾申，申授吳起，起授其子期，期授楚人鐸椒，作《抄撮》八卷，授虞卿。」今考吳起卒在楚悼王末年，下至威王元尚四十二年，謂鐸椒得吳起子期之傳，差尚可信；而謂其授虞卿，則年世不相及。詳〈考辨〉第一四七。今其書既不傳，則亦無可深論矣。參讀〈考辨〉一四七附篇。

又按：史公又云：「左丘失明，乃傳《國語》。」子夏居西河，晚年失明，疑左丘失明，或自子夏誤傳。子夏居魏，為儒術傳於三晉之鼻祖，宜亦與《春秋》傳統有關。

六八　孟勝考

附　徐弱　田襄子　腹䵍

《呂氏・上德篇》：「孟勝為墨者鉅子，善荊之陽城君。陽城君令守於國。荊王薨，陽城君以與攻吳起得罪，收國。孟勝屬鉅子於宋之田襄子而死之。弟子徐弱之徒死者百八十三人。」鉅子者，《莊子・天下篇》說墨云「以巨子為聖人，皆願為之尸，冀得為其後世」者也。近人胡適謂非墨子死後三、四十年，不能有鉅子；梁啟超則謂墨子死後一、二年，鉅子便可發生。余謂鉅子之傳，或可墨子生前所定，豈必死後一、二年始有？楚悼之卒，去墨子下世不過十年，勝殆為嫡傳鉅子，否則亦再傳也。而其事跡不見於《墨子》書，豈從遊在後，而獨得衣缽者耶？否則鉅子制若後起，孟勝事亦可經後人增飾也。孫云：「田襄子言行無考，《說苑・尊賢篇》有『衛君問田讓』語，疑即田襄子。」然亦無以考見其為人。此後秦惠王時有鉅子腹䵍，見《呂氏・去私篇》。他鉅子均無考，亦究心墨學者一憾事也。參讀〈考辨〉第一一四。

六九　宋辟公乃桓侯辟兵其元年當周安王二十二年非周烈王四年在位四十一年非三年辨

〈年表〉載宋昭公卒，誤後十八年，詳〈考辨〉第四五。以下紀宋年均依次誤。梁氏《志疑》定悼公元在齊宣公三十五年，周威烈王五年。休公元在齊宣公四十三年，周威烈王十三年。辟公元在齊康公十五年，周安王十二年。剔成元在齊康公十八年，周安王十五年。宋偃元在齊威王三十三年，周顯王二十三年，應齊威王十二年。均依次遞前十八年。然其說尚未是。〈宋世家〉《索隱》引《紀年》，悼公有十八年，而《史》祇得八年，相差又十年。今據《紀年》，則悼公之卒，當在周威烈王二十二年。休公之元，在威烈王二十三年，休公二十三年而卒，為周安王二十一年。辟公之元，則在周安王之二十二年也。

又按：〈世家〉「辟公三年而卒」，而《索隱》云：「《紀年》辟公作桓侯璧兵，則璧兵諡桓也。又《莊子》云：『桓侯行未出城門，其前驅呼辟，蒙人止之，後為狂也。』司馬彪曰：

『呼辟，使人避道，蒙人以桓侯名辟，而前驅呼「辟」，故為狂也。』」洪頤煊《讀書叢錄》云：「辟公既名辟兵，不得謚為辟公，當從《紀年》作桓公，『辟』字即涉其名而譌。」今按：洪說是也。雷氏《義證》亦云然。又《魏世家》《索隱》云：「惠成王十四年，魯恭侯宋桓侯衛成侯鄭釐侯來朝。」則梁惠王十四年，宋桓侯尚在，是歲當為桓侯二十四年，雷氏《義證》推為桓侯六年者誤。知《世家》「三年而卒」之說，亦有誤。又考《宋世家》《索隱》王劭按《紀年》云：「宋剔成肝廢其君璧而自立。」梁氏《人表考》：「剔成肝，《索隱》引《紀年》作易城盱，盱是其名，封於易城之地，因以為號。」雷氏《義證》云：「剔成肝乃易成侯之誤。」則桓侯乃見廢者。剔成之後為宋君偃，《史記》稱其襲攻剔成，剔成敗奔齊，偃自立。然余考偃立年尚少，其庶兄大尹主政。又在位五十三年，國亡見殺，其為少主嗣位，非弒兄自立可知。詳《考辨》第九一。則《世家》乃以剔成之逐桓侯者，誤為偃之逐剔成也。偃為剔成弟，宋人兄弟嗣立，猶有殷商遺俗。《呂覽・禁塞篇》高《注》：「宋偃，辟兵之子，此據《史記》『剔成辟兵子，而偃為剔成弟』，故云。」剔成為辟兵子與否，今不可考，則高《注》未可守。其嗣立年尚幼，則剔成在位不久。史稱剔成在位四十一年，則其弟偃年決非弱，何以弒兄自立之後，猶得五十三年而亡？即據《史記・世家》原文，亦有四十七年，剔成在位四十一年外，年當在五十外，其弟能逐兄自立，年相雁行，則殆亦四十外矣。又四十七年，已將及九十，與所謂桀宋之虐，益見其不符。余疑四十一年，乃桓侯在位之年，則桓侯見逐，尚在朝梁後十二年，而剔成則在位三年，不壽早死，故其弟偃嗣位尚年少，則諸疑皆釋，無不合者。惜《索隱》於此條獨引王劭著桓侯乃見逐，而不并詳其年，則余說若猶嫌其無的據。然深思明辨之士，比其前後而熟論之，當不怪余言之為逞臆妄測耳。《韓非》論戴氏每與齊田氏並列，而曰：「戴氏取子氏於宋。」《呂覽》於宋偃之亡，亦曰：「此戴氏所以絕。」疑剔成乃戴氏，故王偃一朝，如戴不勝、戴盈之皆戴氏，蓋佐新君幼主以固其位者。蘇時學《爻山筆話》首疑及此，惟謂剔成肝即司城子罕，則誤也。

七〇　田桓公在位十八年非六年其弒君自立在魏武侯二十一年非二十二年辨

《史記・田齊世家》：「桓公立六年卒，子威王立。」《索隱》引《紀年》云：「梁惠王之十三年，當齊桓公十八年，後威王始見，則桓公立十九年而卒。」《索隱》既云「齊桓公十八年，威王始見」，則桓公即以十八年卒也；而又云「立十九年而卒」者，人君於即位之翌年稱元，故一稱十八，一稱十九也。《繹史・年表》誤後一年，遂為梁惠王之十四年；張宗泰《竹書紀年校補》誤後二年，遂為梁惠王之十五年，皆緣不辨《索隱》此條文理而誤。洪頤煊校《紀年》，威王立在周顯王十一年，獨為得之。《史記》作六年者，六乃「十」、「八」二字并合之誤，如〈晉世家〉《索隱》引《紀年》：「敬公十八年，魏文侯初立。」「十」、「八」二字，乃六字分離之誤也。今自梁惠王十三年，逆溯十九年而上，為魏武侯二十一年，即田午弒君自立之年。

雷氏《考訂》，定其事在魏武侯之二十二年，較余說後一年。其言曰：「〈田敬仲世家〉

七〇　田桓公在位十八年非六年其弒君自立在魏武侯二十一年非二十二年辨

《索隱》引《紀年》：『齊康公五年，田侯午生。二十二年，田侯剡立。後十年，齊田午弒其君及孺子喜而為公。』愚案：後十年者，謂自侯剡始立之年數之，至此共十年，實侯剡改元之九年也。知在魏武侯二十二年者，《索隱》引《紀年》云：『梁惠王十三年，當齊桓公十八年。』以魏武侯二十六年卒推之，是齊桓實以此年弒其君，且即以此年為己之元年也。」今按：雷說可解於梁惠王十三年當齊桓公十八年之說，而無以解於桓公立十九年而卒之說也。今定桓公弒君自立在武侯二十一年，二十二年紀元，則「桓公十八年，當梁惠王十三年」，及「桓公立十九年卒」，兩說俱通矣。余定田侯剡立，在齊康公二十一年。（詳〈考辨〉第六五。）其前一年，齊康公二十年，田和卒，田剡即立。下逮魏武侯二十一年，田午弒剡，前後適得十年。與雷氏所謂自侯剡始立之年數之，至此共十年者正合。（雷氏定田剡元，亦較余說後一年。）雷氏蓋自推校未盡也。

又〈魏世家〉《索隱》引《紀年》：「齊幽公之十八年，而威王立。」幽公蓋桓公字誤。雷氏《考訂》亦曰：「『幽』即『桓』字之誤，否則兼謚為幽。『立』是立為太子，否則桓公退老，使威王攝政，至明年桓公卒，而威乃踐位也。『威王立』三字，當是《索隱》約舉之詞，未審《紀年》元文何如。『後威王始見』，即指平阿等事。蓋桓公之卒，威王之元，《紀年》元文亦未之載，《索隱》故云。」今按：謂幽公即桓公，是也。謂威王立乃立為太子，否則桓公退老而攝政，此皆無證臆測，實不可從。蓋雷氏定威王元在梁惠王十五年，則桓公卒自當在十四年，而又與《索隱》引《紀年》桓公十八年威王立，及惠王十三年威王始見兩條不符，故不得不強為之說如是。而雷氏所以必證威王元在梁惠王十五年者，又以不知威王在位實有三十九年而然也。參讀〈考辨〉第七四。

又〈田齊世家〉《索隱》王劭按《紀年》云：「齊桓公十一年，弒其君母。」《黃氏逸書考》云：「桓公立十年，弒齊康公及其子，絕姜姓之祀。至是又弒康公之夫人，故曰『弒其君母』。」今按：黃氏此條，蓋誤讀《索隱》田剡立後十年，田午弒君及孺子喜之文而誤。康公於十九年遷海上，至二十六年而卒。其時乃田侯剡六年；其後三年，田午弒君，乃指田剡，非康公矣。然則君母者，殆指田剡之后，否則尚為田剡之母也。

《莊子・則陽篇》：「魏瑩與田侯牟約。」司馬云：「魏瑩，魏惠王；田侯，齊威王也。」然威王名因齊，不名牟。俞樾曰：「田齊諸君，無名牟者。惟桓公名午，與牟字相似。牟或午之譌。然齊桓公與梁惠王又不相值也。」今按：梁惠王十三年，為齊桓公卒年，則惠王與桓公正相值。惟其時田忌尚未用事於齊，惠施公孫衍亦未用事於魏，與《莊子》文仍不合。《莊》書隨文寓言，未可盡據為故實也。

又按：吳式芬《攈古錄金文》陳侯午錞，羅振玉《貞松堂集古遺文》作陳侯午殷，郭沫若《兩周金文辭大系》作陳侯午鐏錞。「隹十又四年，陳侯午以群諸侯獻金，作皇妣孝大妃祭器鐏錞」。翁祖庚云：「《史記》桓公午六年卒。《索隱》引《紀年》桓公十九年而卒。以此銘考之，桓公實不止六年。所稱孝大妃，即太公和之妃。」此以銅器金文為證，而可以定《史記》與《紀年》之得失者。《金陵學報》一卷二期有王古魯〈對於日人武內氏六國表訂誤之商榷〉一文，主田桓公以六年之說，自誤。惟定齊威王在位三十八年，而武內氏從之，此則王氏之得也。二氏皆未能以史事詳證，故其說多疏。

七一　韓哀侯懿侯昭侯三世名謚年數考

《史記・韓世家》《索隱》引《紀年》：「魏武侯二十一年，韓滅鄭，哀侯入于鄭。二十二年，晉桓公邑哀侯于鄭。按：今年尚借晉桓命邑鄭，則知〈年表〉於上年書滅晉之誤。又〈年表〉書鄭康公二十年滅，實不誤。〈世家〉以韓哀侯二年邑鄭為鄭滅之歲，故云康公二十一年也。今本《偽紀年》韓滅鄭在周安王二十一年，則由魏武侯二十一年而誤。韓山堅賊其君哀侯而韓若山立。」曰：「若山即懿侯也。」又〈晉世家〉《索隱》引《紀年》：「韓哀侯以桓公十五年卒。」是年正當魏武侯二十二年，則韓哀侯卒，在滅鄭之明年也。《水經・沁水》《注》引《紀年》：「惠成王元年，趙成侯偃、韓懿侯若伐我葵。」是懿侯名若，《索隱》所引，涉上韓山堅而衍一「山」字。又〈濁漳水〉《注》引《紀年》：「惠成王元年，韓共侯趙成侯遷晉桓公於屯留。」是同年韓有懿共兩侯，〈六國表〉惟有莊侯，《索隱》云：「即懿侯。」《志疑》據今本《偽紀年》，謂：「序共侯懿侯於一年之內，而《史》無共侯，疑共侯即莊侯。韓山堅，《史》所云韓嚴也。山堅弒哀自立，未及一年便卒。懿侯嗣位。憫先君之被害，恨簒臣之未誅，遂削其年不數，而以為己改元之年。」不悟山堅弒君，遠在六年前，且《紀年》明云山堅弒君而若立，非山堅自立。《索隱》又明謂懿侯即莊侯，豈得又謂懿侯嗣莊侯哉？今共侯之名既不他見，疑《水經注》所引共侯本「莊」字之誤，而《偽紀年》依之，遂滋後世之疑。否則懿侯、共侯、莊侯蓋一侯而三諡；如後有韓威侯即宣惠王，亦一君三諡也。雷氏《義證》謂：「《紀年》同年有懿侯共侯，則懿侯兼諡為共，別諡為莊，猶宣王之兼諡為惠，別諡為威矣。」懿侯自哀侯被弒之翌年紀元，至惠成王八年，凡十二年而卒。是年昭侯立。《呂覽・任數篇》高《注》，以昭侯為景侯子，誤也。梁伯子已辨之。明年，梁惠成王九年，為昭侯元年也。〈年表〉昭侯元年在梁惠王十三年，〈魏世家〉《索隱》引《紀年》：「梁惠成王十四年，鄭釐侯來朝。」而曰：「鄭釐侯者，韓昭侯也」。是《史記》昭侯，於《紀年》稱釐侯。然考《水經・河水》《注》引《紀年》：「梁惠成王十一年，鄭釐侯來致地。」〈濟水〉《注》引《紀年》：「梁惠成王九年，王會鄭釐侯於巫沙。」則梁惠九年時釐侯已立。考諸〈趙世家〉「成侯十三年，與韓昭侯遇上黨」，是年正惠成王九年。《史記》載三晉事，韓最疏略，趙則頗詳，蓋趙史猶有存者。此昭侯元不在惠王十三年之的證也。余考昭侯在位實三十年，《史》蓋誤增哀侯之年，遂削昭侯以為償。雷氏《義證》亦謂：「《史記》誤將懿昭之立移後四年。」又〈韓世家〉《索隱》謂《戰國策》有嚴仲子名遂，又恐是韓嚴。按：嚴仲子乃聶政事，刺韓相俠累，〈韓策〉作韓傀，事在列侯三年，相隔二十三年，吳師道《戰國策補注》已詳辨之。

又按：〈年表〉昭侯二十二年，申不害卒，是年實昭侯二十六年。然則申子卒在是年蓋不誤。史公特誤以申子之卒為昭侯卒年也。

七二　老子雜辨

《史記・老子傳》：「自孔子死後百二十九年，而史記周太史儋見秦獻公。儋見秦獻公，〈周本紀〉在烈王二年，上距孔子之死百有六年，此誤。或曰儋即老子，或曰非也。世莫知其然否。」汪中〈老子考異〉謂「言《道德》之意五千餘言」者即儋，凡立五證：

一、《列子・黃帝》、〈說符〉二篇，凡三載列子與關尹子答問之語。原《注》：「《莊子・達生篇》，與《列子・黃帝篇》

文同。《呂氏春秋・審己篇》，與〈說符篇〉文同。」按：《偽列子》襲此二書耳。而列子與鄭子陽同時，見於本書。〈六國表〉鄭殺其相駟子陽，在韓烈侯二年，上距孔子之沒凡八十二年。按：鄭殺子陽，下距太史儋入秦二十四年，則列子應為關尹前輩。諸書所載答問語，亦不可信。關尹子之年世，既可考而知，則為關尹著書之老子，其年世亦從可知矣。

二、《文子・精誠篇》引《老子》曰：「秦楚燕魏之歌，異傳而皆樂。」按：燕終春秋之世，不通盟會。〈精誠篇〉稱燕自文侯之後，始與冠帶之國。文公元年，上距孔子之歿，凡百二十六年。按：此凡百一十八年，汪說誤。老子以燕與秦楚并稱，則老子已及見文公之始強矣。又魏之建國，上距孔子之歿，凡七十五年，按：此凡七十六年。而老子以之與三國齒，則老子已及見其侯矣。按：《文子》所引，未必真為老子語，不足為證。

三、《列子・黃帝篇》載老子教楊朱事。《莊子・寓言篇》文同，惟以朱作子居，今江東讀「朱」如「居」。張湛注《列子》云：「朱字子居。」非也。〈楊朱篇〉：「禽子曰：『……以子之言問老聃關尹，則子言當矣。以吾言問大禹墨翟，則吾言當矣。』」然則朱固老子之弟子也。又云：「端木叔者，子貢之世也。其死也，無瘞埋之資。」朱為老子弟子，而及見子貢之孫之死，則朱所師之老子，不得與孔子同時也。按：〈楊朱篇〉偽書，非楊子親筆，此論亦不足據。《御覽》四百七十七又四百九十三引《列子》，皆云「衛端木叔者，子貢之世父也」，似誤。

天下如運諸掌。」梁之稱王，自惠王始。惠王元年，上距孔子之歿，凡百十八年。楊朱已及見其王，則朱所師事之老子，其年世可知矣。按：惠王元年，距孔子之歿百零九年，惠王稱王，距孔子死百四十五年；楊朱亦未必見梁惠王之稱王，汪亦誤。

四、本傳云：「見周之衰，乃遂去至關。」《抱朴子》以為散關，又以為函谷關。按：散關遠在岐州，秦函谷關在靈寶縣，正當周適秦之道；關尹又與鄭之列子相接，則以函谷為是。函谷之置，書無明文。當孔子之世，二崤猶為晉地，桃林之塞，詹瑕實守之。惟賈誼《新書・過秦論》云「秦孝公據崤函之固」，則是舊有其地矣。秦自躁、懷以後，數世中衰，至獻公而始大。故〈本紀〉：「獻公二十一年，與晉戰於石門，斬首六萬。二十三年，與魏晉戰少梁，虜其將公孫痤。」然則是關之置，實在獻公之世矣。按：張琦《戰國策釋地》，秦取殽函在惠王六年至後十一年間。汪說亦誤。

五、周太史儋見秦獻公，〈本紀〉在獻公十一年，去魏文侯之歿十三年，按：去文侯之歿已二十三年，《史・表》誤。而老子之子宗為魏將封段干。〈魏世家〉：「安釐王四年，魏將段干子請予秦南陽以和。」

《國策》：「華陽之戰，魏不勝秦，明年，將使段干崇割地而講。」〈六國表〉：「秦昭王三十四年，白起擊魏華陽軍。」按：是時上距孔子之卒凡二百一十年，按：此在周赧王四十二年，去孔子之歿凡二百零六年（西元前四七九——前二七三），汪說錯四年。則為儋之子無疑。張文虎《舒藝室隨筆》卷四，謂：「太史儋見秦獻公，其年周顯王十九年，下距漢文元百七十年。而宗至假凡七世，年數略相當。宗乃儋子，與李耳無涉。」按：顯王十九年，已為秦孝公十二年，非獻公，張說誤。至宗為儋子，語亦難信，辨見後第十六節。

今按：汪氏五證，雖未全塙，要為千古卓識，可以破孔子見出關著五千言之老子之傳說矣。顧猶多未盡者。余嘗謂老子之偽跡不影，真相不白，則先秦諸子學術思想之系統條貫終不明，其源流派別終無可言。今請詳為申辨。雖若荒誕無稽，然亦足以備一說。上與司馬遷所謂「或曰即老子，或曰非也」云云相等例，較之《朱韜》、《玉札》及《神仙傳》諸書，猶且遠勝萬萬也。

一　太史儋與老聃

竊謂秦漢之際言老子，凡有三人，而往往誤以為一人。此三人者，一為孔子所見，一為周太史儋，而又一則尚在晚世。

莊周稱，孔子所見為老子，又曰老聃，而老聃與太史儋每易混。《史記・老子傳》：「老子姓李氏，名耳，字聃。」《史記索隱》，《老子音義》，《後漢書・桓帝紀》《注》，《文選・遊天台山賦》《注》所引皆如此。今本《史記》作「名耳字伯陽，謚曰聃」，乃淺人妄改者。王念孫《讀書雜志》有詳辨。《說文》：「聃，耳曼也。」《莊子》書稱老聃，《呂氏春秋・不二篇》作老耽。《說文》：「耽，耳大垂也。」《淮南・地形訓》：「夸父耽耳在其北方。夸父棄其策，是為鄧林。」然則夸父者，猶云大人國；耽耳，猶云大耳國也。耽耳亦作瞻耳。《說文》：「瞻，垂耳也。南方有瞻耳國。」瞻耳又作儋耳。《山海經・大荒北經》有儋耳之國，《注》云：「儋耳，其人耳大下儋，垂於肩上。」《後漢書・明帝紀》《注》云：「儋耳，南方夷。」蓋古人傳說，邊荒有儋耳之國。南人因謂在南荒，北人則謂在北荒也。漢〈老子銘〉：「聃然，老旄之貌也。」古人以耳大下垂為壽者之相，至今俗猶然。故高年壽者稱老子，稱老聃、老耽，亦得稱老儋。《抱朴子》曰：「老子耳長七寸。」《列仙傳》：「務光耳長七寸。」皆此類。以其年老，而曰老聃，鄭注〈曾子問〉云：「老聃，古壽考者之稱也。」以其為周史官，則曰太史儋。故儋之與聃，每易混說而為一人也。

二　太史儋與詹何

其又一人則為詹何。《說文》：「何，儋也；儋，何也。」儋、何二字，蓋一義兩音。單呼「儋」者，連其餘音則為「儋何」，今人稱「擔荷」，或稱「儋負」，如蟾之為蟾蜍，澹之為澹宕也。〈古今人表〉周儋桓伯，《左傳》「儋」作「詹」。然則詹何宜可為儋何，或呼詹子，（《莊子・讓王》作瞻子。）如匡章稱章子、陳仲稱仲子，則老聃、太史儋，又易與詹子相混。《高誘》注《淮南・覽冥》云：「詹何，楚人知道術者也。」則詹何為南方之道者，與老聃似。《韓非・解老》：「詹何能坐堂上知門外牛黑而白在其角。」是詹何有前識，與太史儋似。《呂氏春秋・執一篇》：「楚王問為國於詹子，詹子對曰：『何聞為身，不聞為國。』」又〈審為篇〉：「中山公子牟謂詹子曰：『身在江海之上，心居乎魏闕之下，奈何？』詹子曰：『重生。』曰：『雖知之，不能自勝。』詹子曰：『縱之。』」是與「《道德》之意五千言」似。《淮南・道應訓》謂楚王問詹何治國者為莊王，此莊王不在春秋世，蓋楚頃襄王又稱莊王，（參讀〈考辨〉第一三一。）故與公子牟相及。《呂覽・重言篇》：「聖人聽於無聲，視於無形，詹何田子方老耽是也。」是猶以詹何與老耽為兩人；其先後之序，蓋自近以逮遠。老聃在田子方前，非太史儋即孔子所見；

而詹何在田子方後，則為與公子牟並世之人也。

三　太公任即老聃

而余觀戰國言老子，其混并牽涉之迹，猶不止此。《莊子．山木篇》：「孔子圍於陳蔡之間，七日不火食。太公任往弔之，為言不死之道，告之以意怠之為鳥，教以進不敢為前，退不敢為後。」夫「太公」亦老者之稱，猶云老子也。「任」者，〈齊語〉：「負任儋何」，《孟子》：「門人治任將歸。」《注》：「任，擔也。」《釋名》：「儋，任也。」任、儋聲近義通。則太公任猶云老子聃，即老聃矣。其告孔子「至人不聞」，即「良賈若虛，君子若愚」之意也。其謂「飾知驚愚，修身明汙，故不免」，即「驕氣多欲，態色淫志，無益子身」之說也。「道統而不明居，得行而不明處，（疑當作「德得而不明處」。）純純常常，乃比於狂」，即「得時則駕，不得則蓬累而行」者也。（《史記》老子與孔子語，不出此篇及〈天道〉、〈天運〉、〈外物〉三篇之外，蓋雜採《莊子》書而意造云爾也。）《莊子》書本成於眾手，此獨不曰老聃而云太公任，其實即一人也。（《文選》卷五十九《注》，引作太公，則如不稱老聃而僅稱老子矣。）

四　任公子即詹何

《莊子》書有太公任，又有任公子。太公任即老聃，而任公子則為詹何。〈外物篇〉：「任公子為大鉤巨緇，五十犗以為餌，蹲乎會稽，投竿東海，旦旦而釣，期年不得魚。已而大魚食之，牽巨鉤，錎沒而下，騖揚而奮鬐，白波若山，海水震蕩，聲侔鬼神，憚赫千里。任公子得若魚，離而腊之，自淛河以東，蒼梧以北，莫不厭若魚者。」《文選》卷二十五《注》，引作任公。任公子即詹子也。何以言之？《淮南・覽冥訓》：「詹何之騖魚於大淵之中。」此即五十犗以為餌之釣也。故詹何者，據《莊子》任公子之故事言之，乃一隱淪江海漁釣之君子也。《御覽》八百三十二引《闕子》云：「任公子冬羅鯉於山阿，眾人皆以為惑，既而鶤鷃擊黃雀，觸公子羅者千萬數。」諒其他關於任公子釣魚之怪談尚多，惜不備見。又按：《淮南・說山》：「詹公之釣，得千歲之鯉。」任公子羅鯉，即詹公之釣鯉也。此又二人為一人之證。

五　環淵即關尹

與詹何齊名者有環淵，其人亦以釣稱。《史記・孟荀列傳》云：「環淵，楚人，學黃老《道德》之術，因發明序其指意，著上下篇。」《漢書・藝文志》「道家」有《蜎子》十三篇，班固《注》云：「名淵，楚人，老子弟子。」師古曰：「蜎，姓也。」應劭《風俗通・姓氏篇》：「環氏出楚環列之尹，後以為氏。楚有賢者環淵，著書上下篇。」張澍輯注曰：「環淵亦即蜎淵也。隗囂將環安，公孫述將環饒，吳有環濟，著《要略》。」則「環」乃本字，「蜎」乃借字。《楚策》范環，《史記．甘茂傳》作范蜎，此蜎、環相通之證。《文選》枚乘〈七發〉「若莊周魏牟楊朱墨翟便蜎詹何之倫」，《注》云：「《淮南子》：『雖有鉤鍼芳餌，加以詹何蜎蠉之數，猶不能與罔罟爭得也。』」、『宋玉與登徒子偕受釣於玄淵。』《七略》：『蜎子，名淵。』」三文雖殊，其人一也。」是環淵亦名便蜎、蜎蠉，又名玄淵，亦稱蜎子，與詹何齊名。言詹何便蜎之釣者，《御覽》八百三十四引宋玉〈釣賦〉云：「玄淵之釣，以三尋之竿，八絲之綸，餌以蛆蟟，鉤以細針，以出三尺之魚於數仞之水中。」又《列子》云：「詹何以獨繭絲為綸，芒針為鉤，荊篠為竿，剖粒為餌，引盈車之魚於百仞之淵，汨流之中，綸不絕，鉤不申，竿不撓。」其語亦正相類。《御覽》七百六十七引《博物志》「詹何之釣」云，語亦大同。宋玉從之受釣，則其人在頃襄王世，與詹子年亦相接。今《楚辭》有〈卜居〉、〈漁父〉兩篇。〈卜居〉乃屈原問太卜鄭詹尹，竊疑即由詹何誤傳；而〈漁父〉亦詹何。以詹何前識，遂誤稱太卜詹尹；以詹何隱於釣，故稱漁父。屈子之所問，與宋玉之所師，其時代固相及。詹子亦楚人，蓋楚人傳說，自有詹何與屈原往復一段情事，後人寄託為文，乃〈卜居〉與〈漁父〉並傳也。所著書，《史記》云上下篇，而《漢．志》稱十三篇，已不同。至其年世，《史記》與慎到田駢相次，是謂在齊威宣王、梁惠王、楚威懷王時，與莊周、惠施、孟軻相先後。而班固云：「是老子弟子。」詳班氏所稱老子，當指孔子所從問道之周守藏室史而言。則環淵在莊惠之世，又烏從而師之？蓋其先言師詹何，則與楚莊王、魏公子牟接世；其後言師老子則年移而益先。故《文選》枚乘〈七發〉，應璩〈與從弟書〉，《注》皆引高誘注《淮南》，謂「娟嬛，白公時人」。高氏蓋亦謂娟嬛師老子，則與孔子年相當。以其楚人，故推謂與白公同時爾。此猶誤以文子為老子弟子，遂推定為楚平王同時也。關於詹何環淵年世，又見〈考辨〉第一四六。然漢人雖屢稱環淵，而先秦諸子書，則甚少言及。余又疑環淵即關尹。環、關，淵、尹，特方音之一轉移耳，非有兩人也。凡先秦之稱關尹，即漢世之所謂環淵矣。《莊子．天下篇》以關尹老聃並稱，近人范耕研《呂氏春秋補注》（刊載《江蘇省立國學圖書館第六年刊》）謂：「《史記．老子傳》，老子『居周久之，見周之衰，乃遂去之關。關令尹喜曰：「子將隱矣，強為我著書。」』詳《史記》文義，似謂關尹喜聃之見過，非其名為『喜』也。先秦諸子皆稱關尹，無稱喜者。且亦非聃弟子。〈天下篇〉列於老子之前，似在師友間。高誘注《呂氏．審己》，謂『師老子』，似是『老子師』之誤，後人習聞俗說，妄乙之耳。」今按：范說極是。竊意〈天下篇〉關尹乃人名，非官名。篇中引其書亦先老子，則決不為老子弟子。漢人老子出關，關令尹強之著書之說，其先亦由〈天下篇〉關尹老聃兩人並列而起。則猶劉安、枚乘以詹何、便蜎俱舉，蓋以老聃為詹何也。《呂氏．不二篇》：「老耽貴柔，孔子貴仁，墨翟貴廉，關尹貴清，子列子貴虛，陳駢貴齊，陽生貴己，孫臏貴勢，王廖貴先，兒良貴後。」竊疑此處先後序列，蓋非《呂》書本真。故以老耽列孔子前，而關尹居墨子後。細玩全文，均以兩人異尚者為一列。如「列貴虛，陳貴齊」，是一列；「陽貴己，孫貴勢」，又是一列；「王貴先，兒貴後」，又是一列。以後例前，則「孔貴仁，墨貴廉」，為一列；「關尹貴清，老耽貴柔」，為又一列。如此乃與《莊子．天下篇》關尹老耽年輩仍可相通。今以老耽移孔子前，則柔仁相類，廉清相似，既與下文不稱，老耽關尹年世輩行，亦與〈天下篇〉乖違矣。故知此經後人妄易也。又本篇此下有脫文，則昔人已論之。又《呂氏》云「關尹貴清」，殆即環淵著書上下篇之宗旨。而今《漢．志》《蜎子》十三篇，《關尹子》九篇，豈即《史記》所謂上下篇者，而誤分為十三篇與九篇歟？惜其書均佚，無可深論矣。而其故事傳說之流變，則尤有離奇荒誕之甚者。夫環淵為沉淪江海之釣客，而關尹則為抱關山谷之官尹，何以謂之為一人？此則猶詹何之蹲釣於會稽，而史儋則騎牛而過關。史儋詹何既誤混為一，橘渡淮則為枳，隱淪漁釣之處士，自亦可變而為抱關守谷之關尹矣。故蜎蠉之「蜎」非姓也，蜎蠉，孑孓也，將欲言投餌之大，而極言其小，如莊生言大魚而舉鯤也。玄淵之「淵」非名也，淵有九族，皆指水言；玄淵奇蹟，如莊生言畏壘之居大人也。凡此皆俗談小說之引而益遠者。遷《史》博古，故稱環淵，而所得猶未盡，不知環淵之即關尹耳。《莊子．應帝王篇》有壺子，《呂覽．下賢篇》作壺丘子林，《淮南．精神訓》作壺子林，〈人表〉作狐丘子林，皆一人；《韓詩外傳》之有狐丘丈人，亦其人也。然僅覩壺子與狐丘子林，則不辨其為一人矣；僅覩壺子與狐丘丈人，則更不辨其為一人矣。《漢．志》「道家」《蜎子》十三篇下，即《關尹子》九篇。蜎子之與關尹子，正如壺子與狐丘子林及狐丘丈人也。今試就其故事之演變論之，則詹何便蜎之游於釣，與史儋關尹之遇於關，其孰為真，孰為妄乎？曰：論其情則皆妄也。儋之入秦，曰：「離七十歲而霸王者出。」「離」字本作「合」，據王念孫《讀書雜志》改。「七十年」依梁氏《志疑》所定。此秦人有天下之神讖也。關尹能相風角，知將有神人而老子到，此又無稽之妄譚也。其書既佚無可考，《漢．志》所載，或出漢初人依託，今本則為唐宋間物。而史儋關尹之故事，則必妄可知。至於詹何便蜎，其事益荒晦，非可以作信史。故曰：論其情則皆虛也，皆世俗之傳說也。然則此傳說之起，以詹何便蜎為先歟，抑史儋關尹為始歟？曰：此則更不可以確論。夫語及於史儋關尹詹何便蜎之事，固已自古多妄，荒渺難稽矣，又何從而必為之明據確說哉？而孔子之見老子，則古籍記載較詳，固可爬梳抉剔，以略得其真相者，蓋孔子所見之老子，其始為南方一隱君子，漸變而為北方之王官，一也。孔子之見老聃，其先為草野之偶值，漸變而為請於國君，以車馬赴天子之朝，而北面正弟子之禮，以執經而問道，二也。其先為老死而友人哭，漸變而為莫知其所終，三也。何以攀老子為王官，則以誤於太史儋；何以謂關令尹強之著書，則以誤於詹何環淵。蓋詹何環淵之隱乎釣，有其事未必有其技；太史儋之遇關尹，則有其名未必有其人；凡《莊子》、《呂氏》言關尹，皆人名，非官名，而其人尚在後，與太史儋不同時。孔子之見老聃，雖有其人，而其事則未必有如後世之所傳也。

六　涓子即環淵

余考環淵之事，猶有說者。環淵既稱蜎子，亦作涓子。《御覽》八百三十四又七百三十六。引《列仙傳》：「涓子者，齊人，釣於澤，得符於鯉魚腸中。」又九百三十六引《列仙傳》云：「涓子，齊人也，好餌朮，接食其精，至三百年，乃見於齊，著《天地人經》四十八篇。後釣於河澤，得鯉魚腹中符，隱於岩山，能致風雨。」《水經・睢水》《注》：「芒、碭二縣之間，山澤深固，多懷神智，有仙者涓子、主柱，並隱碭山得道。」疑《列仙傳》岩山，實宕山字譌，宕山即碭山也。其地初屬宋，後入楚，故涓子亦云楚人。《列仙傳》又云：「陵陽子明，銍鄉人。釣於涎溪，得白魚腸中書，教服食之法，三年，龍來迎去。」莊周之蒙邑，老子之瀨鄉，彭祖之彭城，皆在梁宋間，此蓋道術長生之說所自起，後遂與燕齊方士神仙合流。至《淮南》著書，仍近道術長生誕始之故地也。又六百七十引《集仙錄》云：「涓子，齊人也，餌朮，著《三才經》。淮南王劉安得其文，不解其旨。又著《琴書》二篇，甚有條理。」據此諸書，則蜎子傳說，又有可得而論者。蓋其初本以蜎子為楚人，其後乃以涓子為齊人也。云「三百年乃見於齊」，則亦謂其初非齊人矣。初為釣者，後為仙人，乃謂其得鯉魚腸中符。《御覽》九百三十六又引《列仙傳》云：「琴高，趙人也。以鼓琴為宋康王舍人。行涓彭之術，浮游冀州涿郡間，二百餘年。」是傳說之流播而至燕也。此以涓彭連稱，則涓子亦大年，猶詹何為老聃，亦大年也。《高士傳》稱：「涓子告伯陽九仙法。」後世即以伯陽指老子，則涓子乃為老氏師，與云環淵為老子弟子者，適相反矣。《御覽》九百三十五引

《符子》：「太公涓釣於隱溪，五十有六年，未嘗得一魚。魯連聞而觀焉，曰：『釣所以在魚，無魚何釣？』太公曰：『不見康王父之釣耶？念蓬萊，釣巨海，摧岸投綸，五百年矣，未嘗得一魚，方吾猶一朝耳。』」是涓子亦稱太公涓，猶如任公子稱太公任。下及魯連，則固晚世齊人之說也。

余考楚自頃襄王二十一年東遷郢陳，其時齊已滅宋，而淮北入於楚。東楚之與南齊，壤地密接。詹何環淵在是時，謂為楚人者，殆即郢陳東楚。故詹何稱蹲釣會稽，而環淵則列齊稷下。其後漢代辭賦，吳梁啟先，淮南翼後，皆當陳楚之地。而神仙黃老，齊楚同風，正自詹何環淵之徒始也。

七　臧丈人誤太公望

繼此有附辨者，則呂尚釣渭濱之說是也。在《莊子》之〈外篇・田子方〉有之，曰：「文王觀於臧，見一丈人釣，而其釣莫釣，非持其釣有釣者也，常釣也。文王欲舉而授之政，而恐大臣父兄之不安也；欲終而釋之，而不忍百姓之無天也。於是旦而屬之大夫，曰：『昔者寡人夢見良人，黑色而頓，乘駁馬而偏朱蹄，號曰：「寓而政於臧丈人，庶幾乎民有瘳乎！」』諸大夫蹴然曰：『先君王也。』文王曰：『然，則卜之！』諸大夫曰：『先君之命，王其無他，又何卜焉。』遂迎臧丈人而授之政。三年，文王以為大師，北面而問曰：『政可以及天下乎？』臧丈人昧然而不應，泛然而辭，朝令而夜遁，終身无聞。」今按：此即呂尚釣渭濱之說之由來也。《莊子》寓言無實，本屬虛造，彼所謂臧丈人者，「臧」、「姜」同聲，即後世所謂姜太公也。而諸書言釣者，有太公涓、太公任，故事傳說，遂皆與姜太公有涉。曰：「呂尚釣於磻溪三年不獲。」此即太公涓釣五十六年未嘗得一魚之說也。《莊子》云：「任公子期年不得魚。」又云：「獲大鯉，得兵鈐於魚腹中。」即涓子魚腸得符之說也。《路史·後紀四》，呂尚作呂涓，《注》引《符子·方外》作太公涓，即太公望漁釣乃由太公涓誤傳一證。而史公不深考，博採雜說，乃亦云太公望：「以魚釣奸周西伯，西伯將出獵，卜曰：『所獲非龍非彲，非虎非熊，所獲霸王之輔。』於是獵，果遇太公於渭之陽，與語，大說之。曰：『自吾先君太公曰：「當有聖人適周。」子真是耶？吾太公望子久矣。』故號之曰『太公望』，載與俱歸。」此其事荒誕無稽，自來已多疑者，而無知其出於《莊子》

臧丈人之說也。成玄英頗知之，其疏《莊子》曰：「丈人者，寓言於太公也。呂佐周室，受封於齊，檢於史傳，竟無逃跡，而云夜遁者，蓋莊生之寓言也。」是猶不知漁釣干周，亦自莊生寓言來耳。孟子曰：「二老歸周。」則非以屠釣干君也。〈離騷〉，〈天問〉，〈九章〉〈惜往日〉，皆言呂望屠於朝歌，《尉繚子》，《說苑》同。《呂氏・謹聽》，則言其釣，同《莊子》。恐皆不足信。〈周語〉云：「申呂齊許由太姜。」則太公乃以外戚重。年老而稱「太公」，亦猶稱「丈人」、「老子」也。故太公也，丈人也，老子也，皆一而二，二而一者。後之人乃自槃而之鐘，自燭而之籥，如盲人之談日焉。使吾言而可信，史公自以臧丈人之寓言，為姜太公之實事，則固可無疑於吾老子之諸辨也。

八　孔子所見老子即老萊子

然則孔子所見之老子固何人乎？莊周述孔子老聃，其固羌無故實，盡同虛構乎？曰：不然。莊周之言老子，其先固據《論語》也。《莊子・外物篇》：「老萊子之弟子出薪，遇仲尼，反以告老萊子。曰：『是丘也，召而來。』仲尼至。曰：『丘！去汝躬矜，與汝容知，斯為君子矣。』」《大戴記・衛將軍文子篇》，孔子語子貢以近古之賢者，自伯夷叔齊以下十許人，曰：「德恭而行信，終日言不在尤之內，貧而樂也，蓋老萊子之行也。」而獨不及老子，是即以老萊子為老子也。《史記．仲尼弟子列傳》：「孔子之所嚴事，於周則老子，於楚老萊子。」乃分老子與老萊子為二人。（然〈老子傳〉又明云老子為楚人，蓋史公於此，殊無辨白。）今即據《戴記》孔子所稱道，如伯夷、叔齊、羊舌大夫、趙文子、隨武子、桐提伯華、（羊舌赤）蘧伯玉、柳下惠、晏平仲、老萊子、介子推凡十一人，其他十人，或見於《論語》，或見於《左傳》，獨老萊子無聞焉。其事始見於《莊子》之〈雜篇〉，而記禮者採之，而其名乃特著，亦可怪矣。余考〈楚策〉：「或謂黃齊曰：『不聞老萊子之教孔子事君乎？示之其齒之堅也，六十而盡，相靡也。』」《孔叢．抗志篇》謂老萊子教子思，《淮南》又以為商容教老子，一語之傳，譌謬如此，其不足信據可見。

九　老萊子即荷篠丈人

然則《莊子．雜篇》之老萊子者何所來？余嘗為之搜根掘柢，而知其即《論語》之荷篠丈人也。余考《莊子》書，畏累虛亢桑子之屬，皆空語無事實，馬遷已先言之，而老萊子實有其人。萊者，除草之稱；子路「遇丈人，以杖荷蓧，子路問曰：『子見夫子乎？』丈人曰：『四體不勤，五穀不分，孰為夫子？』植其杖而芸」，其事明見《論語》，而丈人之姓字不傳。後之記者異其辭，因謂之老萊子，蓋猶云芸草丈人也。惟《莊子》謂老萊子弟子「出薪而遇孔子」，則與子路之「行後而遇丈人」適相反。然此特小節相差，無害為一事之訛傳。《莊子・則陽篇》：「孔子之楚，舍於蟻丘之漿。其鄰有夫妻臣妾登極者，仲尼曰：『是其市南宜僚邪？』子路往視之，其室虛矣。」此與「孔子曰：『隱者也。』使子路往視之，至則行矣」取徑略相似，亦一事之訛傳也。惟曰市南宜僚，則并其事中之主人而訛之耳。《史記》：「老子者，楚苦縣厲鄉曲仁里人也。」《路史》：「老子邑於苦之賴，賴乃萊也，故又曰老萊子。賴，《史》作厲。」今按：萊、賴、厲皆聲之轉。云老子居厲，居賴，皆涉萊音而譌。《路史》之言，是謂倒因為果，認虛作實。魏源《老子本義》云：「莊子稱老子居沛，〈邊韶碑〉則云：『老子，楚相縣人。』《釋文》引《莊子》《注》：『老子陳國相人，今屬苦縣，與沛相近。』《水經・陰溝水》《注》，東南至沛為渦水，渦水又東逕苦縣故城南，即春秋之相，王莽更之為賴陵，又東逕賴鄉城南，又北逕老子廟東，又屈東逕相縣故城南云云。」尤為詳備。今按：苦縣、相城故城，皆在今河南鹿邑縣城東；《太康地記》：苦縣東有賴鄉村，老子所生。其地距沛不得謂相近。大抵苦縣自有賴鄉，云老子生其地，則涉「萊」音而譌，不必更牽莊子居沛以為說。《史》又云老子姓李氏，萊、李亦聲近。畢沅〈道德經序〉：「案：古有萊氏，《左傳》有萊駒，老萊子應是萊子，如列禦寇師老商氏，以商氏稱老矣。」

蓋由不得其會通，而必欲為之說。故曰老聃老氏，或曰李氏；老萊子則又為萊氏焉。魏源云：「老子居沛，沛宋地，宋國有老氏，然則老子其沛人子姓，子之轉為李，猶姒之轉為弋歟。」今按：古者男子稱氏不稱姓，《史》稱其姓李氏，猶姓項氏、姓劉氏之例，蓋已謁氏為姓矣。今魏氏既謂老子氏老，又稱其姓子而轉為李，此皆曲說強解，《史》固明云其氏李不氏老也。劉向《別錄》云：「老萊子，古之壽者。」丈人即壽者也，老萊子之即荷篠丈人，夫復何疑，而猶紛紛為氏老、氏李、氏萊之辨哉？

十　老萊子與狂接輿

《莊子》書原本《論語》造說者，尚有狂接輿。〈人間世〉「孔子適楚，楚狂接輿游其門」云云，即本《論語．微子篇》「楚狂接輿歌而過孔子，孔子下，欲與之言，趨而避之，不得與之言」一事。接輿佯狂，故歌而不言。狂人晦其姓名，故云接輿。「孔子下」者，下車也。莊生易其辭云：遊孔子之門，則賓朋之訪問，不類狂者行逕矣。高論直指，辭繁不刪，此溫伯雪子所譏「諫我似子，道我似父」者也，則不類狂人吐屬矣。莊生寓言，惟取達意。筆之所至，脫落恆蹊。彼固無有不可，說者必據此而辨「孔子下」者，下堂也；「狂接輿」者，接姓而輿名也，此可謂不善審辨之論矣。閻若璩《四書釋地續》：「顧麟士曰：『接輿必是不知姓名，因其迎車而歌，而彊名之以紀。其名如荷蕢之類，非真其人字接輿。邢昺《疏》云爾，殊附會。余謂孔安國《註》已如是。又《莊子・人間世篇》如是，豈惟邢昺。』今按：〈微子篇〉所載，如長沮，桀溺，荷篠丈人，荷蕢，晨門，無一真姓字，何獨疑於接輿？顧說真有見。閻氏又載王復禮說略同。江氏《鄉黨圖考》，翟氏《四書考異》，同主此說。近人馬氏《莊子義證》，復論接輿是姓名，引據《莊子》，而不悟《莊子》之不可確據，則甚矣讀書據古之難也。又按：《水經・潕水》《注》，引《聖賢冢墓記》曰：「南陽葉邑方城西有黃城山，是長沮、桀溺耦耕之所。有東流水，則子路問津處。《尸子》曰『楚狂接輿耕於方城』，蓋於此也。」是接輿與沮溺傳說同屬方城，以其佯狂浩歌而接孔子之輿，故曰「接輿」；以其姓字淪滅，遯隱不自見，故曰「沮溺」。是何方城一隅，楚賢者之多歟？是又焉知非一事之兩傳，一謂「兩人耦耕」，一謂「獨夫接輿」，要之致譏於孔子之車轍周天下而不知所休止而已。故余既疑老萊子之即荷篠丈人，又疑接輿之即沮溺也。論古者必欲字字而實之，句句而信之，則亦無怪乎其必河漢於我言也。《莊子》漢陰丈人事，亦可由沮溺、接輿而轉化。

《莊子・逍遙遊篇》「吾問於連叔曰：『吾聞言於接輿』」云云，〈應帝王〉「接輿告肩吾聖人之治」云云。莊子之稱接輿，猶其稱老子矣。老子者，丈人也，自有不知誰何之五千言，為老子增重，於是老子遂固為博大真人；而狂接輿之在天壤間，則若存若亡，可有可無，一似不足齒數者。則試一繙《莊子・內篇》，接輿之與老聃，豈不相為等夷耶？《莊子・天下篇》，列序墨翟、禽滑釐，宋鈃、尹文，彭蒙、田駢、慎到，關尹、老聃，先後似略依時代。〈天下篇〉未必莊周作，其所稱老聃，蓋指詹何，亦與〈內篇〉老聃不同。

《韓詩外傳》稱：「楚狂接輿躬耕以食，其妻之市未返，楚王使使者齎金百鎰，願請治河南。接輿笑而不應。使者去，妻從市來，曰：『先生少而為義，豈將老而遺之，門外車軼，何其深也？』接輿以告。妻曰：『不如去之。』乃夫負釜甑，妻戴織器，變易姓字，莫知其所之。」今按：老萊子亦復然。成玄英疏《莊子》：「老萊子，楚之賢人隱者也，常隱蒙山。楚王遣使召為相，其妻采樵歸，見門前車馬跡，問其故。老萊曰：『楚王召我。』妻曰：『受人有者，必為人所制。』妻遂捨而去，老萊隨之。夫負妻戴，逃于江南，莫知所之。」《莊子・讓王篇》：「鄭子陽遺列子粟，列子再拜辭使者去。列子入，其妻望而拊心，曰：『妾聞為有道者妻子，皆得佚樂。今有飢色。君過而遺先生食，先生不受，豈不命邪？』」同是妻也，非接輿老萊子之妻賢，而列子之妻不肖也。傳說多變，顛倒隨宜，而考古者必據此以證列子老萊子之輩行先後，宜多見其窒也。

十一　老子誤伯陽

上述孔子見老子，實本《論語》荷篠丈人，變文稱老萊子，又變而為老子，為老聃，因誤涉於太史儋，又誤涉於儋何，又有太公任、任公子；與之相因而起者，復有涓子、環淵，又訛而為關尹。一事流傳，輾轉錯出，至於不可辨識。其牽涉離奇有如此，而猶未也。余考老子傳說，尚有牽涉更甚者。《史記．老子傳》：「老子姓李氏，名耳，字伯陽，謚曰聃。」王念孫《讀書雜志》力辨之，曰：「《史記》原文，本作『名耳，字聃，姓李氏』。今本姓李氏在名耳之上，字聃作字伯陽，謚曰聃。此後人取神僊家書改竄之耳。」其辨極是。然余考以伯陽為老子，其源亦甚舊，而實為牽涉離奇尤甚之說也。〈周本紀〉：「幽王二年，三川震。伯陽甫曰：『周將亡矣。』」又見〈周語〉。《集解》：「韋昭曰：『伯陽甫，周大夫也。』」唐固曰：『周柱下史老子也。』」又云：「幽王得褒姒，太史伯陽讀史記，曰：『周亡矣。』」則伯陽蓋幽王之史官。《漢書．五行志》服虔《注》亦云：「周太史。」是則後人不僅以孔子見老聃為即太史儋，尤且以為即伯陽甫。自幽王二年下至孔子卒三百餘年，老聃之壽乃至此。抑猶未也。《墨子．所染》，《呂氏春秋．當染》，並稱：「舜染於許由伯陽。」高誘注《呂氏》云：「伯陽蓋老子也。舜時師之。」自舜至孔子，年世不可考，姑依舊說，則老子壽近二千歲。說之離奇至如此。宋翔鳳《過庭錄》，許由、伯陽為一人，即伯夷，其論殊確。然似《墨》、《呂》書已誤以為兩人，無怪高氏以伯陽即老子矣。然人亦知其難信，乃斷斷致辨於「《史記》無字伯陽」云云。然去此一語，老子豈遂盡成信史乎。

以老子為伯陽，乃為周幽王史官，益遠而為舜師。牽涉離奇極矣，而猶未也。乃於伯陽之外，重有續耳其人者，同時為堯舜師。其人實亦為老子，則尤其離奇荒誕之甚矣。《呂覽・本味篇》：「堯舜得伯陽續耳然後成。」畢沅云：「續耳，《韓非子》作續牙，《漢書・人表》作續身，皆隸轉失之。」余謂續耳亦即聃也。《說文》：「聃，耳曼也。曼，引也。」《魯頌》毛《傳》：「曼，長也。」「續」字正有「引長」之義，故曰續耳即聃。《淮南》有耽耳；《說文》有聸耳；《山海經》有儋耳，又有離耳，《注》：「即儋耳也。」《水經・溫水》《注》亦云：「儋耳即離耳。」《初學記》引《韓詩》：「離，長貌。」《詩・湛露》：「其實離離。」《傳》：「離，垂也。」《文選・西京賦》：「朱實離離。」薛注：「離離，實垂之貌。」耳垂在肩上，故稱「離耳」，又云「續耳」。離、續相反為訓，益知續耳即聃。據此則云續耳為堯舜友，其意實指老聃。然此無足怪。伯陽在周幽王時，可以上友堯舜。安見老聃與孔子同時，即不得前及唐虞哉？《漢書・古今人表》伯陽績身皆列三等，儼若自古實有其人者，見古人之輕信而好誕也。

十三　李耳即離耳

《莊子》云：「臭腐化神奇，神奇復化為臭腐。」余觀老子傳說流變，亦有以極平實而化為荒誕者，如《論語》荷篠丈人化而為《莊子》太公任之類是也；復有極荒誕而化為平實者，如離耳續耳為堯舜師，復化而為孔子師李耳之類是也。《史記・老子傳》：「老子姓李氏，名耳。」余意李耳即離耳也。離、李聲近，聃即離耳，因謁云姓李名耳矣。萊子、離耳亦聲近。譜牒之家，於古人得姓所自，每喜推究，詳其來歷。獨於老子姓李無可說。若知李耳之為離耳，則紛紛之辨，固可盡廢。而自老子得李姓耳名，遂若其人極平實，真為孔子師，真著《道德》之意五千言。而後世遂不敢復以荒誕疑之。嗟夫！此所以荒誕之必化而為平實矣。

十四　老子師商容

孔子所見之老子，其辨既如上述，請再及於老子之師弟子。《荀子・大略》：「武王始入殷，表商容之閭，釋箕子之囚，哭比干之墓。」《呂氏・離謂》：「箕子商容以此窮。」《史記・樂毅傳》，燕王喜「遺樂間書，箕子不用，商容不達」。〈燕語〉：「未如商容箕子之累。」皆明以商容為人名。《淮南・繆稱訓》：「老子學商容，見舌而知守柔矣。」〈主術訓〉高誘《注》：「商容，殷之賢人，老子師。」又曰：「商容，神人也，商容吐舌示老子，老子知舌柔齒剛。」商容殷賢，豈得下為老子師乎，故不得不謂之神人。《文子》、《說苑》言老子學於常樅，常樅即商容也。《偽列子》有老商氏，亦襲商容之名而故變以為飾。後人知其不可信，乃轉以商容為商之禮樂官名，非人姓名，此皆不免以古人語必無誤而強為之說耳。夫老子已為舜友，豈不及師商容哉？宋于庭《過庭錄》云：「《史記・殷本紀》表『商容之閭』。《索隱》：『皇甫謐云：「商容與殷人觀周軍之入。」則以為人名。鄭玄云：「商家樂官，知禮容，所以禮署稱容臺。」』《樂記》釋箕子之囚，使之行商容而復其位。鄭《注》：『行，猶視也。』使箕子視商禮樂之官，賢者所處，皆令反其居也。《正義》曰：『鄭知容為禮樂者。』《漢書．儒林傳》：孝文時，徐生善為容；是善禮樂者謂之容也。〈周本紀〉云：『命召公釋箕子之囚，命畢公釋百姓之囚，表商容之閭。』商容與百姓並稱，可知非一人。」又謂：「老子不能與商容相接。商容即殷禮，老子為守藏室史，守藏為《歸藏》殷易，故所業亦殷禮。」此非以古人凡語為無誤，而強為之說乎。《管子．小匡》：「曹孫宿處楚，商容處宋，季勞處魯，徐開方處衛，匽尚處燕，審友處晉，又游士八千人，使出周游於四方。」其文本之〈大匡〉，謂游公子開方於衛，游季友於魯，游蒙孫於楚。蒙孫無考，公子開方季友乃魯衛公子，豈得妄攀以為齊之游士？當春秋之世，何來有游士之風？又何至游士八千人？然則彼所謂「商容處宋」者，殆又妄攀殷賢為說。則商容亦自周初下迄春秋，當管仲桓公世，宜得為老子師矣。梁玉繩《呂子校補》謂：「管子商容別是一同姓名者。」此又昔人讀書信古謹飭之態度宜然也。

十五　老子弟子文子

老子師有商容，其弟子則有文子。《韓非．內儲說上》：「齊王問於文子曰：『治國何如？』曰：『夫賞罰，利器也。君固握之，不可以示人。臣猶鹿獸也，惟薦草而就。』」此文子蓋即尹文子。《繹史》謂是田文，田文豈肯為是言哉？猶陳仲子亦單稱仲子也。《漢．志》「道家」有《文子》九篇，班《注》云：「老子弟子，與孔子並時，而稱周平王問，似依托者也。」今按：莊子好言老子，其所稱老子弟子，如南榮趎庚桑楚揚子居之徒，雖云空言無事實，亦述之詳矣，顧獨不及文子。其他諸子亦無言文子者。〈孟荀傳〉《索隱》引《別錄》：「《墨子》書有文子，子夏之弟子，問於墨子。」則非與孔子同時之文子也。太史公載諸子，亦缺文子。《論語》荷篠丈人無弟子，則孔子時老子弟子文子，亦烏有先生也。老子之誤，由莊子之寓言；文子之誤，則由尹文之變稱。今《文子》書皆襲《淮南》，並採《莊子》，則其書最先當出漢世，猶在馬遷後。不知尚為《七略》舊本否？班氏注《宋子》云：「其言黃老意。」宋鈃尹文並稱，漢人以宋鈃為黃老，故偽為《尹文》書者，亦引老子為言，而以尹文為其弟子。班氏本其書為說，故云既為老子弟子，則與孔子同時，而稱周平王，乃依託。非別有據，而真謂是老子弟子也。至名家別有《尹文子》一篇，則如道家既有《涓子》，復有《關尹子》，漢代偽書訛說已不少，不得以漢時有二書，即證先代有兩人也。尹文在齊宣王時，下及湣王，其年代與詹何環淵略相當，惟謂其師詹何，則亦無證。

十六　孔子比老彭

老子既為《論語》之荷篠丈人，而世有謂《論語》實別自有老子者，是亦不可以不辨。

《論語・述而篇》：「子曰：『述而不作，信而好古，竊比於我老彭。』」包曰：「老彭，殷賢大夫。」鄭曰：「老，老聃；彭，彭祖。」比觀兩說，以包為勝。《大戴禮・虞戴德篇》記孔子之言曰：「昔商老彭及仲傀，政之教大夫，官之教士，技之教庶人，揚則抑，抑則揚，綴以德行，不任以言。」《四書考異》云：「此最足以明聖人竊比之意。」《漢書・古今人表》有老彭，在仲虺後。《呂氏春秋・情欲篇》：「雖有彭祖，不能為也。」《注》：「彭祖，殷之賢臣，治性靖靜，不欲於物。蓋壽七百歲。《論語》所謂竊比於我老彭是也。」〈執一篇〉《注》亦云：「彭祖，殷賢大夫。」此皆老彭即彭祖之證。若兼指彭祖老聃，則老聃在彭祖後，應云彭老，不應云老彭；以此推之，知鄭說之誤。竊比於我老彭者，猶云竊比我於老彭，猶云竊自比於老彭也。惟《莊子》《釋文》引《世本》云：「彭祖姓籛名鏗，在商為守藏史，在周為柱下史，年八百歲，一云即老子也。」則即以彭祖為老子。《楚辭・天問》：「彭鏗斟雉，帝何饗？」王逸《注》謂：「彭祖以雉羹進堯，而堯饗之也。」《史記・五帝紀》：「禹皋陶后稷伯夷夔龍倕益彭祖，自堯時而皆舉用。」則彭祖又為堯臣。蓋孔子之言老彭，僅曰「述而不作，信而好古」，而後世稱其壽，乃曰年七百；又謂其上為堯臣，下為周史，因謂其能調鼎進雉羹焉。謂老子即伯陽者，以其為史官；謂老子即彭祖者，以其享高壽。其實則伯陽之為史，彭祖之高壽，皆已在無可考信之列，而況謂其即孔子所見之老子乎？宋于庭《論語說義》引《道德》五千言，證其合「述而不作，信而好古」之旨，則其論亦猶陽貨即楊朱之類也。今按：此朱子已言之。然謂今傳五千言，乃「述而不作，信而好古」，此盡人可辨其不類也。又按：魏源《老子本義》云：「《莊子》云：『老子居沛。』彭城近沛，意聃常居之，故曰老彭，猶展禽稱柳下邪？」今按：謂老子常居彭城，此屬臆測。古人多以居地為氏，若柳下之例，則亦應稱彭聃，不當稱老彭。魏說殊牽強。又此節所論，互見〈考辨〉第四，可參閱。

十七　戰國言老子之真相

今綜述上陳，則戰國言老子，大略可指者，凡得三人。一曰老萊子，即《論語》荷篠丈人，為孔子南遊所值。二曰太史儋，其人在周烈王時，為周室史官，西入秦見秦獻公。三曰詹何，為楚人，與環淵公子牟宋玉等並世。自以老萊子誤太史儋，然後孔子所值之丈人，遂一變而為王室之史官。自以環淵誤關令尹，然後太史儋出關入秦，遂有人強之著書。夫《論語》之丈人，已為神龍出沒，一鱗片爪，不可把摸；太史儋以神識著，詹何以前識名，益復荒誕。今以三人傳說，混而歸之一身，又為之粉飾焉，則宜其去實益遠。今為分別條理，則孔子所見者，乃南方芸草之老人，神其事者由莊周。出關遊秦者，乃周室史官儋，而神其事者屬秦人。著書談道，列名百家者，乃楚人詹何，而神其事者，則為晚周之小書俗說。其混而為一人，合而為一傳，則始《史記》。而其牽而益遠，以老子上躋堯舜，下及商初，則人知其妄，可勿深論也。

十八　老子之子孫

《史記》載孔子見老子，姓氏，名字，里居，年世，及其師弟子之儔，既一一為之詳考其來歷，而深著其荒誕不足信如上述。顧猶有疑者，則老子之子孫是也。

《史記》：「老子之子名宗，宗為魏將，封於段干。宗子注，注子宮，宮玄孫假。假仕於漢孝文帝，而假子解，為膠西王卬太傅，因家於齊焉。」馬遷述老子子孫，詳實如是，豈得以為虛？顧實有可疑者：梁氏《志疑》云：「史公既疑老萊子即老子，又疑太史儋即老子，《史》以傳信，奈何恍惚以惑後世？《傳》中載其國邑，鄉里，姓名，字號，官守，出處，以及其子孫，則非異類矣，而曰『莫知所終』，曰『莫知然否』。將所謂子孫者，聃耶？萊耶？儋耶？」此可疑一也。汪中〈老子考異〉，據魏安釐王四年，段干崇割地，謂為魏將封段干者，乃儋之子，詳見前引。是汪氏謂崇即宗也。然其事在周赧王四十二年，上距烈王二年太史儋入秦，亦一百零一年。儋之入秦，苟宗為初生，是宗年逾百歲，猶為魏將，有是理乎？可疑二也。若謂段干崇為詹何子，則年代尚相當，然亦無證可立。且凡人之稱其祖先，妄誕者多矣。劉氏自謂出堯後，商周自謂出稷契。稷母履大人跡，契母吞玄鳥卵。又將一一據其子孫，而信其祖先耶？圈稱為《陳留風俗傳》，自序先世；顏師古《刊謬正俗》辨之，斥其鄙野。見卷八。膠西太傅，夫亦圈稱之類耳。則《史記》雖詳列老氏之子孫，終不足以躋老子於信史也。《路史・後紀・疏仡紀》《注》引《三輔決錄》：「段氏出老子，段干木之子隱如入關，去『干』字為段氏。」乃云入關者係段干木之子，校其年代頗合。然段干木之孫，仍不得為魏安釐王將也；且段干木又係老子之何人乎？凡此諸說，或足徵漢之李氏與戰國段干氏有關，不得即為老子之信史。

十九　老子書之年代

老子之辨既定，則今傳《道德》五千言者，又出何人之手乎？曰：此已無可確指。其成書年代，亦無的證，可資論定。據其書思想議論，及其文體風格，蓋斷在孔子後。當自莊周之學既盛，乃始有之。汪氏以為太史儋之書，亦非也。縱有太史儋，其人乃在莊周先，此書猶當稍晚，不能出儋手。

且《漢・志》「道家」有《鄭長者》一篇。（陶憲曾曰：「釋慧苑《華嚴經音義》下，引《風俗通》云：『春秋之末，鄭有賢人，著書一篇，號鄭長者，謂年高德艾，事長於人，以之為長者也。』」）「陰陽家」有《南公》三十一篇，（《項羽紀》《正義》，虞喜《志林》云：「南公者，道士，識廢興之數。」徐廣云：「楚人也，善言陰陽。」）公者，長老之號，（《漢書・眭弘傳》《集注》）老人之稱也。（《漢書・田叔傳》《集注》）「農家」有《野老》十七篇，（應劭曰：「年老居田野，相民耕種，故號野老。」）蓋道家、陰陽家、農家之三派者，皆貴遯隱無名，又尚葆真全年，故著書每匿其名而稱老。老子亦其流，烏從而必指其人哉。

其意著於《莊子》之〈寓言篇〉，曰：「寓言十九，重言十七。寓言十九，藉外論之，重言十七，所以已言也。是謂耆艾。」郭象曰：「以其耆艾，故俗共重之，雖使言不借外，猶十信其七。」道家著書，非藉之外，則托之老。如《莊子》稱列禦寇南郭子綦，是藉之外也。（參〈考辨〉第五九。）如老子鄭長者南公野老著書，是托之老也。今《莊子》寓言，知曉者多，其重言則人尠瞭者。故云彭祖八百，則人習養生矣；云老聃仙隱，則人輕儒墨矣。是皆入其重言之彀中也。又曰：「年先矣，而無經緯本末，以期年耆者，是非先也。」蓋僅托之於年耆，猶不足以取重而動聽，乃必為之經緯本末焉。經緯者，上下為經，旁通為緯。如言老子，而孔丘師之，楊朱問道，庚桑楚尸祝於畏壘，南榮趎贏糧而往從，是老子為經，孔丘楊朱亢桑南榮為緯也。本末者，如言老子先為王官，終則遯隱，關尹尼之，乃著五千言，是其本末也。故後人尤重老聃，不信彭祖，則彭祖雖年耆，其經緯本末，不若老聃爾。此則莊生重言之說也。乃後之讀書者，終必以老子為可信，不敢自越出於十七之數，吾以是不能不愛莊生之智矣。

今不得已而必為《老子》五千言尋其作者，則詹何或庶其近之。《老子》曰：「道可道，非常道，名可名，非常名。」此乃莊周公孫龍以後書耳。魏牟問於詹子，其年粗合。《莊子・內篇》述老聃語，絕不見今《老子》五千言中。蓋其時尚無《老子》書，特莊周自為寓言。至《荀子》云：「老子有見於詘，無見於信。」〈天論篇〉或其時已有《老子》書。（若僅見莊周寓言，荀子博學，未必遽加彈駁。）以詹何年世言之，亦當在莊周荀卿間也。又詹何屢見於晚周人之稱述，而《漢・志》獨無詹子書。便蜎與詹何齊名，而漢人稱環淵師老子。然則，必不得已而求今《道德》五千言之作者，與其歸之孔子時之丈人，與秦獻公時之周史，無寧與之公子牟、楚襄王同時之詹何為得矣。

且史公傳老子雖多妄，其言漢初黃老傳統則頗有可信者。《史記・樂毅列傳》：「樂氏之族，有樂瑕公樂臣公。趙且為秦所滅，亡之齊高密。樂臣公善修黃帝老子之言，顯聞於齊，稱賢師。」又曰：「樂臣公學黃帝老子，其本師號曰河上丈人，不知其所出。《隋・志》《道德經注》云：「梁有戰國時河上丈人《注》二卷，《漢・志》未載。」《經典・敘錄》有漢文帝時河上公《注》，無河上丈人。《四庫提要》云：「兩河上公各一人，兩《老子注》各一書。戰國時河上公書在隋已亡，今所傳者，實漢河上公書也。」余謂漢河上公，即影射戰國之河上丈人。（此王應麟《藝文志考證》已言之。）至梁時河上丈人《注》，又係後世假托，非真戰國時書。不然，《漢・志》何未著錄？《提要》自誤，未可從。河上丈人教安期生，安期生教毛翕公，毛翕公教樂瑕公，樂瑕公教樂臣公，樂臣公教蓋公，蓋公教於齊高密膠西，為曹相國師。」《集解》《索隱》俱云：「臣公一作巨公。」〈田叔傳〉：「學黃老術於樂巨公。」《漢書》作鉅公，即巨公也。《御覽》五百十引《道學傳》亦作樂鉅公，「臣」為「巨」譌無疑。《道學傳》又云：「樂鉅公，宋人，號曰安丘丈人。」沈欽韓謂：「『鉅公』猶墨家之稱『鉅子』，非其名。」然其前尚有樂瑕公，沈說恐非是。

而論其傳受，則《史》既謂樂瑕公樂巨公於趙且為秦滅時亡之齊，則其人尚在戰國晚世。蓋公受樂巨公黃老術，為曹參師。田叔學黃老術於樂巨公，而仕趙王張敖。則樂巨公下及秦漢之交。今二樂治黃老，得於毛翕公，毛翕公得於安期生，則安期生年世不能甚後。然史公又謂：「蒯通善齊人安期生，《列仙傳》：「安期生，琅邪阜鄉人。」安期生嘗干項羽，羽不能用。已而羽欲封此兩人，兩人終不肯受，亡去。及曹參為相，請蒯通為客。」蒯生之年，不能高於蓋公，則安期生正與樂巨公同時，何渠為蓋公四傳之師哉？蓋蒯生頡頏公卿間，說韓信，客曹參所，遂以得名。安期生隱晦不彰。其後至武帝時，李少君乃言：「常游海上，見安期生。安期食巨棗，大如瓜。安期生僊者，通蓬萊中。合則見，不合則隱。」於是天子始遣方士入海，求蓬萊安期生之屬，安期生乃始與昔者宋毋忌羨門高之徒，同為海上神仙。《史記．封禪書》謂：「自齊威、宣之時，騶子之徒，論著終始五德之運，及秦帝而齊人奏之。而宋毋忌正伯僑充尚羨門子高最後，皆燕人，為方僊道，形解銷化，依於鬼神之事。」然則此數人者，皆出騶衍後。《索隱》云：「『最後』，猶言『甚後』也。服虔說止有四人，是也。小顏云『自宋毋忌至最後凡五人』，劉伯莊亦同此說，恐未詳。」王鳴盛曰：「案服虔司馬貞說，『最後』者，自是謂其在騶子之後耳，非姓名。其實止四人。顏《注》謬。」又韋昭曰：「皆慕古人之名，效為神仙者也。」余謂秦人自以此數人名字為神仙耳，非此四人效古神仙之名。韋說亦誤。而始皇帝之碣石，使燕人盧生求羨門高，見〈始皇本紀〉。已謂之仙人，無怪安期生與蒯生交游，嘗以術干項羽，而武帝乃想望以為海上真僊，欲圖一面而不可得矣。當時言黃老者，固引神僊同流，故曰安期生師河上丈人，而漢初治黃老，若蓋公，若田叔，上推之於二樂，其傳皆自安期僊人來。此與所傳孔子師老聃者，作用雖異，取徑固同。然則史公言蓋公田叔，其傳受尚荒誕，己不盡信，其言老子，宜乎其迷。樂彥引《老子道經》云：「月中仙人宋毋忌。」可證當時言老子，多與諸仙通流。余考《老子》書，蓋興於齊，出於莊周宋鈃之後，荀卿已及見，至韓非呂不韋時已大行。此所謂「《道德》之意五千言」者，其殆果出於河上丈人之手乎？人之曰「丈人」，猶書之曰「老子」也。若丈人老壽，得躋百歲，或者其卒世，猶可出荀卿後。毛翕公、安期生、二樂之徒，皆竝世肩隨，不能大相先後，或者皆嘗得其書而傳其術，而史公某以傳某又以傳某之說，固不足盡據。且鄒衍出燕惠王後，秦人已上歸之齊威、宣時。今丈人當晚周，漢人何難升諸孔子之前哉？要之推跡黃老真源者，當尋索於此，以視猶龍一傳，迷離惝怳，固遠為近於情實。而儋何以漁釣稱高年，其得為河上之丈人亦宜。年世既合，邦邑亦近。故曰與不得已而必求《道德》五千言之作者，則不如歸之詹子之為適也。宋陳無己《后山集・理究》：「世謂孔老同時，非也。孟子闢楊墨而不及老，荀子非墨老而不及楊，莊子先六經，而墨宋慎次之，關老又次之，莊惠終焉。其闢楊之後，孟荀之間乎？」此疑老子身世最先，而定老子身世亦最的。

中國古代思想史論

李澤厚　著

本書從剖析孔子仁學開始，論說了自先秦至明清的各種主要思潮、派別和人物。其中著重論證了中國的辨證法是「行動的」，而非「思辨的」。秦漢時期的「天人感應」宇宙觀；莊子、禪宗對人生作形上追求的美學；宋明理學則作為道德形而上學而具有重要價值，以及在明清時期思想中「治人」與「治法」已出現分離，象徵著傳統中國的政教合一制度動搖，思潮逐漸向近代靠近。

中國近代思想史論

李澤厚　著

本書收作者對近代中國自太平天國至辛亥革命時期各主要思潮和重要思想人物如康有為、譚嗣同、嚴復、孫中山、章太炎、魯迅等的系統論述和細緻分析。首篇即從思想角度剖析，太平天國為何「其興也勃，其亡也忽」，指出農民革命戰爭諸多規律性的現象，慨乎言之，深意存焉。其後數篇乃對戊戌變法維新思想和人物的詳盡分疏，於康有為大同思想和托古改制策略，評價甚高。此外，對嚴復在中國近代思想史的特殊地位，章太炎的民粹主義的突出思想特徵，本世紀初知識者由愛國而革命的心路歷程以及梁啟超、王國維等人的獨特意義，都或詳或略了以點明和論述。

中國現代思想史論

李澤厚　著

本書以「啟蒙」與「救亡」的雙重變奏，作為解釋中國近現代思想史上許多錯綜複雜現象的基本線索，在學術界引起了巨大討論。

此外，本書以數十年的新文學歷程，以及「現代新儒家」等哲學論題，深入淺出地探討現代中國思想的爭議與價值，並或明或暗地顯現了本世紀中國六代知識分子的身影與坎坷的命運。

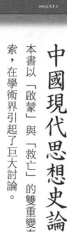

國家圖書館出版品預行編目資料

先秦諸子繫年／錢穆著.——初版一刷.——臺北市：
三民，2023
面；　公分.——（錢穆作品精萃）

ISBN 978-957-14-7387-1（精裝）
1. 先秦哲學

121　　　111001087

錢穆作品精萃

先秦諸子繫年(上)

作　者　錢　穆
發行人　劉振強
出版者　三民書局股份有限公司
地　址　臺北市復興北路 386 號(復北門市)
臺北市重慶南路一段 61 號(重南門市)
電　話　(02)25006600
網　址　三民網路書店 https://www.sanmin.com.tw

出版日期　初版一刷 2023 年 1 月
書籍編號　S030091
ISBN　978-957-14-7387-1